AF155949

Gustav Gilbert

Studien zur altspartanischen Geschichte

Gustav Gilbert

Studien zur altspartanischen Geschichte

ISBN/EAN: 9783743318649

Hergestellt in Europa, USA, Kanada, Australien, Japan

Cover: Foto ©ninafisch / pixelio.de

Manufactured and distributed by brebook publishing software
(www.brebook.com)

Gustav Gilbert

Studien zur altspartanischen Geschichte

Studien

zur

Altspartanishen Geschichte

von

Dr. phil. Gustav Gilbert
Lehrer am Gymnasium zu Gotha.

Göttingen,
Vandenhoeck & Ruprecht's Verlag.
1872.

Herrn Professor

Curt Wachsmuth

in Göttingen

iu

dankbarer Verehrung.

Vorwort.

Indem ich die nachfolgenden „Studien der altspartanischen Geschichte" der Oeffentlichkeit übergebe, möge
es mir erlaubt sein an das Wort Niebuhrs zu erinnern:
„So viel auch über die spartanische Gesetzgebung geschrieben ist, so ist dies dennoch bis jetzt ungenügend.
Grosse Fragen bleiben noch immer unauflösbar." (Vortr.
über alte Gesch. 1. p. 312.) Nicht jedoch als ob ich
glaubte, dass mit den folgenden Untersuchungen dieses
Wort Niebuhrs seine Gültigkeit verloren hätte, hat dasselbe hier seine Stelle gefunden, sondern nur um die Be-
rechtigung der nachfolgenden Studien zu erweisen. Vielmehr wird dem, der sich eingehender mit spartanischer
Geschichte beschäftigt, von Tag zu Tag entschiedener
die Ueberzeugung sich aufdrängen, dass in der That
„grosse Fragen" hier noch einer wenn bei der Gering-
fügigkeit des vorhandenen Materials überhaupt mögli-
chen Lösung harren. Eine jede Lösung dieser Fragen
wird deshalb denn auch stets ein Versuch bleiben und
als solcher mögen diese Studien einer nachsichtigen Beurtheilung empfohlen sein.

Gotha im Februar 1872.

Gustav Gilbert.

Inhaltsverzeichniss.

Druck der Univ.-Buchdruckerei von E. A. Huth in Göttingen.

1. Die einheimische Tradition der Spartaner.

Die kritische Behandlung der Geschichte eines beliebigen Volksstammes wird sich nicht damit begnügen dürfen, bei den einzelnen Abschnitten der betreffenden Geschichte die Tradition einer Kritik zu unterwerfen, dieselbe wird vielmehr mit einigen Erwägungen allgemeiner Natur zu beginnen haben. Die nächste Aufgabe für eine Kritik der Quellen ist die, sich mit den Formen der einheimischen Tradition, welche ja auch die Schriftsteller in einer mehr oder weniger unverfälschten Gestalt wiedergeben, vertraut zu machen. Dieser allgemeine Grundsatz, auf unsern speciellen Fall übertragen, verlangt für denselben eine Darstellung derjenigen Formen, in denen die Ueberlieferung geschichtlicher Thatsachen bei den Spartanern erhalten und fortgepflanzt wurde. Von allen derartigen Formen ist selbstverständlich die schriftliche an erster Stelle zu erwähnen.

Von schriftlichen Aufzeichnungen, deren Einführung man gewöhnlich von Ol. I. an datirt, sind uns aus Sparta drei verschiedene Arten bekannt. Dahin hat man zuerst die Aufzeichnung der Karneoniken zu rechnen, aus welcher Hellanikos seine metrische Zusammenstellung dieser musischen Sieger unzweifelhaft entnahm. Die Erhaltung dieser Namen werden wir uns nach Art der Aufzeichnung der Olympioniken zu denken haben, so dass die Namen der Sieger in entsprechender Reihenfolge auf Stelen aufgeschrieben wurden. Eine derartige Erhaltung berühmter Namen für die Zukunft finden wir auch sonst wohl in Sparta im Gebrauch. So erfuhr Herodot (7. 224.) die Namen der bei Thermopylai ge-

1

fallenen Spartaner doch wohl aus derselben Liste, welche noch Pausanias (3. 14. 1.) auf einer Stele eingehauen in Sparta vorfand. Dass aber ein Verzeichniss von Karneoniken mit dürren Siegesangaben höchstens nur in ganz vereinzelten Fällen für den Geschichtsforscher von Bedeutung sein konnte, wird jeder bereitwillig zugeben.

Die zweite Art schriftlicher Ueberlieferung bei den Spartanern waren die Orakelverzeichnisse der Pythier. Die Pythier hatten den religiösen Verkehr mit Delphoi zu besorgen und die von dort erhaltenen Orakel unter Oberaufsicht der Könige aufzubewahren. (Her. 6. 57. Thuc. 5. 16. Phot. Suid. s. v.) Die Bemerkung des Plutarch (adv. Colot. 17.) *Λακε-δαιμόνιοι τὸν περὶ Λυκούργου χρησμὸν ἐν ταῖς παλαιοτάταις ἀναγραφαῖς ἔχοντες* bezieht sich ohne Zweifel auf diese Orakelsammlungen der Pythier. Denn der bei Plutarch (Lyc. 5.) erwähnte *διαβόητος χρησμὸς*, welchen Lykurgos von der Pythia erhält, ist offenbar mit dem hier angeführten identisch. Nun besitzen wir aber den von Plutarch nur im Auszuge mitgetheilten Orakelspruch, wie sich aus dem übereinstimmenden Inhalte ergiebt, bei Herodot (1. 65.) in seiner vollständigen Fassung. Wir sind dadurch befugt anzunehmen, dass auch die Orakel über Arkadien, wie wir sie bei Herodot (1.66.67.) finden, in den Sammlungen der Pythier aufbewahrt wurden.

Aehnlich wie die Orakelsammlungen der Pythier werden wir uns auch die Sprüche zu denken haben, welche auf der Haut des Epimenides in dem Amtshause der Ephoren aufbewahrt wurden. (Diog. L. 8. 28. Suid. *Ἐπιμενίδης.*)

Die dritte Art endlich schriftlicher Ueberlieferung bei den Spartanern lernen wir aus folgenden Worten des Plutarch kennen: *ἡμεῖς δ' εὕρομεν ἐν ταῖς Λακωνικαῖς ἀναγραφαῖς ὀνομαζομένην γυναῖκα μὲν Ἀγησιλάου Κλεόραν, θυγατέρας δ' Εὐπωλίαν καὶ Προλύταν.* (Ages. 19.) Es bieten diese *ἀναγραφαὶ* für uns entschieden das meiste Interesse dar und es würde für die Beurtheilung der ältesten Tradition von entscheidender Bedeutung sein, wenn wir im Stande wären, den Inhalt dieser *ἀναγραφαὶ* anzugeben. Ein Versuch, das zu thun, mag die folgende Erörterung sein. Belehrend für die Würdigung dieser *ἀναγραφαὶ* wird es zunächst sein, wenn wir die Summe der Kenntnisse, welche die Spartaner zu Hero-

dots Zeit von ihrer ältesten Geschichte hatten, zusammenstellen. Denn Herodots Angaben über die spartanische Geschichte sind bei seiner Anwesenheit in Sparta aus den mündlichen Berichten der Spartaner, wie er an verschiedenen Stellen angiebt, entlehnt. Herodot — und das heisst soviel, wie
die Spartaner seiner Zeit — kennt nun zunächst die das
Doppelkönigthum motivierende Sage von den Zwillingssöhnen
des Aristodemos und die von der Vormundschaft des Theras.
(Hers. 6. 51. ff. 4. 147.) Er weiss ferner von der Vormundschaft des Lykurgos für seinen Neffen Labotas und von seiner Gesetzgebung. (Her. 1. 65.) Der erste Kampf, von dem
er zu berichten hat, ist der unglückliche Krieg unter den
Königen Leon und Agesikles gegen Tegea, ein Bericht, welcher sich wohl anschloss an die Ueberlieferung eines Orakels
der Spartaner und an den tegeatischen Bericht von den bekannten Fesseln, welche Herodot selbst in dem Tempel der
Athene Alea sah. (Her. 1. 65. 66.) Dann folgt der Bericht
von den siegreichen Kämpfen der Könige Anaxandridas und
Ariston, welcher sich anschloss gleichfalls an ein Orakel und
an die Uebertragung der Leiche des Orestes nach Sparta·
(Her. 1. 67. 68.) Dahin gehört ferner der Kampf der Spartaner mit den Argivern um die Thyreatis, dessen Erinnerung
sich in den Festgebräuchen der Gymnopaedien erhalten hatte.
(Ath. 15. 678 B. Apostol. 6. 56. Hesych. Θυρεατικοὶ στέφανοι. Her. 1. 82.) Von da an ist die Kenntniss Herodots eingehender. Er kennt die Familiengeschichte des Anaxandridas
in ihren Details, (Her. 5. 39—42.) ebenso die des Ariston, weil
sie der Grund zur Amtsentsetzung des Demarat wurde. (Her.
5. 61—64.) Bekannt ist ihm endlich auch, ohne hier die
einzelnen Stellen zu citieren, das Leben des Kleomenes, Demarat und Leotychides, wie man denn von den Perserkriegen
an selbstverständlich eine Kenntniss der spartanischen Geschichte bei Herodot voraussetzen darf. An ältesten geschichtlichen Thatsachen finden wir also bei Herodot, wenn wir von
der Königssage und der lykurgischen Gesetzgebung absehen,
den unglücklichen Krieg gegen Tegea unter Leon und Agesikles, welchen wir wohl in die Zeit zwischen 600 und 550
ansetzen müssen. Und bis dahin reichte denn auch nur die
durchschnittliche Kenntniss ihrer ältern Geschichte bei den

1*

4

Spartanern zur Zeit von Herodots Anwesenheit in Sparta,
also etwa um 450, wie wir das noch aus einem andern Beispiele ersehen. Als es den Intriguen des Kleomenes gelungen war, den Demarat abzusetzen, kam mit Leotychides
ein andrer Zweig der Eurypontiden zur Regierung. (Her. 6.
65.) Herodot überliefert uns die Genealogie dieses Zweiges
bis auf Herakles, (Her. 8. 131.) während Pausanias das Re-
gentenverzeichniss der ersten Linie, welche von Theopomp aufwärts mit der des Herodot dieselbe ist, durchaus richtig von
Theopomp durch Zeuxidamos, Anaxidamos, Archidamos auf
Agesikles und Ariston, die Herodot auch wieder kennt, her-
abführt. Herodot bemerkt nun zu den Vorfahren des Leotychides bis auf Theopomp, zu Menares, Agesilaos, Hippokra-
tidas, Leotychides, Anaxilaos, Archidamos, Anaxandridas:
οὗτοι πάντες πλὴν τῶν δυῶν τῶν μετὰ Λευτυχίδην πρώτων
καταλεχθέντων οἱ ἄλλοι βασιλέες ἐγένοντο Σπάρτης. Nach
Herodot waren also alle Vorfahren des Leotychides mit Ausnahme des Vaters Menares und des Grossvaters Agesilaos
— welcher übrigens bei Herodot 6. 65. Agis genannt wird —
spartanische Könige gewesen, durchaus falsch, wie wir aus
Pausanias ersehen haben. Menares und Agesilaos galten offenbar deshalb nicht für Könige, weil die Erinnerung an
Agesikles und Ariston aus dem andern Zweige der Eurypontiden bei den Spartanern sich erhalten hatte. Wir sehen
aber auch hieraus, dass mit diesen beiden Königen die Kunde der geschichtlichen Vorzeit in Sparta aufhörte. Es ist
anzunehmen, dass, wenn sich schriftliche Aufzeichnungen
etwa entsprechend den ionischen ὧροι in Sparta vorgefunden hätten, die Kenntniss der ältern Geschichte den
Spartanern mehr bekannt gewesen wäre. Anderntheils wird
aber auch das Vorhandensein einer officiellen ἀναγραφή der
spartanischen Könige sehr fraglich. Wäre dieselbe vorhanden
gewesen, so dürfte doch an ihrer Oeffentlichkeit nicht gezwei-
felt werden, und der oben gerügte Irrthum Herodots würde
unerklärlich sein. Trotzdem wird uns aber die Liste beider
Königshäuser — die der Aginaden (7. 204.) mit Pausanias
übereinstimmend — bei Herodot überliefert. Und da glaube
ich, dass gerade die verkehrte Liste bei Herodot unserm Urtheil den richtigen Weg weist. Als Herodot Lakonien be-

suchte, herrschte daselbst bereits der Eurypontidenzweig des Leotychides, und es ist natürlich, dass dieser sich von Anfang an als das legitime Königshaus hinstellte. Möglich war dies bis auf Menares und Agesilaos, da sich das Gedächtniss von Agesikles und Ariston in Sparta erhalten hatte. Deshalb steht denn auch Herodot nicht an, dieser Ueberlieferung zu folgen, woraus wir schliessen dürfen, dass die Verzeichnisse der spartanischen Könige nicht als officielle ἀναγραφαὶ, sondern als Familientradition oder Stammbäume aufzufassen sind. Derartige Stammbäume waren aber nicht blos auf das regierende königliche Haus beschränkt, wie wir an dem Hause des Leotychides ersehen. Versuchen wir uns von der Familientradition in den Häusern der Agiaden und Eurypontiden über die spartanische Regentenreihe ein Bild zu entwerfen, so werden wir uns dasselbe kaum dürftig genug denken können. Dass die Regierungszeit der einzelnen Könige nach Jahren berechnet zu Herodots Zeit in Sparta und auch in der Tradition der Königshäuser nicht bekannt war, schliesse ich mit Joh. Braudis (de temp. Graec. antiquiss. rat. p. 6.) aus dem Umstand, dass Herodot, welcher bei einer vorhandenen Jahresbestimmung an den spartanischen Königsfasten die einfachste Berechnung des Zeitalters des Herakles gehabt hätte, sich trotzdem der lydischen Ueberlieferung nach Menschenaltern bei dieser Gelegenheit bedient. So scheint bei der Ueberlieferung der Regentenreihe in den beiden königlichen Häusern der Spartaner nur die Tendenz vorherrschend gewesen zu sein, den jedesmaligen König durch diese Namenliste unmittelbar an Herakles anzuknüpfen. Von einer geschichtlichen Ueberlieferung aber kann bei derselben nicht die Rede sein.

Gehen wir auf den Ausgangspunct dieser Erörteruug, die von Plutarch erwähnten ἀναγραφαὶ, zurück. Da diese ἀναγραφαὶ bei Plutarch nur an der einen oben citierten Stelle, um die Namen der Gattin und der Töchter des Agesilaos zu constatieren, erwähnt werden, so, vermuthe ich, werden dieselben auch nur Namen enthalten haben, die Stammbäume der spartanischen Könige. Von Anaxandridas und Ariston an sind uns die Familienverhältnisse der Agiaden und Eurypontiden genauer bekannt, und wir sind vielleicht berechtigt daraus zu schliessen, dass man sich seit jener Zeit nicht mehr mit der Aufzählung der Könige bis auf Herakles begnügte, sondern auch die Namen aller Kinder und Frauen in die Familienliste eintrug. So würde es sich erklären, dass Plutarch oder vielmehr seine Quelle die Namen der Gattin und der Töchter des Agesilaos aus derselben entlehnen konnte. Denn dass es wenigstens zu Pausanias Zeit κατάλογοι τῶν βασιλέων in Sparta gegeben hat, ersehen wir aus einer Stelle dieses Schriftstellers. (Paus. 3. 1. 9.) Der Inhalt dieser Stelle ist folgender: „Die Nachkommen der beiden uneinigen Brüder Eurysthenes und Prokles wollten die Spartaner deshalb auch nicht in ein gemeinsames Verzeichniss eintragen. Denn die beiden in der Reihenfolge der Könige einander entsprechenden Regenten waren durchschnittlich nicht von gleichem Lebensalter, so dass die späteren Könige, welche zusammen regierten, nicht dieselbe Zahl von Vorgängern, von Eurysthenes und Prokles an gerechnet, vor sich hatten.“

Man ist im Stande sich aus dieser Angabe des Pausanias ein Bild von dem Charakter dieser Aufzeichnungen zu entwerfen. Dass dieselben einen geschichtlichen Zweck nicht verfolgten, leuchtet aus dieser Stelle von selbst ein. Es ist durchaus kein Grund vorhanden, zu bezweifeln, dass die spartanischen Könige bis ungefähr 510, um welche Zeit dies gesetzlich untersagt wurde, (Her. 5. 75.) zusammen in den Krieg zogen. Es war deshalb denn auch bei einer Darstellung der ältesten Geschichte mit einer historischen Tendenz durchaus erforderlich, die beiden zu gleicher Zeit regierenden Könige neben einander zu stellen und an ihre Namen die Kriege, welche unter der Regierung derselben geführt waren, anzureihen. Dieses würde aber eine Kenntniss der ältern Geschichte bei den Spartanern voraussetzen, wie wir sie anzunehmen durchaus nicht berechtigt sind. Man hat deshalb den einfachern und leichtern Weg eingeschlagen, die beiden Regentenverzeichnisse einzeln zu behandeln, ohne einen geschichtlichen Zusammenhang zwischen beiden herzustellen. Uns vorbehaltend auf den historischen Werth dieser Notizen an einem andern Orte einzugehen, wollen wir hier auf einige Unzuträglichkeiten, die durch die oben skizzierte Behandlung hervorgerufen sind, aufmerksam machen. So z. B. wird in der Agiadengeschichte der Beginn des Kampfes gegen die

Kynurier unter dem Könige Echestratos motiviert durch die
Feindschaft der Kynurier gegen die Argiver als Blutsverwandte der Spartaner (Paus. 3. 2. 2.) In der Eurypontidenerzählung dagegen wird als Grund des Kampfes gegen die
Kynurier unter dem Könige Prytanis die Feindschaft der
Spartaner gegen Argos angeführt, indem hier richtig die Kynuria als Theil von Argos aufgefasst wird. (Paus. 3. 7. 2.)
Dem Teleklos und Nikandros, obgleich sie beide als die
achten, Regenten von Eurysthenes und Prokles bei Pausanias
(3. 7. 4.) gleich gesetzt werden, werden doch vesschiedene
Thaten zugeschrieben. (Vergl. Paus. 3. 2. *6; 3. 7. 4.) Charilaos und Archelaos, beide die siebenten Könige von den
ersten Herakliden an gerechnet, werden von Pausanias gleich
gesetzt, weil von beiden die Eroberung von Aigys berichtet
wurde. während trotzdem von Charilaos noch besondere Thaten erwähnt werden. (Paus. 3. 2. 5; 3. 7. 3.)
Eine andere Frage ist dann die, wie haben wir uns
diese κατάλογοι τῶν βασιλέων, von denen Pausanias berichtigt, zu denken? Diese Frage wird wesentlich durch eine
andere bedingt, ist die von Pausanias in seiner Einleitung
zu den Lakonika gegebene Uebersicht der lakonischen Geschichte aus diesen Katalogen entlehnt oder woher stammt
sie? Dass dieselbe einer einheimischen Ueberlieferung entlehnt ist, dafür spricht das mehrere Male in die Erzählung
eingeschobene λέγουσι und φασί, (Paus. 3. 2. 4; 7. 1; 7. 7.)
und das vor dem Beginne der Eurypontidengeschichte gebrauchte τοιάδε ἤκουσα εἶναι. (3. 7. 1.) Bei einer oberflächlichen Vergleichung des Herodot und Pausanias könnte man
leicht zu der Annahme gelangen, dass Pausanias bei dieser
Uebersicht für die ältere Zeit aus Herodot geschöpft habe,
zumal da er die Angabe Herodots von der Gesetzgebung des
Lykurgos während der Minderjährigkeit des Labotas als herodoteisch anführt. (Paus. 3. 2. 3.) Die Abweichungen aber,
die er sich von Herodot erlaubt, werden uns trotzdem zu
einem andern Resultate führen. Aristodemos soll nach Herodot (6. 52.) die Dorier selbst nach Lakonien geführt haben,
während Pausauias (3. 1. 6.) ihn vorher in Delphoi nach damaliger lakonischer Tradition, wie das λέγουσι bezeugt, sterben lässt. Theras wandert nach Herodot (4. 147.) aus, weil

er, selbst Herrscher gewesen, die Herrschaft seiner Mündel
nicht ertragen kann, — wo auch Theras mit den Minyern in
Verbindung gebracht wird — nach Pausanias (3. 1. 7.) wird
er von seinen beiden Mündeln vertrieben. Pausanias erwähnt
den unglücklichen Krieg des Eurykrates — d. i. der herodo-
teische Eurykratidas (Her. 7. 204.) — und seines Sohnes Leon
gegen Tegea. (Paus. 3. 3. 5.) Herodot (1. 65.) nennt nur
Leon, fügt aber Agesikles, den König des andern Hauses,
hinzu, offenbar weil nach der Genealogie des Hauses des
Leotychides, welcher er folgt, (vergl. Her. 8. 131.) Agesikles
ebenso wie Leon der vierzehnte König war.

So finden wir also bei Herodot den Versuch, die der
Zahlenfolge nach sich entsprechenden Regenten beider Häuser
gleich zu setzen. Pausanias dagegen schildert uns die Regierung des Agesikles als durchaus friedlich. (Paus. 3. 7. 6.) Derselbe Unterschied zeigt sich bei Anaxandridas und Ariston.
Auch diese werden bei Herodot entsprechend seiner eben an-
gegebenen Tendenz beide als glückliche Kämpfer gegen Tegea
bezeichnet, (1. 67.) während Pausanias von dem siegreichen
Kampfe des Anaxandridas allerdings gleichfalls berichtet,
(Paus. 3. 3. 5.) von Ariston dagegen in dieser Hinsicht nichts
zu berichten weiss. (Paus. 3. 7. 7.)

Von diesen Thatsachen ausgehend müssen wir, wie ich
glaube, auch die sonstige Uebereinstimmung des Pausanias
mit Herodot auf die in den Zeiten beider in ziemlicher Gleichheit erhaltene örtliche Tradition zurückführen. Der Grund-
stock der Nachrichten des Pausanias war demnach jedenfalls,
wie das auch der peinlich genaue Anschluss an die Kataloge
der spartanischen Könige beweist, die einheimische Ueberlieferung, und es erhebt sich deshalb die Frage, ob wir berechtigt sind, eben diese einheimische Tradition als den Inhalt
der Kataloge selbst aufzufassen. Aus den schon oben citierten Stellen — ich erwähne hier nur noch mal das die Erzählung über die Eurypontiden einleitende τοιάδε ἤκουσα εἶναι, (Paus. 3. 7. 1.) — scheint aber mit Bestimmtheit hervorzugehen, dass die ganze Erzählung auf die mündlichen
Berichte wohl der spartanischen Exegeten zurückgeht. Anderntheils darf man aber auch bei der ausgesprochenen Absicht des Pausanias, sich an die Kataloge der Könige halten

zu wollen, (3. 1. 9.) den Schluss ziehen, dass diese mündlichen Erörterungen der Exegeten im Anschluss an die Kataloge gegeben wurden.

Waren diese Kataloge also nur die Verzeichnisse der Könige, so ist doch die Frage statthaft, ob in denselben auch die Regierungsjahre der einzelnen Könige angegeben waren. Wenn wir richtig die historische Uebersicht bei Pausanias als im Anschluss an die Kataloge gegeben bezeichnet haben, so möchte man fast bei dem ersten Blicke wegen einiger chronologischer Angaben in den ältesten Partien auf die Aufzeichnung der Regierungszeiten schliessen. Bei einer genauern Betrachtung wird man aber auch diese Ansicht aufgeben müssen. Denn da sich das zwei Mal gebrauchte ἔτεσιν δὲ ὕστερον οὐ πολλοῖς (Paus. 3. 2, 3; 7. 3.) auf die Bestimmung einzelner Facta bezieht, die wir doch als in diesen Katalogen angegeben nicht annehmen dürfen, so wird diese Formel bei Pausanias wohl nur den allgemeinen Begriff einer Zeitfolge enthalten. Eine dritte chronologische Notiz, welche von den Königen Doryssos und Agesilaos besagt, δι᾽ ὀλίγου σφᾶς τὸ χρεὼν ἐπίλαβεν ἀμφοτέρους (Paus. 3. 2, 4.) lehrt wohl nur das, dass die spartanischen Exegeten von denselben nichts zu berichten wussten und sie deshalb früh sterben liessen. Jedenfalls aber sieht man daraus, dass die Recensionen der spartanischen Königsfasten — z. B. die des Eratosthenes und Apollodor, welche dem Doryssos 29, dem Agesilaos 44 Jahre geben — in Sparta selbst zur Zeit des Pausanias noch nicht bekannt gewesen sind, denn sonst hätte man beide Könige nicht eines so frühen Todes sterben lassen können.

Wenn nun bei Pausanias (3. 7. 5.) auch Archidamos, der Sohn Theopomps, erwähnt wird, obgleich derselbe vor seinem Vater starb und deshalb nicht zur Regierung kam, so möchte man zu derselben Vermuthung gelangen, welche wir bereits oben aufstellten, dass die Kataloge nicht blos die Namen der Könige, sondern auch die ihrer Kinder und Frauen enthalten haben. Damit würden sie aber nach unsrer Auffassung identisch werden mit jenen ἀναγραφαὶ des Plutarch, von denen diese ganze Untersuchung ausging.

Das Resultat derselben würde sich dann ungefähr in folgenden Sätzen zusammenstellen lassen. Neben den Verzeichnissen der Karneoniken, welche schon verhältnissmässig früh aus den monumentalen Urkunden von Hellanikos zusammengestellt waren, und den Orakelsammlungen der Pythier gab es eine einheimische Aufzeichnung der Mitglieder der beiden Königshäuser zu den Zeiten der Quelle des Plutarch, wahrscheinlich des Dioskorides, und des Pausanias, während man das Vorhandensein derselben in dem Zeitalter Herodots auf private Stammbäume der königlichen Geschlechter beschränken muss. Diese Aufzeichnungen enthielten aber nur die Namen der Könige, ihrer Frauen und Kinder ohne chronologische und sonstige geschichtliche Angaben.

Neben dieser vielleicht erst in einer spätern Zeit abgefassten Staatsliste der Könige ist noch die ἀναγραφή der Ephoren zu erwähnen. (Xen. Hell. 2.3.9.) Die Ephoren waren die eponymen Magistrate des spartanischen Staates, (Paus. 3. 11. 2.) und die Einsetung dieses Amtes wird bei Eusebius auf das Jahr 756 v. Chr. angesetzt. (Euseb. ad a. Abrah. 1261.) Ich glaube wir werden dieses Jahr als richtig annehmen dürfen, zumal da bei der Abfassung der spartanischen Königsfasten, wie wir unten sehen werden, diese Ansetzung von Bedeutung ist.

Der älteste Schriftsteller, welcher die Ephorenlisten in der Form der ionischen ὧροι zur Grundlage eines annalistischen Werkes über spartanische Geschichte gemacht haben soll, ist Charon von Lampsakos, etwas früher als Herodot lebend. Diese Annahme basiert auf einer offenbar verderbten Stelle des Suidas (Χάρων). Der Theil dieser Glosse, welcher uns hier angeht, lautet: ὥρους Λαμψακηνῶν ἐν βιβλίοις δ' πρυτάνεις ἢ ἄρχοντας τοὺς τῶν Λακεδαιμονίων (ἐστὶ δὲ χρονικά). Von der Verderbtheit der Stelle ausgehend hat man sie durch verschiedene Emendationen zu heilen versucht. Gutschmid (Philol. 10. 523 n.) schreibt ὥρους Λακεδαιμονίων ἐν βιβλίοις δ'. πρυτάνεις (ἢ ἄρχοντας) τοὺς τῶν Λαμψακηνῶν; Brandis (de temp. Gr. ant. rat. p. 4. n.) ὥρους Λαμψακηνῶν ἐν βιβλίοις δ'. πρυτάνεις ἢ ἄρχοντας τοὺς τῶν Λαμψακηνῶν· ὥρους Λακεδαιμονίων; Schäfer (Abr. d. Quellenk. der griech. Gesch. § 9. n.) ὥρους Λαμψακηνῶν ἐν βιβλίοις δ', πρυτάνεις ἢ ἄρχοντας τοὺς τῶν Λαμψακηνῶν; Müller (fragm. hist. Gr. I. XIX.) emendirt ὥρους Λακεδαιμονίων ἐν βιβλίοις δ', πρυτάνεις ἢ ἄρχοντας τοὺς τῶν Λακεδαιμονίων und setzt diesen gleich wegen der gleichen Bücherzahl Ἑλληνικὰ ἐν βιβλίοις δ'; Stiehle endlich (Philol. 8. 397.) schreibt „ὥροι Λακεδαιμονίων oder πρυτάνεις ἢ ἄρχοντες Λακεδαιμονίων“.

Ich glaube, man wird von dieser reichen Sammlung von Emendationen der Schäfers beitreten müssen, die auch den Vorzug hat, die einfachste zu sein, und zwar aus folgenden Gründen. Ὧροι des Charon ohne weitere Bezeichnung werden an zwei Stellen bei Athen. 12. 520 D. 11. 475 B. erwähnt. An der einen, welche man auf die ὥροι Λακεδαιμονίων bezogen hat, wird berichtet, bei den Lakedaemoniern werde noch der Becher gezeigt, den Zeus der Alkmene geschenkt habe. (Ath. 11. 475 B.) Hätte Athenaeos mehrere ὥροι des Charon gekannt, so ist es anzunehmen, dass er dieselben näher bezeichnet hätte. Nun ist aber anzuerkennen, dass die beiläufige Erwähnung des Bechers der Alkmene eher in die lampsakenischen ὥροι sich einfügen liess, als die Niederlage der Kardianer durch die Bisalten — der Inhalt der andern Stelle bei Athenaeos — in die ὥροι Λακεδαιμονίων. Ausserdem ist es an diesen ionischen Horographen charakteristisch, dass sie gerade die Annalen ihrer Vaterstädte abfassten. (Vergl. Philol. 8. 395 ff.) Das Hauptmoment für die Richtigkeit der schäferschen Emendation aber liegt in dem Titel des Werkes. „Die Prytanen oder Archonten der Lakedaemonier“, so konnte Charon die spartanischen Ephoren niemals nennen, wenn er die spartanischen Zustände — und das müsste man bei einer geschichtlichen Darstellung derselben doch wohl voraussetzen — überhaupt kannte. Unmöglich kann man diese merkwürdige Wahl des Titels mit einem einfachen qui igitur nomen Ephororum legitimum mutasse censendus est, wie Hecker es thut, (Philol. 5. 464.) beseitigen. Sieht man sich also desbalb gezwungen, das Λακεδαιμονίων in Λαμψακηνῶν zu verbessern, so ist man darum doch noch nicht genöthigt durch eine zweite Emendation, wie es Gutschmid und Brandis thuen, das Λακεδαιμονίων wieder in den Text zu bringen. Der Fehler des Abschreibers, für Λακεδαιμονίων Λαμψακηνῶν zu schreiben, findet in dem ähnlichen

Klange beider Wörter wohl eine hinreichende Erklärung. Ein
andres Werk des Charon περὶ Λαμψάκου β' wird man sich
auch neben diesen lampsakenischen ὧροι noch denken können. Somit ist denn an eine Behandlung der spartanischen
Chronologie durch Charon von Lampsakos nicht zu denken.
Eine Benutzung der spartanischen ἀναγραφαὶ zum Zwecke
chronologischer Bestimmungen durch Ktesias vermuthet Joh.
Brandis (de temp. Gr. ant. rat. p. 24.) aus dem Umstande,
weil von demselben die Regierung des assyrischen Königs
Teutamos mit dem trojanischen Kriege, welchen er 1193—
1183 ansetzt, und sein vermeintlich erster Untergang des
assyrischen Reiches 884 mit bem Zeitalter des Lykurgos gleich
gesetzt wird. Joh. Brandis meint, Ktesias habe nach seiner
398 erfolgten Rückkehr aus Persien Sparta besucht, dort
die spartanischen ἀναγραφαὶ eingesehen und aus ihnen seine
Chronologie geschöpft. Dagegen ist aber einzuwenden, dass
die einzige Beziehung auf die spartanischen Fasten in dem
Werke des Ktesias diese Zeitangabe des Lykurgos ist. Die
chronologische Bestimmung der trojanischen Aera bei Ktesias
dagegen wird man schwerlich auf die spartanischen Fasten
zurückführen dürfen. Denn vorausgesetzt, dass derartige
officielle Aufzeichnungen in Sparta vorhanden waren, so enthielten dieselben doch gewiss nur die Namen der Könige mit
der Zahl ihrer Regierungsjahre. Die Verbindung derartiger
ἀναγραφαὶ mit der trojanischen Aera scheint überall das Product einer litterarischen Thätigkeit gewesen zu sein. Durch
den Umstand, dass sowohl die trojanische Aera, wie auch
das Zeitalter des Lykurgos bei Ktesias einerseits und Eratosthenes und Apollodor andrerseits dieselbe chronologische Fixierung aufweist, wird man sich schwerlich berechtigt halten
dürfen, die eratosthenisch - apollodorischen Königsfasten der
Spartaner bei den christlichen Chronographen als schon dem
Ktesias bekannt vorauszusetzen. Wäre aber die chronologi-
scke Fixierung des Lykurgos bei Ktesias wirklich aus den
officiellen ἀναγραφαὶ der Spartaner entlehnt worden, so
müsste man eine Kenntniss und Benutzung derselben durch
Xenophon wegen dessen Verbindung mit Sparta doch gewiss
voraussetzen, und wie Xenophon dann Lykurgos zu einem
Zeitgenossen der ersten Herakliden machen konnte, (de rep.

Lac. 10. 8.) würde unerklärlich sein. Wenn eudlich auch Ephoros noch in seiner geschichtlichen Darstellung die bei Herodot übliche Rechnung nach Menschenaltern anwendet, (vergl. Brandis a. a. O. 25.) so scheint doch vor ihm an eine Benutzung der spartanischen Fasten zur chronologischen Bestimmung der griechischen Geschichte nicht gedacht werden zu können. Der erste, welcher bei seinen chronologischen Studien auch die spartanische Chronologie einer Prüfung unterzog. war Timaeos von Tauromenion. Da, wo Polybios über die chronologischen Arbeiten desselben handelt, sagt derselbo über diesen Theil seiner Thätigkeit: *ὁ γὰρ τὰς συγκρίσεις ποιούμενος ἀνέκαϑεν τῶν ἐφόρων πρὸς τοὺς βασιλεῖς τοὺς ἐν Λακεδαίμονι.* (Polyb. 12. 11. 12.) Aus dieser Notiz des Polybios ersehen wir, dass zu der Zeit des Timaeos schriftliche Aufzeichnungen der Könige mit der Zahl ihrer Regierungsjahre und der Ephoren in Sparta vorhanden waren, denn die Worte bei Polybios, welche später folgen, *τὰς ἁμαρτίας τῶν πόλεων περὶ τὰς ἀναγραφὰς τὰς τούτων ἐξελέγχων* zeigen deutlich, dass Timaeos seine chronologischen Arbeiten wirklich auf die officiellen *ἀναγραφαὶ* der einzelnen Städte selbst richtete und nicht für dieselben eine chronographische Litteratur benutzte. Wenn es aber hier von Timaeos heisst, er habe die Chronologie der Ephoren mit der der Könige verglichen, so ist man darum noch immer nicht berechtigt, in seiner Zeit für die Regierungen der einzelnen spartanischen Könige vor Einsetzung der Ephorie die Feststellung einer genauen Chronologie bereits vorauszusetzen. Die Stelle des Polybios berechtigt uns nur, eine Kenntniss der spartanischen Königsfasten seit der Errichtung der Ephorie, d. h. wenn wir dem Eusebios folgen, seit 756, bei Timaeos anzunehmen. Wenn nun aber eine Betrachtung der spartanischen Königsfasten, wie sie bei Eusebios vorliegen, als Princip die Anknüpfung dieser ältesten Zeit entweder an die Olympiadenrechnung oder an die Ephorenliste nachzuweisen vermag, so scheint schon die in dieser Anknüpfung liegende Willkührlichkeit auf eine spätere Abfassung hinzuweisen. Jedenfalls bietet uns aber die polybianische Stelle nur den sichern Beweis, dass zur Zeit des Timaeos officielle spartanische Königsfasten seit Einsetzung der Ephorie, welche man sich mit der Ephorenliste verbunden denken kann, vorhanden waren. Damit soll jedoch keineswegs gesagt sein, dass diese Königsfasten den Anspruch erheben können, ein wirklich historisches Document zu sein. Es muss nur das als gesichert gelten, dass zur Zeit des Timaeos die Recension der spartanischen Königsfasten bis auf die Einsetzung der Ephorie hinaufgeführt war, während diese Recension selbst wohl ohne Zweifel als die Combination einer spätern Zeit gelten muss.

So ist es denn allem Anschein nach ein immerhin etwas zweifelhaftes Verdienst der alexandrinischen Gelehrten, auch die Reihe der ältern spartanischen Könige bis Ol. 1. chronologisch fixiert zu haben. Wir besitzen noch eine doppelte Recension der spartaniscken Fasten, die eine von Eratosthenes und Apollodor, die andere von dem Lakonen Sosibios. Die erstere ist uns bei Eusebios, die andre in wenigen dürftigen Fragmenten hei Clemens Alex. (str. 1. p. 141. Sylb.) erhalten. Betrachten wir zunächst die Recension des Eratosthenes und Apollodor. Eusebios oder wohl richtiger seine Quelle Africanos entlehnte die eratosthenische Recension aus Diodor, der sie wieder aus Apollodor gezogen hatte. Diese spartanischen Königslisten waren aber auch für die Chronologen nur ein kümmerlicher Nothbehelf, um für die Zeit vor Ol. 1. einige nothdürftige Anhaltspuncte in der Chronologie zu gewinnen, wie das bei Eusebios ziemlich deutlich mit den Worten ausgesprochen wird : Ab hoc tempore (Ol. 1.) Graecorum chronographia videtur authentica, nam ante haec (tempora) unusquisque ut (ipsi) placebat sententiam dabat. (Euseb. p. 78. Schoene.) Für diesen Zweck genügte aber vollständig die chronologische Fixierung einer der beiden spartanischen Königsreihen, ja in der chronologischen Uebersichtlichkeit der Periode vor Ol. 1. musste sogar eine doppelte Datierung nach beiden Königshäusern verwirrend wirken. Deshalb hat denn auch, wie es scheint, bei Apollodor nur die Liste der Agiaden vorgelegen, während die Eurypontiden als die οἰχίη ὑποδεεστέρη (Her. 6. 51.) stillschweigend übergangen waren. Dass man wenigstens die Liste der Eurypontiden, wie sie uns bei Eusebios vorliegt (p. 319. Aucher.), nicht auf Apollodor zurückführen darf, werden wir später nachzuweisen versuchen.

15

Betrachten wir zuerst die Liste der Agiaden. Und da
mögen zunächst einige allgemeine Daten, die uns direct als
apollodorisch bezeichnet sind, zur besseren Orientierung vorausgeschickt werden. Apollodor rechnete, und mit ihm
stimmt Eratosthenes nach der Ueberlieferung bei Clemens
Alex. (Str. 1. 21. p. 402.) überein,
von dem Untergange Trojas bis Ol. 1. 408 oder 407 Jahre,
von der *κάϑοδος τῶν Ἡρακλειδῶν* bis Ol. 1. 327 Jahre,
von dem Untergange Trojas bis zur *κάϑοδος τῶν Ἡρακλειδῶν* 80 Jahre,
von der *κάϑοδος τῶν Ἡρακλειδῶν* bis zur ionischen Colonisation 60 Jahre,
von der ionischen Colonisation bis auf Lykurgos 159 Jahre,
von Lykurgos bis Ol. 1. 108 Jahre.
(Vergl. Euseb. p. 319. 277. Aucher.)
Diese Rechnung ergiebt folgende Daten :
Trojanischer Krieg 1193—1183.
κάϑοδος τῶν Ἡρακλειδῶν 1103.
Ionische Colonisation 1043.
Lykurgos 884.

Die Liste mit den Regierungsjahren der einzelnen spartanischen Könige ist uns bei Eusebios an drei verschiedenen
Stellen mit der Gesammtsumme von 325 Jahren erhalten.
(Euseb. p. 319. Scr. reg. 30. Kan. Aucher.) Die 31 Jahre
des Echestratos bei Eusebios (p. 319. A.) sind durch die 35
Jahre in der series regum (p. 30 A.) und in dem Kanon zu
ersetzen. Ebenso sind auch die 38 Jahre des Alkamenes an
derselben Stelle durch einen Fehler aus den 37 Jahren der
series regum und des Kanon verschrieben worden. So werden wir also als apollodorische Liste der Agiaden folgende
anzunehmen haben :

Eurysthenes	= 44.		Agesilaos	= 44.
Agis	= 1.		Archelaos	= 60.
Echestratos	= 35.		Teleklos	= 40.
Labotas	= 37.		Alkamenes	= 37.
Doryssos	= 29.		Summa	327.

Diese Summe von 327 Jahren stimmt mit der von Apollodor angenommenen Zahl von der *κάϑοδος τῶν Ἡρακλειδῶν*
bis Ol. 1. überein, und es ist ersichtlich, wie wir diese An-

nahme auch in dem eusebianischen Kanon finden, dass Apollodor das Todesjahr des Alkamenes auf Ol. 1. setzte. (Euseb. ser. reg. 30. A.) Von dieser von Eusebios im Kanon unverfälscht uns erhaltenen Recension des Apollodor weichen nun aber zwei Angaben in der eusebianischen Chronik bedenklich ab. Es wird nämlich zuerst im Kanon unter Ol. 1. (p. 78 ed. Schoene) die Regierungszeit der spartanischen Könige auf 350 Jahre angegeben, eine Angabe, mit welcher Synkellos (1. 350. Dind.) und das Excerptum barbari übereinstimmen. Zweitens findet sich aber auch bei Eusebios (p. 319. Aucher.) die Notiz, im zehnten Jahre des Alkamenes sei Ol. 1. gefeiert worden. Die erste Angabe von den 350 Regierungsjahren der spartanischen Könige wird sich, wie mir scheint, nicht schwer erklären lassen. Africanos benutzte in seinem πεντάβιβλον χρονολογικόν auch den Kastor, wie wir aus Eusebios (p. 359. A.) ersehen, und aus den Berechnungen des Kastor sind die 350 Jahre, die Eusebios (p. 78. Schoene.) als Summe der Regierungsjahre der spartanischen Könige anführt. Denn Ol. 1. = 776 + 350 ergiebt das als kastorisch uns überlieferte Datum der κάθοδος τῶν Ἡρακλειδῶν 1127. Schwieriger zu erklären dagegen ist die zweite Angabe des Eusebios, (p. 319. A.) die das zehnte Jahr des Alkamenes der apollodorischen Ueberlieferung entgegen mit Ol. 1. gleich setzt. Wie ich glaube wird diese Schwierigkeit in folgenden Erwägungen ihre Erklärung finden. Synkellos, (1. 349. Dind.) der übrigens in seiner Liste der spartanischen Könige auch dem Apollodor folgt, — er giebt nur wohl durch einen Irrthum dem Agesilaos 41 statt 44 Jahre — bemerkt zum Alkamenes: οὗτος τελευταῖός ἐστι τῆς πρώτης οἰκίας, und setzt dann gleich darauf hinzu: ἐν Λακεδαιμονίᾳ πρῶτος ἔφορος κατεστάθη. Beide Notizen sind, wie es scheint, einer Liste entlehnt, in welcher die spartanischen Könige bis auf die Einsetzung der Ephorie, der neuen Aera der spartanischen Chronologie, hinabgeführt waren. Synkellos entlehnte jedoch diese Liste, die wir bei Africanos als vorhanden voraussetzen müssen, nicht ganz, sondern er trug nur die beiden oben angeführten Notizen aus derselben zu der kanonisch gewordenen Recension des Eratosthenes und Apollodor nach. Die Einrichtung der

Ephorie wird nun aber in dem eusebianischen Kanon auf
Ol. 6. 1. = 756 v. Chr. angesetzt, womit die Angabe bei
Plutarch (Lyc. 7.) sich wohl vergleichen lässt.
Eine Recension der spartanischen Königsfasten aber, welche Alkamenes' Tod mit der Einsetzung der Ephorie statt mit
Ol. 1. gleich setzte, musste selbstverständlich, um die grössere
Gesammtzahl von der κάϑοδος τῶν Ἡρακλειδῶν bis 756 aus-
zufüllen, auch andre Datierungen für die Regierungen der
einzelnen Könige ansetzen, als es Eratosthenes und Apollodor gethan hatten, wie dasselbe auch bei der kastorischen
Gesammtzahl von 350 Jahren von der Rückkehr der Herakliden bis Ol. 1. anzunehmen ist. Wie nun aber in der eben
citierten Stelle des Synkellos trotz der eratosthenisch-apollo-
dorischen Ansetzungen, welche, wie wir aus Eusebios ersahen,
Alkamenes' Tod mit Ol. 1. gleich setzten, die Anknüpfung
der Königsfasten an die Ephorenfasten gesucht wird, so werden wir annehmen müssen, dass es überhaupt das Bestreben
der Chronologen war, die kanonisch gewordenen apollodorischen Königsfasten mit den Ephorenlisten in einen Zusammenhang zu bringen. Bei Synkellos war dieser Versuch ein
ganz äusserer, der mit der Rechnung selbst nicht im minde-
sten übereinstimmt. Ebenso scheint auch die Notiz bei Eusebios, welche das zehnte Jahr des Alkamenes mit Ol. 1.
gleich setzt, ein solcher missglückter rein äusserlicher Versuch gewesen zu sein; nur wird man das zehnte Jahr des
Alkamenes in ein andres zu verwandeln haben. Bei Eusebios
(p. 78. Schoene) wird an einer andern Stelle die Gesetzgebung
des Lykurgos in das 18. Jahr des Alkamenes gesetzt. Eine
derartige Datierung der lykurgischen Gesetzgebung findet bei
keinem andern Schriftsteller des Alterthumes auch nur eine
annähernde Bestätigung, und man wird sich deshalb nach
Erklärung dieser merkwürdigen Angabe umsehen müssen.
Eine derartige Erklärung wird sich aber, wie ich glaube,
durch folgende Erwägung ergeben. Da Iphitos und Lykurgos als Begründer der olympischen Spiele betrachtet wurden,
so war es üblich, wie wir dies auch aus der apollodorischen
Angabe ersehen, die Gesetzgebung des Lykurgos mit dem
Jahre dieser ältesten Einrichtung der Olympien, d. h. mit 884,
gleich zu setzen. Durch ein leicht erkliches Missverständ-

2

niss scheint man dann die älteste Einrichtung der Olympien mit Ol. I. verwechselt zu haben, wie denn Hieronymos (Ath. 14. 635. F.) gleichfalls den Iphitos und Lykurgos als Begründer der ersten gezählten Olympiade bezeichnet, und diese Verwechslung ist auch für die eben citirte Stelle des Eusebios anzunehmen. Darnach kann diese Stelle, wenn man das Missverständniss beseitigt, nicht wohl etwas andres bedeuten, als dass das 18. Jahr des Alkamenes mit Ol. I. zusammenfiel. Bei einer derartigen Berechnung aber würde das Todesjahr des Alkamenes bei der apollodorischen Ansetzung von 37 Jahren für die Regierung desselben mit 757 zusammenfallen, wodurch die Anknüpfung an die Ephorenfasten gegeben wäre. Demgemäss wird denn auch, wie ich glaube, das 10. Jahr des Alkamenes an der oben citierten Stelle des Eusebios (p. 219 A.) mit dem 18. (Euseb. p. 77. Schoene) vertauscht werden müssen.

Während sich so bei Synkellos und Eusebios an den angeführten Stellen eine Anknüpfung der Königsfasten allerdings ohne Rücksicht auf die anderweitige Rechnung an die Ephorenfasten nachweisen lässt, so findet sich auch ein merkwürdiger Versuch, die apollodorische Rechnung selbst von diesem Gesichtspuncte aus zu regeln. Setzte man nämlich Alkamenes' Todesjahr mit der Einsetzung der Ephorie, d. h. mit 756, gleich, so erhielt man bei Uebertragung dieser Angaben auf die apollodorische Recension von der κάϑοδος τῶν Ἡρακλειδῶν 1103 bis zum Tode des Alkamenes die Gesammtsumme von 347 Jahren. Und diese Summe wird man denn auch von der Rückkehr der Herakliden bis zum Tode des Alkamenes in die Liste des Excerptum barbari hineintragen müssen. Diese selbst lautet, wie folgt:

Eurysthenes	= 42.	Agesilaos	= 30.
Agis	= 2.	Cemenelaos	= 44.
Echestratos	= 34.	Archelaos	= 60.
Labotas	= 37.	Teleklos	= 40.
Doryssos	= 29.	Alkamenes	= 27.
		Summa	345. (Scal. Euseb. 77.)

Der Verfasser hat offenbar den Zweck gehabt, diejenige Liste, welche die spartanischen Könige bis auf die sie in den chronologischen Angaben ablösenden Ephoren hinabführte,

mit der apollodorischen Recension auch in der Gesammtrech-
nung in Einklang zu bringen. Denn dass der grössere Theil
dieser Liste apollodorische Daten enthält, leuchtet sofort ein.
Die 42 Jahre des Eurysthenes sind allerdings verkehrt für 44
gesetzt, kehren aber auch bei Eusebios, wie bereis oben bemerkt, mehrere Male wieder. Die 2 Jahre des Agis und die
34 Jahre des Echestratos statt 1 und 35 bei Eusebios können
sehr wohl auf einer zweideutigen Angabe bei Africanos beru-
hen. Bei Agesilaos, dem hier nur 30 Jahre gegeben sind
statt der bei Eusebios überlieferten 44, wird eine durch die
Nachlässigkeit des lateinischen Uebersetzers hervorgerufene
Umstellung mit den 44 Jahren des Cemenelaos anzunehmen
sein, so dass man also auch hier für Agesilaos 44, für Cemenelaos 30 Jahre anzusetzen hat. Durch Vermehrung der
42 Regierungsjahre des Eurysthenes auf 44 wird auch die
Gesammtsumme auf 347 Jahre erhöht. So stimmt denn die
Liste mit Ausnahme der Regierungszeit des Alkamenes mit
den apollodorischen Angaben überein. Für Alkamenes nämlich finden wir statt der eusebianischen 37 Jahre nur 27 Jahre
verrechnet. Hatte sich der Verfasser dieser Liste in allen
Angaben an die Recension des Apollodor gehalten, so hat er
dagegen für die Regiernngszeit des Alkamenes diejenigo authentische Liste benutzt, welche Königs- und Ephorenfasten
mit einander verband. Bei Synkellos (p. 185. D.) nämlich
findet sich eine Angabe, welche die Gesetzgebung des Lykurgos und das 8. Jahr des Alkamenes gleich setzt. Nach der
oben gegebenen Auseinandersetzung wird auch diesos so zu
verstehen sein, dass Ol. 1. und das 8. Jahr des Alkamenes
zusammeufiel. Eine derartige Annahme aber entspricht genau der im Excerptum barbari gegebenen Datierung des Alkamenes. Fiel das Todesjahr des Alkamenes mit der Einsetzung der Ephorie, d. h. mit 756, zusammen und betrug
die Regierungszeit dieses Königs 27 Jahre, so war allerdings
das 8. Jahr des Alkamenes und Ol. 1. identisch. Wir finden
demnach in der Liste des Excerptum barbari eine Vereinigung der apollodorischen Datierungen mit der authentischen
Liste, welche Königs- und Ephorenfasten verband, wobei
allerdings aus der letztern nur die Datierung des Alkamenes
entlehnt war.

Eine derartige Vereinigung wird auf folgende Weise ihre Erklärung finden. Die apollodorischen Datierungen der spartanischen Könige, welche die Königsfasten an die Olympiadenrechnuug anknüpften, waren im Laufe der Zeit kanonisch geworden. Um nun einer spätern specifisch spartanischen Tendenz, welche die spartanische Chronologie durch Verbindung der Königs- und Ephorenfasten herstellte und die Anknüpfung derselben an die Olympiadenrechnung durch die Gleichstellung des 8. Jahres des Alkamenes mit Ol. l. bewirkte, gerecht zu werden, ohne darum die kanonisch gewordenen apollodorischen Datierungen aufgeben zu müssen, schlug der Verfasser der Liste in dem Excerptum barbari folgenden Weg ein. Die 27 Jahre des Alkamenes in der letzten Liste mussten wegen der Uebereinstimmung des 8. Jahres des Alkamenes mit Ol. l. beibehalten werden. Die Regierungsjahre der spartanischen Könige mit Ausnahme des Alkamenes ergaben nun aber nach den apollodorischen Datierungen die Gesammtsumme von 290 Jahren oder mit den 27 Jahren des Alkamenes die von 317 Jahren. Es fehlten demnach an der apollodorischen Gesammtsumme von 347 Jahren von der κάθοδος τῶν Ἡρακλειδῶν bis 756 noch 30 Jahre. Um diese 30 Jahre herbeizuschaffen, ohne darum die Einzeldatierungen des Apollodor für die spartanischen Könige aufgeben zu müssen, war die Einschiebung eines Königs mit einer Regierungszeit von 30 Jahren nothwendig. Und die finden wir denn auch in dem Excerptum barbari. Es ist die bei dem lateinischen Uebersetzer sehr fragwürdige Namensform Cemenclaus, die aber bereits von Scaliger als καὶ Μενέλαος erkannt ist. Diesen Menelaos in die spartanische Agiadenreihe aufzunehmen, wie es Joh. Brandis (a. a. O. p. 30.) thun zu müssen glaubt, halte ich unter keiner Bedingung für statthaft. Ganz abgesehen von der entgegenstehenden Tradition bei Herodot (7. 204.) spricht der Name Menelaos selbst für seine Erfindung. Denn was, fragen wir, lag dem Verfasser des Excerptum barbari, dessen selbstständige Thätigkeit in der Vermittlung der apollodorischen Recension mit der Ephorenliste wir oben nachzuweisen versucht haben, näher, als für den für seine Recension nothwendigen neuen spartanischen König aus seinem Homer den Namen Menelaos

zu wählen? — Eine andre Frage dagegen ist es, weshalb
wurde dieser neue spartanische König Menelaos grade hinter
Agesilaos eingeschoben? Und da muss zunächst bemerkt
werden, dass es für den Einschiebenden der Natur der Sache
nach am günstigsten war, denselben so hoch wie möglich in
das spartanische Alterthum zu versetzen, um auf diese Weise
die Constatierung seiner historischen Persönlichkeit zu er-
schweren. Der Verfasser des Excerptum barbari war aber
zugleich auch, wie wir das in seiner Recension der spartanischen Fasten nachgewiesen haben, ein treuer Anhänger der
chronologischen Datierungen des Apollodor, und eine Notiz
des Apollodor ist es denn auch höchst wahrscheinlich gewesen, die ihn hinderte, die für ihn sonst wünschenswerthe
höhere Datierung des Pseudo-Menelaos vor dem Könige Agesilaos anzusetzen. Bei Clemens Alex. (Str. 1. p. 317.) heisst
es : οἱ δὲ περὶ Ἀπολλόδωρον (φασὶ τὸν Ὅμηρον ἠκμακέναν)
μετὰ τὴν Ἰωνικὴν ἀποικίαν ἔτεσιν ἑκατὸν, Ἀγησιλάου τοῦ
Δορυσσαίου Λακεδαιμονίων βασιλεύοντος, welche Angaben ich
nicht anstehe beide auf Apollodor zu beziehen. (Vergl. Brandis a. a. O. p. 28.) Für die Regierungszeit des Agesilaos
ergeben sich nach apollodorischer Berechnung die Jahre 959
—915 und für die Blüthe Homers das Jahr 943. Hätte also
der Verfasser des Excerptum barbari seinen König Menelaos
mit 30 Jahren vor den Agesilaos gesetzt, so würde dieser
von 929—885 haben regieren müssen, und die in den spartanischen Fasten mühsam gewahrte Auctorität des Apollodor
wäre für Homer verloren gewesen. Dass er aber die Einschiebung sofort nach Agesilaos vornahm, bedarf nach dem
oben Gesagten keiner Erklärung.

Wir haben bereits oben bemerkt, wie es für chronologische Zwecke vollständig hinreichend war, die Zeit vor Ol. I.
durch die Mitglieder eines spartanischen Königshauses zu
fixieren. Diese Ansicht scheint denn auch bei der Abfassung
der Eurypontidenfasten vorgewaltet zu haben. Synkellos (1.
349. Dind.) begnügt sich dieselben hinter dem Verzeichnisse
der Agiaden mit den Worten zu absolvieren : τῆς δὲ δευτέ-
ρας οἰκίας κατὰ τοὺς αὐτοὺς χρόνους ἐβασίλευσαν ἓξ βασιλεῖς.
Eusebios bietet folgendes Verzeichniss :

Prokles	= 49.	Nikandros	= 38.
Prytanis	= 49.	Theopompos	= 47.
Eunomos	= 45.	Das 10. Jahr des Theopompos
Charilaos	= 60.	= Ol. 1.

Die 108 Jahre von Charilaos bis zum 10. Jahre des Theopomp, d. h. bis Ol. 1., entsprechen der Recension des Apollodor, der, wie oben bemerkt, von Lykurg bis Ol. 1. 108 Jahre rechnete. Für die 143 Jahre der drei Eurypontiden vor Charilaos, des Prokles, Prytanis und Eunomos, entbehren wir jedes chronologischen Anhaltspunctes, denn die aus dieser Liste sich ergebende Datierung der Heraklidenwanderung auf das Jahr 1027 ermangelt, wie ich glaube, jeder chronologischen Auctorität. Ausserdem aber erscheint die Liste mit Herodot (8. 131.) verglichen als durchaus unvollständig. Denn es fehlt sowohl zwischen Prokles und Prytanis Eurypon, wie auch zwischen Eunomos und Charilaos Polydektes. Ich glaube deshalb denn auch, dass man diesem Verzeichniss irgend eine chronologische Bedeutung nicht beilegen darf. Dasselbe war vielleicht ursprünglich zur Ergänzung der apollodorischen Angabe über die Zeit des Lykurgos angefertigt worden und wurde dann höchst unglücklich auch über den König Charilaos hinaus fortgesetzt.

Die zweite Hauptrecension der spartanischen Königsfasten ist die des Lakonen Sosibios. Aus den wenigen Bruchstücken, die uns von derselben erhalten sind, (vergl. Müller, fr. hist. Gr. 2. 625 ff.) ergeben sich folgende Daten:

Trojanischer Krieg 1181—1171. (Censorin, de die nat. 21.)

Polydektes — 874.		
Charilaos 873—810.	Clem. Alex. Str. 1. p. 141.
Homer 865.	Sylb.
Nihandros 809—771.	

Sosibios nahm entsprechend seiner trojanischen Aera für die κάϑοδος τῶν Ἡρακλειδῶν gewiss 1091 an und befand sich schon dadurch dem Apollodor um 12 Jahre voraus. Besonders bemerkt muss von ihm werden, dass er offenbar die Fasten beider Königshäuser behandelt hat, da wir ja grade Fragmente der Eurypontidenliste besitzen, und dass er wenigstens noch den Polydektes, der bei Eusebios (p. 319 A.) fehlt, richtig vor Charilaos angesetzt hat. Eine Vergleichung seiner Fasten mit denen des Apollodor ist unmöglich, weil wir von ihm nur Bruchstücke der Eurypontiden-, von Apollodor nur die Agiadenfasten besitzen. Bemerkt mag werden, dass Sosibios Homer auf das Jahr 865 unter der Regierung des Charilaos, Apollodor, wie bereits oben angegeben, auf das Jahr 943 unter der Herrschaft des Agesilaos ansetzt. Nachdem wir die chronologischen Bestimmungen der Regierungen der einzelnen spartanischen Könige als das Erzeugniss einer verhältnissmässig späten Zeit nachzuweisen versucht haben, bleibt es uns noch übrig, die Königsliste selbst, wie sie uns überliefert ist, einer Betrachtung zu unterwerfen,

Schon Ephoros und nach ihm andere Autoren hielten es für nöthig, die merkwürdige Thatsache zu erklären, dass die königlichen Geschlechter der Spartaner, obgleich Eurysthenes und Prokles als die Archageten derselben galten, sich Agiaden und Eurypontiden nannten. Ephoros (Strab. 366.) meint, die Geschlechter seien nach Eurysthenes und Prokles deshalb nicht genannt worden, weil diese mit Hülfe Fremder geherrscht hätten; weil Agis und Eurypon dagegen die Herrschaft gerecht geführt hätten, deshalb habe man ihren Namen auf das ganze Geschlecht übertragen. Plutarch erklärt diese Thatsache dadurch, dass er angiebt, die ersten Könige hätten lieber ἄγειν als βασιλεύειν gewollt und deshalb seien sie der Ehre, ihren Geschlechtern den Namen zu geben, verlustig gegangen. (Apophth. Plist. 1. Lyc. 2.) Pausanias endlich bemerkt bei dem Kataloge der Eurypontiden, bis auf Eurypon habe das Geschlecht Prokliden geheissen, dieser sei aber zu einem so grossen Ruhme gelangt, dass dasselbe fortan Eurypontiden genannt worden sei. (3. 7. 1.) Wir sehen bei allen drei Autoren den wenn auch unglücklichen Versuch, die Thatsache selbst auf ihre Weise zu erklären. Dass man sich aber heut zu Tage mit einer derartigen Erklärung nicht beruhigen kann, versteht sich von selbst.

Die Archageten der Geschlechter, nach denen dieselben genannt werden, stehen als geschichtliche Repraesentanten an der Spitze derselben. Die Geschlechtsstammbäume zeigen aber sehr häufig, ja gewöhnlich, über die historischen Archageten hinaufreichend noch eine grössere oder geringere Anzahl mythischer Stammhäupter. Die vornehmen Geschlech-

ter, denen es daran gelegen war, sich als Abkömmlinge irgend einer Gottheit hinzustellen, konnten sich selbstverständlich mit ihrem geschichtlichen Ahnherrn nicht begnügen.
Denn da die geschichtliche Ueberlieferung bei den Griechen
nur in ein verhältnissmässig sehr niedriges Alter hinaufreichte,
so musste es sehr gewagt erscheinen, den historischen Ahnherrn des Geschlechtes bereits als Sohn eines Gottes hinzustellen. Deshalb findet man denn auch in den meisten griechischen Genealogien vor der historischen eine lange mythische Ahnenreihe. So hatten, um nur zwei Beispiele anzuführen, die historischen Bakchiaden in Korinth den Herakliden Aletes (Paus. 2. 4. 4. Diod. 7. 6.), die historischen Ai-
pytiden in Messenien den Herakliden Kresphontes als mythischen Ahnherrn. (Paus. 4. 3. 8.)

Die spartanischen Königsgeschlechter leiteten ihren Ursprung durch Herakles, — noch in einer späten spartanischen Inschrift wird Ἡρακλέης Γενάρχα (Corp. inscr. Gr. 1446.)
erwähnt — Hyllos, Kleodaios, Aristomachos, Aristodemos von
Zeus selbst ab. (Her. 6. 52.) Die Zwillingssöhne des Aristodemos waren nach der officiellen Königssage Eurysthenes und
Prokles. Dass aber das spartanische Doppelkönigthum in dieser
Zwillingsgeburt nicht eine Erklärung, sondern nur eine Symbolisierung findet, darüber wird man heut zu Tage jeden Zweifel
als beseitigt annehmen dürfen. (Vgl. Wachsmuth in Fleckeisens
Jhrb. 1868. p. 1.) Ist demnach die Sage von den Zwillingssöhnen als aus dem Doppelkönigthume entstanden, nicht umgekehrt anzusehen, so wird sich auch dadurch die Voranstellung
der beiden mythischen Ahnherren Eurysthenes und Prokles vor
den historischen Archageten des Geschlechtes Agis und Eurypon erklären lassen. Agis und Eurypon, die Ahnherren von
zwei durchaus geschiedenen Geschlechtern, als Brüder neben
einander zu stellen, schien denn doch einer geschichtlichen
Ueberlieferung zu sehr zuwider zu sein. Die historische Tradition reichte über die beiden Personen nicht hinauf, und
wollte deshalb die mythenbildende Thätigkeit einer spätern
Zeit beide Königsgeschlechter genealogisch verbinden, so
konnte dieses nur dadurch geschehen, dass man einen Schritt
weiter in die mythische Zeit hineinthat. Man schuf zwei
neue Ahnherren, die man als Zwillingsbrüder charakterisierte,

und leitete dann beide Königsgeschlechter in unmittelbarer Folge von Zeus ab. Die geschichtlichen Ahnherren der Geschlechter wurden dann zu Söhnen der mythischen gemacht. (Vergl. Buttmann, Myth. 2. 266.)

In einer noch spätern Zeit hat man in der Eurypontidenreihe noch einen mythischen Ahnherrn eingeschoben, den Soos, welcher sich nach Betrachtung der Quellen, in denen sein Name erschein₁, sofort als Einschiebsel charakterisiert. Herodot (8. 131.) kennt denselben noch nicht, ebenfalls nicht Ephoros, nach welchem die Eurypontiden ihren Namen führten (ά)πὸ Εὐρυπῶντος τοῦ Προκλέους (Strab. 366.) und auch in der Quelle, welche Polyaen (2. 13.) benutzte, war Eurypon der Zeitgenosse des Agis, nicht Soos. Bei Platon (Cratyl. 412 B.) ist Soos erst ein berühmter Mann, in einem anonymen Kanon dann bereits ein Adoptivsohn des Prokles, Σόος Προκλέους παῖς θετός, um endlich bei Pausanias der Nachfolger des Prokles, (3. 7. 1.) bei Plutarch der berühmteste Vorfahr des Lykurg zu werden. Zur Erklärung dieser Persönlichkeit werden uns die Worte des Platon (a. a. O.) die Anweisung geben : Λακωνικῷ δὲ ἀνδρὶ τῶν εὐδοκίμων καὶ ὄνομα ἦν Σοῦς · τὴν γὰρ ταχεῖαν ὁρμὴν οἱ Λακεδαιμόνιοι τοῦτο καλοῦσι. Soos ist demnach die Personification des schnellen Ansturmes und höchst wahrscheinlich eine jeuer abstracten Göttergestalten, wie sie bei den Spartanern z. B. als Furcht, Tod, Lachen (Plut. Cleom. 9,) gebräuchlich waren. Später machte man dann die Personification des kriegerischen Ansturmes der Spartaner zum mythischeu Ahnherrn eines ihrer königlichen Geschlechter.

Als mythische Ahnherren wurden Eurysthenes und Prokles als Heroen verehrt. So fordert Jon in einem Skolion die anwesenden Spartaner auf, neben Zeus, Herakles, Alkmene und den Perseiden auch dem Prokles zu libieren. (Jon. fr. 2. Bergk.) Endlich gab man, um die Erinnerung an die Verschiedenheit der beiden königlichen Geschlechter so viel als möglich auszutilgen, auch den beiden Zwillingsbrüdern Zwillingsschwestern zu Frauen, welche man gleichfalls von Herakles ableitete, (Paus. 3. 16. 6.) Latbria und Anaxandra.

Wenn der Verlauf dieser Untersuchungen uns zu der Annahme führen wird, dass die officielle spartanische Königs-

sage, wie sie uns bei Herodot (6. 52; 4. 147.) und Pausanias
(3. 1. 7. ff.) erhalten ist, nicht wohl vor 700 entstanden sein
kann, so drängt sich uns die Frage auf, ob auch die Königs-
genealogien, welche uns zuerst bei Herodot (7. 204; 8. 131.)
überliefert werden und welche durch die Namen Eurysthenes
und Prokles an die officielle Königssage anknüpfen, erst in
jener Zeit redigiert sind. Die Beantwortung dieser Frage
wird schwerlich jemals ganz mit Gewissheit erfolgen können.
Wenn von einer eigentlichen Geschichte Spartas, wie wir das
weiter unten nachzuweisen versuchen werden, erst seit den
Königen Charilaos und Agesilaos oder Archelaos die Rede
sein kann, so ist eine Abfassung der spartanischen Königsge-
nealogie vor dieser Zeit immerhin als das Product einer spätern Reflexion denkbar, wie denn vielleicht auch der eine
oder andre Königsname dafür zeugen könnte. So z. B. ist
der Name des Eunomos, des Vaters des Lykurgos, (Plut.
Lyc. 2.) wobei auch der Name des Sohnes desselben, des Eukosmos, zu vergleichen ist, (Paus. 3. 16. 6.) doch gewiss
nach demselben Gesetze der Mythenbildung entstanden, nach
welchem der Sohn des Aias Eurysakos genannt wurde. Ich
gehe auf andre Königsnamen nicht ein, obgleich noch mancher der ältern in seiner Bildung verdächtig erscheinen darf.

Ein Hauptgrund gegen die Richtigkeit und Vollzählig-
keit der ältern Königsreihe ist die aus derselben sich ergebende, unverhältnissmässig lange, durchschnittliche Regierungszeit der einzelnen Könige. Nach der Berechnung des
Appollodor von 327 Jahren für die Zeit von der $\varkappa\acute{\alpha}\vartheta o\delta o\varsigma\ \tau\tilde{\omega}\nu$
'$H\varrho\alpha\varkappa\lambda\epsilon\iota\delta\tilde{\omega}\nu$ bis Ol. 1. ergiebt sich für jeden der neun angeführten Agiaden eine durchschnittliche Regierungszeit von
$36^{1}/_{3}$ Jahren, nach der kastorischen Annahme von 350 Jahren für denselben Zeitraum sogar eine durchschnittliche Regierungszeit von $38^{8}/_{9}$ Jahren. Dagegen beträgt die Durchschnittsdauer der Regierung der 15 Agiaden von Kleomenes
I. (520) bis auf Kleomenes III. (236 — 219.) nur $20^{1}/_{15}$
Jahre für jeden und die der 10 Eurypontiden von Leotychides (491) bis auf Agis III. (244—240.) $25^{1}/_{10}$ Jahre für jeden. (Braudis a. a. O. p. 3. Vergl. Trieber, Forsch. zur
spart. Verfassungsgesch. p. 61. ff.) Schon aus diesem so
durchaus verschiedenen Verhältnisse zwischen der durchschnitt-

lichen Regierungszeit der spartanischen Könige bis Ol. I. und derjenigen der spätern historischen Könige wird man, wenn nicht auf eine allgemeine Unzuverlässigkeit der Liste überhaupt, so doch zum wenigsten auf den Ausfall einer grössern oder geringern Zahl von Königsnamen schliessen dürfen. Aber auch für die Könige nach Ol. I. bis auf Kleomenes I. (520) ist die Durchschnittsdauer der einzelnen Regierungen eine ganz abnorme. Rechnen wir auch hier nach der apollodorischen Angabe, die Alkamenes' Tod auf Ol. I. ansetzt, so erhalten wir für die Regierungen der 6 Agiaden von Alkamenes' Tod bis auf Kleomenes' Regierungsantritt die Gesammtsumme von 256 Jahren oder für die einzelnen Regierungen die Durchschnittssumme von $42\frac{2}{3}$ Jahren, ein Verhältniss, welches in einem noch grellern Widerspruch zu der durchschnittlichen Regierungszeit der spätern historischen Könige Spartas steht. Es muss demnach auch für diese Periode zum wenigsten der Ausfall einer Reihe von Königsnamen angenommen werden.

Nach der vorausgeschickten Erörterung wird man selbst die Familientradition der spartanischen Königsgeschlechter, auf welche wir die Königslisten bei Herodot und Pausanias zurückführen zu müssen glaubten, als die Combination einer spätern Zeit aufzufassen haben. Wie wir zu Herodots Zeit eine Kenntniss der ältern Geschichte im allgemeinen nicht über die Zeit des Leon und Agesikles ausdehnen zu dürfen glaubten, so kann auch die Familientradition der Agiaden und Eurypontiden nach dem oben Gesagten kaum über diesen Zeitpunct sich erstreckt haben. Dass sich die Erinnerung an die Thaten einzelner Könige sowohl in der Volksüberlieferung, wie in der Familientradition erhalten konnte und erhalten hat, bedarf kaum der Erwähnung. Nur wird man eine fortlaufende Ueberlieferung vor diesem Zeitpuncte nicht anzunehmen haben, und an eine Entstehung der uns vorliegenden Liste von Königsnamen ist vor demselben gleichfalls nicht zu denken. Der historische Werth der spartanischen Königslisten muss unter diesen Umständen immerhin als ein zweifelhafter erscheinen. Mancher Name derselben ist gewiss ein echt geschichtlicher, wie denn manche derselben auch durch Tempellegenden und andre historische Zeugnisse beglaubigt werden. Aber eine ebenso grosse Anzahl derselben ist, wie

wir das z. B. bei Soos und Eunomos gesehen haben, gewiss
erst die Erfindung einer spätern Zeit. Bei der Abfassung dieser Listen gaben zuerst die Namen der königlichen Geschlechter die historischen Ahnherren Agis und Eurypon, denen dann
aus den oben angeführten Gründen Eurysthenes und Prokles
als mythische Ahnherren vorgesetzt wurden. Die dann folgende Liste wurde aus historischen und erfundenen Namen
in einem bunten Durcheinander zusammengesetzt und zwar
höchst wahrscheinlich so, dass man den historischen Namen
nach einer wahrscheinlichen Chronologie ihren Platz unter
den erfundenen anwies.

Eine andre Quelle für die Erkenntniss der ältesten Zustände und der ältesten Geschichte Lakoniens konnte auch
den alten Schriftstellern die eine oder andre Rhetra werden.
Dahin gehört vor allen andern die Urkunde, welche von Plutarch im Leben des Lykurg (cap. 6.) uns erhalten ist. Diese Rhetra, der Ausgangspunct und die Grundlage für die älteste Geschichte der lakonischen Dorier, ist in den ersten
Zeiten nach ihrer Entstehung ohne Zweifel durch mündliche
Tradition erhalten und überliefert worden. Es scheint aber
überhaupt sehr zweifelhaft, ob eine Aufzeichnung der Rhetra
überhaupt jemals stattgefunden hat wegen der Bestimmung
eines andern lykurgischenGesetzes, μὴ χρῆσθαι νόμοις ἐγγρά-
φοις. (Lyc. 13.) Indessen wird man doch die Erhaltung einer Urkunde, wie die vorliegende ist, nicht dem Zufall über-
lassen haben. Deshalb ist vielleicht die Vermuthung nicht
zu gewagt, dass der ἐξηγητὴς τῶν Λυκουργείων, der in einer Inschrift aus später Zeit erwähnt wird (Corp. inscr. Gr.
1364 b.), auch für die Zeit der Selbständigkeit Spartas anzusetzen ist, und dass sein Amt in der Erhaltung und In-
terpretierung der alten Rhetren bestand. Jedoch wird man
eine derartige Ueberlieferung der lykurgischen Rhetra erst
von der Zeit an datieren dürfen, der wir die Entstehung des
von uns angenommenen Lykurgosmythos verdanken. Für
die älteste Zeit wird man die Tradition dieses Vertrages an den
Cult der ältesten Staatsgötter, des Zeus und der Athene, anzuknüpfen haben. Das Verdienst, diese Rhetra zuerst bei einer wissenschaftlichen Behandlung der spartanischen Verfassung benutzt und dadurch uns erhalten zu haben, gehört,

wie es scheint, dem Aristoteles, denn Plutarch hat, wie ich
weiter unten nachzuweisen versuchen werde, diese Urkunde
nicht direct aus der spartanischen Ueberlieferung, sondern
aus Aristoteles entlehnt. Was sonst noch an derartigen Urkunden in Sparta erhalten war, sind wir nachzuweisen nicht
im Stande. Die sogenannten drei Rhetren des Lykurgos bei
Plutarch — αἱ καλούμεναι τρεῖς ῥῆτραι (Ages. 26.) — können ein besonderes historisches Interesse nicht beanspruchen.

Erhalten und beeinflusst wurde die geschichtliche Tradition bei den Spartanern endlich auch durch das historische
Lied, dessen Entstehung sich mit aus der ausgeprägten Nei-
gung der Spartaner für Erzählungen aus dem Alterthume erklärt. (Plat. Hipp. maj. 285. D.) Es war ein bei den Spartanern allgemein verbreiteter Wunsch, dass die edle That
auch ihren Lobredner finde, wie denn der Gebrauch, vor der
Schlacht den Musen zu opfern, von Plutarch durch die Worte erklärt wird: ὅπως αἱ πράξεις λόγων ἀγαθῶν τυγχάνωσιν.
(Apophth. Eudamid. 10. Plut. I. 270.) Wenn schon bei verschiedenen Gelegenheiten von den spartanischen Jungfrauen
Lob- und Spottgesänge auf die spartanischen Jünglinge gesungen wurden, (Plut. Lyc. 14.) so tritt der historische Charakter derartiger Gesänge noch mehr in den Lobliedern der
für Sparta Gefallenen und in den Spottliedern auf die τρέ-
σαντες hervor. (Plut. Lyc. 21.) Einen rein geschichtlichen
Charakter endlich hatte die Erinnerungsfeier des thyreatischen
Sieges, welche an den Gymnopaedien, an welchen die Vorsteher der Spiele die sogenannten thyreatischen Kränze trugen,
stattfand, (Sosib. b. Ath. 15. 678. B. Hesych. Θυρεατικοὶ
στέφανοι. Apostol. 6. 56.) wobei nur das zu bemerken ist,
dass auch dieses Ereigniss aus einer verhältnissmässig jungen Epoche der spartanischen Geschichte datiert.

Endlich gehört zu dieser Art der historischen Ueberlieferung auch der Agon, welcher alljährlich an den Gräbern
des Pausanias und Leonidas gefeiert wurde, in den spartanischen Inschriften der spätern Zeit Λεωνίδεια genannt. (C.
inscr. Gr. 1421.) Bei dieser Gelegenheit wurden Wettreden
gehalten, (Paus. 3. 14. 1.) wie man aus einer bei Boeckh
(C. i. Gr. 1417.) unzweifelhaft richtig ergänzten Inschrift ersieht, zu Ehren des Leonidas, Pausanias und der übrigen

Heroen, *ἀγωνισάμενον τὸν ἐπιτάφι(ον Λεωνίδου) καὶ Παυσα-*
ν(ίου καὶ τῶν λοι)πῶν ἡρώων.

Neben diesen mehr officiellen Ueberlieferungen geht die
mündliche Tradition, welche im Anschluss an bestimmte Lo-
calitäten und Festgebräuche historische Erinnerungen erhalten hatte. Eine kurze Zusammenstellung derselben scheint
für eine richtige Würdigung dieser mündlichen Tradition durchaus nothwendig zu sein.

Die älteste Form geschichtlicher Ueberlieferung ist, wenn
wir von den historischen Momenten der Sage absehen, die
sacrale, d. i. hauptsächlich die Tempeltradition, welche durch
ihre auf einander folgenden Priester directe Organe der Ueberlieferung besass und deshalb selbst für ein hohes Alterthum
einen Kern geschichtlicher Wahrheit bewahren konnte. Selbst
noch in der jüngern historischen Zeit schlossen sich geschichtliche Ueberlieferungen an die Tempellegende an. So wurde,
um ein Beispiel anzuführen, die Gründung des Ammonion in
Sparta in Verbindung gebracht mit der Belagerung der Stadt
Aphytis in Pallene durch Lysandros. (Paus. 3. 18. 3.) In
der Tempellegende des Apollon Karneios hatten sich Erinnerungen an die Einwanderung der Dorier in Lakonien erhalten. (P. 3. 13. 3.) Die Gründungsgeschichte des Tempels
des Athene- Optiletis, hier allerdings mit offenbarer Umkeh-
rung des wirklichen Sachverhaltes, war verknüpft mit der
gesetzgeberischen Thätigkeit des Lykurgos (P. 3. 18. 2. Plut.
Lyc· 11.) Mit der Geschichte des Tempelbildes der Artemis
Orthia waren Erinnerungen an die Agiaden Astrabakos und
Alopekos verbunden, (P. 3. 16. 9.) von denen der erstere
auch ein Heroon in Sparta hatte. (P. 3. 16. 6. Her. 6. 69.)
Die Gründung des Tempels des Zeus Tropaios erfolgte nach
der Eroberung von Amyklai durch Teleklos, ein Ereigniss, an
das auch das Sprichwort von der schweigenden Amyklai erinnerte, (Serv. Aen. 10. 564. Heyne Exc. 2. ad Aen. 1. l.)
und die Tempellegende bezog sich wohl ohne Zweifel auf dieses Factum. (P. 3. 12. 9.) Die Erinnerung an die Thaten
des Teleklos erhielt sich auch in dem heroischen Culte, welcher diesem Könige geweiht war. (Paus. 3. 15. 10.) Das
Gedächtniss des Theopompos war an dem Mnema desselben
localisiert, (P. 3. 16. 6.) Das des Polydoros hatte verschie-

dene Anknüpfungspuncte. Die Booneta an der Aphetais galten als sein Haus, das der Staat von der Witwe des Königs käuflich erstanden hatte. (P. 3. 12. 3.) Seine Bildsäule stand auf der Agora, und sein Bildniss war das spartanische Staatssiegel. (P. 3. 11. 10.) Die Geschichte seines Todes war vielleicht geknüpft an das Grabmal des Polemarchos. (P. 3. 3. 3.) An dem Heiligthume der Athene, von Theras geweiht, erhielt sich die Erinnerung an die Colonisation von Thera, (P. 3. 15. 6.) und an einem Agalma derselben Göttin, von den Partheniern gewidmet, die Erinnerung an die Gründung Tarents. (P. 3. 12. 5.) Anknüpfungspuncte au den zweiten messenischen Krieg mochten in der Gründungslegende des Tempels der Thetis nicht fehlen, (P. 3. 14. 4.) und an dem Grabe des Orestes auf der spartanischen Agora hatte die Geschichte der tegeatischen Kriege ohne Zweifel ihr locales und greifbares Zeugniss. (P. 3. 11. 10. vergl. Her. 1. 67. 68. P. 3. 3. 6.) Erinnerungen an die Aegiden waren localisiert in den Heroa des Kadmos, Oiolykos und Aigeus. (P. 3. 15. 8.) So erhielt sich das Gedächtniss des Aegiden Timomachos in den Festgebräuchen der Hyakinthien, an welchen nach einem Zeugnisse des Aristoteles der Harnisch dieses Aegiden ausgestellt wurde. (Arist. b. Pind. Isthm. 7. 18. Sch.) Endlich boten aber auch unzweifelhaft die Gräber der Agiaden und Eurypontiden (P. 3. 14. 3; 3. 12. 8.) passende Anknüpfungspuncte für eine einheimische mündliche Tradition.

Zum Schluss mag hier noch einer auch auf die älteste spartanische Geschichte bezüglichen monumentalen Urkunde Erwähnung gethan werden, des sogenannten Diskos des Iphitos, nicht um mit Otfr. Müller (Dor. 1. 130.) die Echtheit desselben anzuerkennen, sondern um etwaige historische Folgerungen, welche sich daraus ziehen liessen, ein für alle Mal zurückzuweisen. Dieser Diskos trug die inschriftlich aufgezeichnete Ankündigungsformel des Gottesfriedens, welchen die Eleer für die bevorstehenden Olympien ankündigten. Die Inschrift selbst war wohl der in der Mitte des Diskos befindlichen Oeffnung wegen nicht in gerader Linie eingegraben, sondern folgte in der Form eines Kreises dem Rande der Wurfscheibe. (Paus. 5. 20. 1. Vergl. Phleg. Trall. b. Müller fr. hist. Gr. 3. 603.) Indem es einer spätern Untersuchung vorbehalten bleiben muss, die angebliche Theilnahme des Lykurgos an der Begründung der Olympien einer Prüfung zu unterziehen, wollen wir hier nur auf zwei Puncte hinweisen, welche die Authenticität dieser Urkunde sehr in Frage stellen. Zunächst wird die Echtheit einer Urkunde von einem so bedeutenden Alter, wie der Diskos des Iphitos sein würde, immer sehr erheblichen Zweifeln unterliegen, so lange wir keine inschriftliche Urkunden auch nur von einem annähernd gleichen Alter besitzen. Zweitens ist aber auch die Wahl des Diskos zum Träger einer solchen Inschrift in einem hohen Grade ungewöhnlich. Die Begründer der olympischen Ekecheiria hätten für die Erhaltung der officiellen Formel derselben gewiss durch Aufzeichnung auf einem würdigeren Material, als dieser Diskos war, Sorge getragen. Auch der Umstand, dass eben dieser Diskos, auf welchem der Name des Lykurgos als des Mitbegründers der olympischen Ekecheiria sich vorfand, den Aristoteles bewog, das Zeitalter des Lykurgos mit dem des Iphitos gleich zu setzen, (Plut. Lyc. 1.) darf uns nicht verführen, die Echtheit des Diskos anzuerkennen. Aristoteles nennt diese Wurfscheibe τὸν Ὀλυμπίασι δίσκον, während dieselbe von Pausanias als ὁ Ἰφίτου δίσκος wohl des Namens Iphitos wegen, der neben dem des Lykurgos darauf geschrieben war, bezeichnet wird. Jedenfalls aber wird, wenn man die Auctorität des Aristoteles retten zu müssen glaubt, der Diskos bei ihm gar nicht aus dem Zeitalter des Iphitos hergeleitet, wie denn auch eine derartige Annahme für Pausanias nicht nothwendig ist. Wie ich glaube werden wir diesen Diskos als das Anathema eines Privatmannes, höchst wahrscheinlich wegen der wunderlichen Wahl des Weihgeschenkes eines Diskossiegers, aufzufassen haben, welcher durch Eingrabung der Ekecheiria und der Namen des Iphitos und Lykurgos als der Begründer der olympischen Spiele dem Diskos selbst einen höhern Werth verlieh. Für die Geschichte des Lykurgos hat dieses Monument jedenfalls keine entscheidende Bedeutung. (Vergl. über d. Diskos Val. Rose, Aristot. pseudepigr. p. 489.)

2. Die vordorischen Zustände Lakoniens.

Die Rückkehr der Herakliden, wie es mythisch heisst, oder die Einwanderung der Dorier in den Peloponnes, wie man dies Ereigniss geschichtlich zu nennen hat, ist sowohl der nationalen Sagenbehandlung der ältesten Periode griechischer Geschichte, wie auch einer beglaubigten historischen Ueberlieferung verlustig gegangen. Wenn man darum denn auch diese dorische Einwanderung in die südlichste Halbinsel des griechischen Continents als den Anfangspunct der historischen Zeit hellenischer Geschichte bezeichnet, so hat dies nur insofern seine Richtigkeit, als allerdings mit ihr die sagengeschichtliche Quelle des Epos versiegt, ohne dass sich darum eine wahrhaft historische Quelle uns erschlösse. Allerdings ist auch die Rückkehr der Herakliden mit zahlreichen Mythen umsponnen; aber einerseits bei der Unbekanntschaft mit ihren ältesten Quellen, wie auch andrerseits bei der ausführlichen sagenbildenden Thätigkeit der attischen Tragoedie in dieser Richtung sind dieselben für die Geschichte selbst ohne jede Bedeutung. Der überwiegend grösste Theil dieser Mythen erscheint entweder als verstandesmässig erfunden oder als tendenziös gefärbt. Deshalb hat denn auch bereits Otfr. Müller darauf verzichtet, eine Historie der dorischen Wanderung zn geben und hat sich auf Erwägungen des Ursprungs und der Bedeutung der dieselben betreffenden Sagen beschränkt (Dor. 1. 54. 1. 47 ff.) Unsern Untersuchungen liegt aber eine Würdigung dieser Wanderungsmythen um so mehr fern, da wir in den folgenden Blättern nur einen Umriss der ältesten Geschichte der lakonischen Dorier zu geben beabsichtigen. Wohl aber ist es nöthig, bevor wir an unsre eigne Aufgabe herantreten, eine kurze Schilderung der vordorischen Zustände Lakoniens zu entwerfen. Eine derartige Darstellung wird ihren Ausgangspunct von dem homeri-

schen Epos zu nehmen haben, an das wir dann die dürftigen
Reste localer Tradition, wie sie besonders bei Pausanias erhalten sind, anreihen.

Der unter dem spätern, dem Homer noch nicht bekannten Gesammtnamen Lakonike zusammengefasste Theil des Peloponnes ist bei Homer das Herrschergebiet des Menelaos.
Wie die Grenzen zwischen Lakonien und Messenien vor den
messenischen Kriegen schwankend waren und nach der Wiederherstellung Messeniens durch Epaminondas wieder schwankend wurden, bis sie endlich durch eine Entscheidung des
Kaisers Tiberius ihre endliche Regelung fanden, (Curtius,
Pelop. 2. 286.) so scheint auch der grössere Theil Messeniens
zu der Herrschaft des Menelaos gehört zu haben. (Strab. 349.)
Die sieben Städte wenigstens, welche Agamemnon, wohl als
Oberkönig des ganzen Peloponnes, dem Achilleus zu geben
verspricht, (Il. 9. 149 ff.) und die zu dem Gebiete des Menelaos zu zählen sind, gehören zu Messenien. Ebenso wird
auch an einer andern Stelle bei Homer (vergl. Od. 21. 13 ff.
3. 488.) Pherai, eine jener sieben Städte, zu Messenien und
Lakedaimon gerechnet, wo man die erstere als einen Theil
der letztern auffassen muss. Der Name Lakedaimon erscheint
also hier zur Bezeichnung des Herrschergebietes des Menelaos,
wie bereits Strabon richtig erkannte, (367.) indem er bemerkt,
Homer bezeuge, dass das Land sowohl, wie die Stadt gleich-
namig Lakedaimon geheissen habe.

Buttmann (Lexil. 2. 85 ff.) ist dieser Auffassung Strabons
entgegengetreten, wie mir scheint, mit Uurecht. Ausgehend
von dem doppelten Beinamen *κοίλη* und *κητώεσσα* (Il. 2.
581. Od. 4, 1.) für Lakedaimon, kommt er zu dem Schluss
Lakedaimon bezeichne das Land, Sparta die eigentliche Stadt,
eine Behauptung, für welche er als Beweis genau betrachtet
nur die Verse bei Homer (Il. 2. 581. 582.) anführt.

    οἵ δ' εἶχον κοίλην Λακεδαίμονα κητώεσσαν,
    Φᾱρίν τε Σπάρτην τε κ. τ. λ.

Hier soll also nach Buttmann Lakedaimon als Bezeichnung für das ganze Laud vorausgeschickt sein, indem dann
in den folgenden Versen die einzelnen Städte dieser Landschaft aufgeführt würden. Nun muss aber bemerkt werden,
dass in dem Verzeichniss der griechischen Schiffe (Il. 2. 494

— 760.) mit Ausnahme der Inseln Landschaftsnamen überall
nicht erwähnt werden — das *Ἀρκαδίην* v. 603. wird durch
das folgende *ὑπὸ Κυλλήνης ὄρος αἰπὺ Αἰπύτιον παρὰ τύμ-
βον* sofort beschränkt. Die Griechen werden nur nach den
Völkerschaften, denen sie angehören, so Boeoter, Phoker,
Lokrer, Abanten, Kephallenen, Kreter, Aenianen, Perrhae-
ber, Magneten, oder nach den einzelnen Städten bezeichnet.
Somit würde die Annahme Buttmanns die einzige Ausnahme
in dieser langen Namenreihe sein. Wenn dieselbe dadurch
schon nicht an Wahrscheinlichkeit gewinnt, so macht doch
die Gegenüberstellung von Lakedaimon als Land und Sparta
als Stadt diese Annahme gradezu unmöglich. *Σπάρτη* ist
doch wohl mit einem bei Namen durchaus gebräuchlichen
Accentwechsel mit *σπαρτὴ* sc. *γῆ* identisch, wie denn auch
Euripides (Strab. 366.) den *πολὺς ἄροτος* Lakoniens erwähnt,
und kann ursprünglich nur die Ackerfluren im Gegensatz zur
Herrenburg bezeichnen, das *πυροφόρον πεδίον*. (Od. 3. 495.)
Bei Homer ist allerdings der Name schon auf eine Stadt
übertragen. Wenn aber von einer Scheidung die Rede sein
kann, so war Lakedaimon die Bezeichnung der Stadt, Sparta
die des Landes, in welchem sie lag.

Es scheinen denn auch in Wahrheit nur die beiden homerischen Epitheta *κοίλη* und *κητώεσσα* für Lakedaimon es
gewesen zu sein, welche Buttmann zu seiner Ansicht verlei-
teten. Zunächst muss es aber fraglich erscheinen, ob man
berechtigt ist, Lakedaimon, d. h. nach Buttmann das Eurotasthal, bei einer Breite von über 40 Stadien hohl zu nennen, (Curtius, Pelop. 2. 208.) und dann würde es doch auch
sehr wunderbar sein, dieses Thal als ein an Schluchten reiches zu bezeichnen von den Schluchten des Taygetos, der
die Grenze eben dieses Thales bildet. Um diese Unzuträglichkeiten zu vermeiden, wird man bei Homer Lakedaimon
und Sparta beide als Stadtnamen aufzufassen haben. Und
da ist zunächst die Frage zu beantworten, sind beide Namen Bezeichnungen derselben Stadt? Allerdings werden sie
beide im allgemeinen als der Wohnsitz des Menelaos bezeichnet. Als Epitheta führt Sparta *εὐρεῖη* (Il. 11. 460.) und das
nur als Accusativ vorkommende *καλλιγύναιχα*. (Il. 13. 412.)
Lakedaimon dagegen wird ausser den bereits oben erwähnten

Beinamen κοίλη und κητώεσσα ἐρατεινή, (Il. 3. 239. 443.)
δῖα (Od. 3. 326.) und εὐρύχορος (Od. 13. 414; 15. 1.) genannt. Nur an einer Stelle Homers wird Lakedaimon ausdrücklich von Sparta unterschieden. (Od. 4. 1. und 10.) Dort
heisst es:

οἳ δ' ἷξον κοίλην Λακεδαίμονα κητώεσσαν
πρὸς δ' ἄρα δώματ' ἔλων Μενελάου κυδαλίμοιο.

und Vers 10:

υἱέϊ δὲ Σπάρτηθεν Ἀλέκτορος ἤγετο κούρην.

Telemach und Peisistratos finden den Menelaos in Lakedaimon die Doppelhochzeit seines Sohnes und seiner Tochter
feiernd; diese sandte er dem Sohne des Achilleus, jenem
führte er als Frau die Tochter des Alektor aus Sparta zu.
An dieser Stelle liegt ein offner Gegensatz zwischen Lakedaimon und Sparta vor.

Dazu kommen aber noch andre Erwägungen! Ein pas-
sendes Local für eine achaeische Herrenburg auf einem wohl
befestigten, schwer zugänglichen Burghügel, wie z. B. in
Mykenai, wird man auf dem Boden des historischen Sparta
am rechten Ufer des Eurotas vergeblich suchen, denn die
Akropolis der spartiatischen Dorier kann als solches nicht
gelten. Dieser Umstand bewog bereits Otfr. Müller, (Dor. 1.
93 ff.) den Sitz der Pelopiden nach Amyklai zu verlegen, zu
der er auch Therapne rechnete. Und Therapne ist denn
auch in Wahrheit die Herrenburg des Menelaos gewesen,
(vergl, Curtius Pelop. 2. 239 ff.) die homerische Lakedaimon.
Was zunächst die Etymologie des Namens Λακεδαίμων ,be-
trifft, so stimme ich vollständig mit Ernst Curtius (Pelop. 2.
309. 10.) überein, dieselbe mit der Wurzel ΛΑΚ in Verbindung zu bringen. Die Grundbedeutung dieser Wurzel ist
Reissen und zeigt sich in ihrer localen Bedeutung, wie das
deutsche Bruch, in der Glosse des Hesychios λάκας, φάραγ-
γας und erscheint auch wieder in der Namenbildung des
Λάκμων und Λακίνιον. (G. Curtius, Grundz. d. griech. Ety-
mol.[2] p. 147.) Die Bedeutung des zweiten Theiles des Wortes wird unentschieden bleiben müssen. Die von G. Curtius
angezogenen Analoga Λάκμων und Λακίνιον sprechen dafür,
dass man die Wurzel ΛΛΚ wohl anwandte zur Bezeichnung
von Gebirgen mit ihren Schluchten und Rissen, aber wohl

schwerlich bei einem Thal von der Breite einer deutschen
Meile, wie das bei Lakedaimon als Eurotasthal der Fall sein
würde. Wir wollen deshalb versuchen alles, was bei Homer
von Lakedaimon gesagt wird, auf das Local von Therapne
zu beziehen. Zunächst also die beiden Epitheta κοίλη und
κητώεσσα. Therapne zog sich bis an den Eurotas hinunter,
wo dieselbe mit dem jenseitigen Phoibaion durch eine Fähre
verbunden war, und die Bezeichnung κοίλη mag sie wohl
von dem sehr schmalen Uferwege erhalten haben, der sich
zwischen dem Menelaion und dem Eurotas hinzieht. Κητώεσσα aber, in der von Bnttmann erwiesenen Bedeutung schluch-
tenreich, heisst das in Wahrheit schluchtenreiche Hügelland,
welches gegen den Fluss vortritt, die eigentliche Therapne,
wie Curtius nachweist, (Curtius, Pelop. 2. 239 ff.) womit
die Glosse des Hesychios zu vergleichen ist: Θεράπναι αὐ-
λῶνες, σταθμοί. Ἐρατεινὴ, δῖα und εὐρύχορος sind Epitheta,
wie sie bei Homer für Städte häufiger vorkommen. Wem
εὐρύχορος zur Bezeichnung einer Felsenburg unpassend erscheint, den erinnere ich an die εὐρυάγυια Μυκήνη, (Il. 4. 52.)
von der doch Thucydides (1. 10.) sagt: καὶ ὅτι μὲν Μυκῆναι μικρὸν ἦν. Zu Therapne waren die Gräber der Dioskuren, der Schutzherren der geräumigen Sparta, wie Pindar
sie nennt, die täglich wechselnd den einen Tag beim Vater
Zeus, den andern unter der Erde in den Tiefen von Therapne
verbringen. (Pind. Nem. 10. 55.) Damit stimmen die Worte
Homers (Il. 3. 243.) überein, in welchen es von den Dioskuren heisst:

> — τοὺς δ' ἤδη κάτεχεν φυσίζοος αἶα
> ἐν Λακεδαίμονι αὖθι, φίλῃ ἐν πατρίδι γαίῃ.

Was bei Pindar Therapne, das ist bei Homer Lakedaimon. Die Messeis, aus welcher Hektor im Geiste die Andro-
mache Wasser tragen sieht, doch wohl hinauf zur Herrenburg des Menelaos, (Il. 6. 457.) war in historischer Zeit in
Therapne localisiert. (Paus. 3. 20. 1.) Wo in geschichtlicher
Zeit der Tempel des Menelaos und der Helena stand, dessen
Stufen und Grundmauern Ross in Therapne wiederaufgedeckt
hat, da befand sich ohne Zweifel unter der Herrschaft der
Achaeer die Herrenburg der Pelopiden, wie sich aus dem

Vorhergehenden mit Sicherheit zu ergeben scheint, die hohle, schluchtenreiche Lakedaimon.

Wie sich in dem andern Achaeersitze des Peloponnes, in Mykenai, noch Ober- und Unterstadt nachweisen lässt, (Curtius, Pelop. 2. 400 ff.) ein Umstand, aus welchem, wie mir scheint, der Plural *Μυκῆναι* von Göttling (Rhein. Mus. 1841. p. 162.) richtig erklärt ist, so ist auch Lakedaimon als die achaeische Herrenburg, Sparta als die dazu gehörige Unterstadt aufzufassen. Ohne Zweifel war ursprünglich *Σπάρτη = σπαρτὴ γῆ* nur die zur Burg Lakedaimon gehörige Ackerebene, von der dann später Sparta, die Unterstadt von Lakedaimon, den Namen erhielt. Deshalb führt auch Sparta bei Homer, um von *καλλιγύναικα* abzusehen, das nur ein dichterishes Beiwort ist, durchaus passend das Epitheton *εὐρεΐη*. (Il. 11. 460.) Der Name der achaeischen Herrenburg ist dann, wie bereits oben bemerkt, auf das gesammte Herrschaftsgebiet des Menelaos übertragen, ebenso wie Attika im homerischen Schiffskataloge Athenai genannt wird. (Il. 2. 546.) Ausser Lakedaimon und Sparta gehören nach dem homerischen Schiffskataloge (Il. 2. 581 ff.) zu dem Reiche des Menelaos Pharis, Amyklai, Bryseiai im Eurotasthale, Augeiai, das spätere Aigaiai, (Strab. 364.) in dem südlichen Theile des Mittellandes, Helos in der Mündungsebene des Eurotas, Las am lakonischen, Messe und Oitylos am messenischen Golf. Dazu rechneten wir noch bereits oben die sieben Städte, welche Agamemnon dem Achilleus zu geben verspricht, und zwar deshalb, weil die eine derselben Pherai als in Lakedaimon und Messene liegend angegeben wird, die Städte Kardamyle, Enope, Hire, Pherai, Antheia, Aipeia, Pedasos. (Il. 9. 149 ff.)

Uebrigens wird man für diese Städte nur eine gewisse Abhängigkeit von Lakedaimon anzunehmen haben. Pherai wenigstens hatte sein eignes Herrschergeschlecht, das seinen Ursprung auf den Flussgott Alpheios zurückführte. (Il. 5. 541 ff. vergl. Od. 3. 487 ff. 15. 185 ff.) Dem entsprechend wird man auch wohl in den andern Städten, die zu dem Herrschergebiete des Menelaos gehörten, Fürsten voraussetzen dürfen, die in den Pelopiden von Lakedaimon ihre Oberkönige verehrten Dass dieselben aber dem Willen der achaei-

schen Oberkönige vollständig unterworfen waren, ersehen wir
aus Od. 4. 171 ff. Dort sagt Menelaos, er habe den Odysseus nach der Rückkehr von Troja in seiner Herrschaft an-
siedeln wollen,

— μίαν πόλιν ἐξαλαπάξας,
αἳ περιναιετάουσιν, ἀνάσσονται δ᾽ ἐμοὶ αὐτῷ·

Wer auf diese ältesten Zustände Lakoniens die strenge
Abgeschlossenheit nach Aussen der spätern dorischen Epoche
übertragen wollte, würde sich in einem grossen Irrthum be-
finden. Vielmehr scheint, wenn wir auch hier dem Homer
folgen, in jener ältesten Zeit ein reger Verkehr zur See
stattgefunden zu haben. Zunächst darf es nicht als ein Zufall aufgefasst werden, dass die Odyssee neben dem vielge-
wanderten Odysseus auch von den Irrfahrten des Menelaos
zu berichten weiss. Wir dürfen uns aber auch nicht wun-
dern, dass dieselben denen des Odysseus gegenüber mehr in
den Hintergrund treten. Ich brauche zur Erklärung dieses
Umstandes nur an das Wort Homers selbst zu erinnern, dass
der neueste Gesang immer der liebste sei. (Od. 1. 351 ff.)
Nun aber unterliegt es wohl keinem Zweifel, dass die West-
see den Griechen später erschlossen wurde, als der an die
asiatische West- und die afrikanische Nordküste angrenzende
Theil des Mittelmeeres. Bei Homer wenigstens erscheint der
Westen noch in dem geheimnissvollen Dunkel eines Abenteu-
erlandes, während Phoenizien und Aegypten sich schon einer
genauern Kenntniss zu erfreuen haben. In die Zeit der
dichterischen Abfassung der Odyssee fällt, wie ich glaube,
die Erschliessung des Westens für die griechische Schifffahrt
und deshalb das ungetheilte Interesse, das sich den Schiffer-
berichten und -mährchen über jene Gegend zuwandte. Dem
gegenüber mussten die schon ältern Berichte über Phoenizien
und Aegypten zurückstehen und daher erklärt es sich, dass
die Irrfahrten des Menelaos hinter denen des Odysseus so
sehr zurücktreten.

Aber auch bei den erstern haben sich noch Anklänge an
die Zeit erhalten, in der Phoenizien und Aegypten noch ein
unbekanntes Ziel griechischer Schiffahrt waren, so in den
Worten des Nestor, jene Gegenden seien so weit entfernt,
dass selbst die Vögel in demselben Jahr von dort zurückzu-

kehren nicht vermöchten. (Od. 3. 317. ff.) Wenn es nun aber doch gewiss nicht Zufall ist, dass gerade mit dem Namen des Odysseus die Wanderungen in den fernen Westen verbunden werden, wenn wir vielmehr daraus schliessen dürfen, dass es die seefahrenden Stämme der Griechen auf der Westküste des griechischen Continents und auf den westlichen Inseln waren, bei Homer besonders Taphier und Kephallenen genannt, die den westwärts führenden Bahnen der Phoenizier zuerst gefolgt sind, so wird man auch die Irrfahrten des Menelaos auf die südwärts gerichteten Fahrten lakonischer Stämme zu beziehen haben. Menelaos kam aber auf seiner achtjährigen Irrfahrt nach Kypros, Phoenizien, Aegypten, zu den Aethiopen und Erembern und nach Libyen, zu dem gesegneten Lande des Viehreichthumes. (Od. 4. 81. ff.) Der Reichthum des aegyptischen Theben, (Od. 4. 126. ff. vergl. Il. 9. 381.) sowie der Kräuterreichthum des gesammten Landes (Od. 4. 229. ff.) war bekannt. Die Mündung des Nils, (Od. 4. 477; 17. 427.) wie auch höchst wahrscheinlich die Insel Pharos (Od. 4. 354. ff.) waren Landungspuncte griechischer Schiffer.

Jene Fahrten griechischer Stämme in die südliche Region des Mittelmeeres waren aber nur die Folge eines Wechselverkehres zwischen Griechen und Phoeniziern, und es lassen sich denn auch die Anfahrten phoenizischer Schiffer an der lakonischen Küste nachweisen. Es war offenbar ein vielbefahrener Handelsweg die Strasse von Phoenizien oder Aegypten über Kreta in den lakonischen Golf. Von dort führte die Strasse an der Westküste des Peloponnes hinauf an Pylos und Elis vorbei, wohl über Ithaka und seine Nachbarinseln in den unbekannten Westen. Deshalb war Idomeneus von Kreta ein häufiger Gastfreund im Hause des Menelaos. (Il. 3. 230. ff.) Auf dieser Strasse war Paris mit der Helena über Kranaë (Il. 3. 445.) nach Sidon gekommen. (Il. 6. 290. ff.) Den Verkehr zwischen Kreta und Aegypten bezeugt Homer. (Od. 14. 252. ff.) Das phoenizische Schiff, auf welchem Odysseus nach Ithaka verschlagen sein will, sollte, von Kreta kommend, den Handelsweg an der Küste von Pylos und Elis hinauffahren. (Od. 13. 256. 272. ff.) Auf derselben Fahrt war das kretische Schiff, das Apollon in der Gestalt eines Delphins

nach Krisa leitete. (Hymn. in. Ap. Pyth. 218. ff.) Aus der
genauen Beschreibung jener Fahrt ersehen wir, wie die Strasse von Kap Malea an der Küste des Peloponnes aufwärts
führte. Kap Malea war schon für die homerische Schifffahrt
von verhängnissvoller Bedeutung, (Od. 19. 186. ff. 3. 287. ff.
4. 514. ff. 9. 81. ff.) und das κάμπτειν Μαλέας in dem hellenischen Schifferworte Μαλέας δὲ κάμψας ἐπιλάϑου τῶν
οἴκαδε (Strab. 378.) findet sich schon in dem homerischen
περιγνάμπτειν Μάλειαν. (Od. 9. 80.) Eben wegen dieses
Handelsweges muss in Lakonien, wie in Pylos, ein lebhafter
Handelsverkehr stattgefunden haben. Deshalb geht auch Telemach, um von seinem Vater Nachrichten zu erhalten, nach
Pylos und Sparta. (Od. 1. 93. 284.) Ja· an einer Stelle bei
Homer (Od. 11. 459.) werden beide Städte sogar mit dem
minyischen Orchomenos zusammengestellt, dessen Reichthum
(Il. 9. 381.) mit dem des aegyptischen Theben verglichen
wird. Agamemnon erkundigt sich in der Unterwelt, ob Odysseus nichts von Orestes gehört habe in Orchomenos, Pylos
oder Sparta, doch wohl deshalb, weil man dort wegen des
starken Fremdenverkehres am besten derartige Nachrichten
erhalten konnte.

Erhalten wir somit in den homerischen Gedichten für
die jüngste Periode lakonischer Geschichte vor der Einwanderung der Dorier im allgemeinen ein zuverlässiges Zeugniss
der Achaeerherrschaft, so hat dagegen der kurze geschichtliche Abriss des Pausanias vor seinen Lakonika keine besondre Bedeutung. Derartige historisierende Genealogien pflegen
sich überall zusammenzusetzen aus besondern Eigenthümlich-
keiten der betreffenden Landschaften, aus Städtenamen, aus
Cult- und Festgebräuchen. Geschichtlich sind deshalb denn
auch derartige Genealogien ohne bedeutenden Werth; indem
sie uns aber hier und da Aufschluss gewähren über die Einführung eines neuen Cultes, über einzelne Puncte einer Stadt-
geschichte können sie auch freilich indirect für die Geschichte
selbst einige Bedeutung gewinnen. Das wichtigste Hülfsmittel zur Reconstruction der ältesten Geschichte ist und bleibt
aber die Statistik der Culte, die uns über einzelne geschichtliche Epochen, über die äussern Verbindungen mit andern
Landschaften einige nicht unbedeutende Belehrungen gewährt.

Wir werden uns in dem Folgenden an die Angaben des
Pausanias zu halten haben, der die einheimische Tradition
zu geben scheint, mit dem aber die Genealogie des Apollodor
(3. 10. 3.) nicht genau übereinstimmt. An der Spitze der
lakonischen Regentengenealogie bei Pausanias steht Lelex als
Autochthon, und bei Hesychios heisst Lakonien *Λελεγηΐς*.
Lelex' Sohn nnd Nachfolger war Myles, der Müller. Wie
Pelasgos in den arkadischen Sagen als Erfinder des Hütten-
baues, der Bekleidung und einzelner Lebensmittel verehrt
wird, (Paus. 8. 1. 5.) so bezeichnet Myles, mit dessen Namen die lakonische Ortschaft Alesiai, Mühlheim, zu vergleichen ist, die ältesten Einwohner Lakoniens als Ackerbauer.
An den Eurotas, den Sohn des Myles, knüpfte die Localsage
die Entwässerung der Ebene zwischen Taygetos und Parnon,
indem derselbe dem Fluss sein späteres Bett gegraben haben
soll. Mit dem Eurotas schliesst die erste Genealogie bei Pausanias ab, indem die dort folgenden Regenten verwandtschaftlich mit den eben genannten nicht zusammen gehören. Die
drei Repraesentanten dieser ersten Genealogie bezeichnen also
in Lelex die älteste Bevölkerung als solche, in Myles den
Culturstandpunct derselben, in Eurotas die zum Besten
des Ackerbaues vorgenommene Entwässerung des Eurotasthales.

An der Spitze der zweiten Genealogie steht Zeus und
Taygete. Ihr Sohn Lakedaimon heirathet Sparta, die Tochter
des Eurotas, und wird dadurch Regent der Landschaft. Die
Ehe des Lakedaimon und der Sparta bezeichnet die bereits
oben erörterte Epoche der Doppelstadt Lakedaimon-Sparta.
Der Sohn und Nachfolger des Lakedaimon ist Amyklas, der
Gründer und Eponym der Stadt Amyklai. Die Namen seiner Söhne sind symbolisch und beziehen sich auf die Symbo-
lik und die Festgebräuche der Hyakinthien. Hyakinthos, der
Liebling des Apollon, ist das Sinnbild der vergänglichen Lust
des Frühlings, dessen Vegetation unter den Strahlen der
Sonne — dem Diskoswurf — und in der Gluth des Hund-
sternes — Kynortas der Bruder des Hyakinthos — dahin
stirbt, während seine Schwester, die jungfräulich sterbende
Polyboia, (Paus. 3. 19. 4.) denselben Gedanken noch einmal
ausdrückt. (Preller, griech. Myth. 1. 196 Welcker, griech.

Götterl. 1. 472 ff.) Ob der andre Bruder des Hyakinthos Arga-
los gleichfalls zu dem hyakinthischen Festkreis gehört, mag
unentschieden bleiben. Kynortas' Sohn war Oibalos, nach
Preller (a. a. O. 2. 90. 1.) der Schäfer. Oibalos heirathete
die Gorgophone, die Tochter des Perseus, und zeugte mit ihr
den Tyndareos, Hippokoon und Ikarios. Tyndareos musste
dann vor den vereinigten Hippokoon und Ikarios nach Pellana weichen, um durch seine Rückführung durch Herakles
die Erbansprüche der Herakliden auf Lakonien zu begründen.
Auf Tyndareos folgen seine Söhne Kastor und Polydeukes,
diesen Menelaos als Gatte der Helena, dann Orestes als Ge-
mahl der Hermione und endlich Tisamenos, unter dessen Regierung die Sage die Rückkehr der Herakliden ansetzte.
Die Localsage liebt es nicht die landschaftliche Geschichte in einzelne bestimmte Epochen zu zergliedern, sie sucht
vielmehr jede neue Epoche der Landesgeschichte in ihren Genealogien verwandtschaftlich zu verbinden und so zu legitimieren.
So verband sie Lakedaimon und Amyklas, die Eponymen der
beiden bedeutendsten Städte des Eurotasthales, durch ihre
Gattin und Mutter Sparta mit der ersten Genealogie des Lelex; so legitimierte sie die Achaeerherrschaft, indem sie Menelaos zum Schwiegersohn des Tyndareos machte. Für uns
ist es die nächste Aufgabe, die künstliche Kette der Genealogie des Pausanias zu zerbrechen. Um das aber zu können,
bedarf es vor allen andern einer Betrachtung der Culte, welche in Lakonien besonders in Blüthe standen, um vielleicht
in ihnen die Epochen, welche die Genealogien mühsam zu
verdecken suchen, ausfindig zu machen.
    In dem Gebiete der Stadt Kyrene, die von lakonischen
Minyern mit der Zwischenstation Thera begründet worden
war, wurde am Tritonsee (vergl. Müller, Orchom. 348.) Athene als Tochter des Poseidon verehrt. (Her. 4. 180.) Bereits
Müller setzte diesen Athenecult in Verbindung mit dem in
Boeotien zu Alalkomenai am Waldstrome Triton, (Orch. 349.
ff.) wo wir dieselbe Sage, Athene als Tochter des Poseidon,
wiederfinden. Alalkomenes' Frau war Athenais, die Tochter des
Hippobotos, und beider Sohn Glaukopos. (Steph. Ἀλαλκομένιον.)
Es ist dieselbe Göttersage, wie oben, nur hier heroisiert.
Alalkomenes ist der Eponym der Stadt Alalkomenai, Athenais

Athene als Heroine gefasst, deren Sohn Glaukopos seinen Namen von dem Epitheton γλαυκῶπις der Athene erhalten hat. In Hippobotos den Poseidon zu erkennen bietet sich von selbst dar, wenn man der poseidonischen Beinamen Hippios, Hippokurios und andrer gedenkt. Poseidon tritt bei den Minyern überall sehr häufig als Stammvater der Geschlechter hervor. So ist er Vater des thessalischen Minyas, (Pind. Ol. 14. 5. sch. Pyth. 4. 120. sch.) des heerdenreichen Pelias, (Od. 11. 248. ff.) des boeotischen Aspledon, (Paus. 9. 38. 9.) Grossvater des boeotischen Minyas. (Paus. 9. 36. 4.) Nun kehrt auch der Dienst des Poseidon in Lakonien ziemlich verbreitet wieder, den man nicht blos durch die vulkanische Natur der Landschaft erklären kann. Wie man sich den Sitz des lakonischen Minyerhelden Euphemos auf dem Tainaron dachte, so war auch dort der Cult des Poseidon heimisch, (Paus. 3. 25. 4.) der als Tainarios selbst nach Sparta übertragen wurde. (Paus. 3. 12. 5.) Poseidon, den wir oben als Ahnherrn der minyischen Heldengeschlechter kennen lernten, wurde in Sparta als Genethlios verehrt (Paus. 3. 15. 10.) und war als solcher wohl ursprünglich der Schutzgott der minyischen Geschlechter Lakoniens. Der poseidonische Heros Hipposthenes, der in Sparta einen Tempel hatte, (Paus. 3. 15. 7.) erinnert an den Hippobotos von Alalkomenai, auf deren Sagen sich dann auch die kyrenaischen Culte zurückbeziehen. Ausserdem wurde Poseidon noch als Hippokurios in Sparta, (P. 3. 14. 2.) in Aigiai und Nymphaion (P. 3. 21. 5 ; 23. 2.) verehrt.

Gehen wir in der Betrachtung der lakonischen Culte weiter! Kein Götterdienst war dort so sehr verbreitet, als der des Asklepios. Pausanias überliefert in Sparta selbst 4, in dem übrigen Lakonien noch 13 Stätten seiner Verehrung. (Paus. 3. 14. 2; 14. 7: 15. 10; 19. 7; 21. 2: 21. 8; 22. 9; 22. 10; 22. 13; 23. 6 ff.; 23. 10; 24. 2; 24. 5; 24. 8; 26. 4.) Es sind fast alle Küstenstädte der Landschaft, in denen der Dienst des Asklepios in Blüthe stand. Bei der von Müller (Orchom. 183 ff.) erwiesenen Identität der Minyer und Phlegyer - Lapithen mit ihrem Hauptgotte Asklepios wird man auch die weite Verbreitung dieses Dienstes in Lakonien den Minyern zuschreiben müssen.

Apollon erscheint bei den Minyern vorzüglich als Heerdengott. Als solcher weidet er dem minyischen Helden von Pherai, dem Admetos, seine Heerden (Il. 2. 766.) in derselben Gegend, in welcher man von der Liebe des Apollon zur Koronis und von der Geburt des Asklepios zu erzählen wusste. Apollon als Heerdengott ist endlich auch Aristaios, dessen Cult besonders bei den Minyern von Kyrene in Blüthe stand, der Hüter der Schafe, Agreus und Nomios, wie Pindar ihn nennt. (Pyth. 9. 64. Preller a. a. O. 1. 356 ff. Welcker 1. 487 ff.) Nachdem wir dieses vorausgeschickt haben, dürfen wir uns wohl berechtigt halten, auch in dem Karneios eine Specialität des Apollon Nomios zu erkennen und den Cult desselben auf die Minyer zurückzuführen. Karneios, von κάρνος Schaf abzuleiten, (Hesych. s. v.) ist der Schafapollon, wie Welcker sich ausdrückt. (a. a. O. 1. 469.) Pausanias bezeugt nicht nur die vordorische Verehrung des Karneios, sondern auch seinen Charakter als Heerdengott. (P. 3. 13. 3.) Denn das wird es bedeuten, wenn es heisst, sein Heiligthum war zu Sparta in dem Hause des Widders, des Krios. Die dorische Wanderungssage hat dann auf ihre Weise sich des Karneios bemächtigt, indem sie seinen Namen von dem apollinischen Mantis akarnanischen Geschlechtes Karnos ableitete. (Paus. 3. 13. 4.) Aber der Apollon Oiketas der Spartaner war der Karneios, wie er im Hause des Krios verehrt wurde. Apollon Karneios in den dorischen Gründungen ist entweder von den Minyern übernommen oder geht auf die Ansiedler minyischen Geschlechtes zurück, die sich mit den Doriern an den Neugründungen betheiligten. (Vergl. Welcker a. a. O. 1. 469 ff.) Wir finden Heiligthümer des Karneios in Lakonien zweimal zu Sparta, (Paus. 3. 13. 3; 14. 6.) auf dem Wege nach Arkadien, (P. 3. 20. 9.) in Gytheion, (3. 21. 8.) Las, (3. 24. 8.) Oitylos, (3. 25. 10.) Leukra, (3. 26. 5.) Kardamyle. (3. 26. 7.) Eine Stadt Karnion in Lakonien erwähnen Polybios (3. 19. 5.) und Plinius, (4. 6.) Karneia ein Scholiast zu Soph. Oed. Col. 40.

Minyischen Ursprungs ist endlich auch die kadmeische Ino, welche in den Sagen der Athamantiden eine so verhängnissvolle Rolle spielt. In Lakonien, wo den Dienst der Ino als minyisch bereits Lachmann (spartan. Staatsverf. 78. 2.) annimmt, wurde sie zu Brasiai als Amme des Dionysos

verehrt; (Paus. 3. 24. 3 ff.) in Leuktra stand ihr Agalma
neben dem des Asklepios; (P. 3. 26. 4.) in Epidauros war
ihr Dienst mit einem Wasser-, (P. 3. 23. 8.) in Thalamai
mit einem Traumorakel verbunden. (P. 3. 26. 1.)

Auch die Dioskuren erscheinen in der lakonischen Sage
als Einwanderer. Es war in dem Hause des Phormion im
südlichen Theile der Stadt Sparta, wo die Dioskuren, fremden Männern gleichend, zuerst einkehrten. (P. 3. 16. 2.)
Von dort führte die Strassè, auf welcher sie eingewandert
waren, rückwärts über Krokeai nach Las an die Küste, an
welchen beiden Orten die Zeussöhne verehrt wurden. (P. 3. 21.
4; 24. 7.) An der Westküste Lakoniens galt Pephnos als
ihre Geburtsstätte, — nur eine andre Darstellung ihrer Einwanderung — von wo sie Hermes nach Pellana gebracht
haben sollte. (P. 3. 26. 2.) In Sparta selbst wurden sie als
Ambulioi und Apheterioi verehrt; (P. 3. 13. 6; 14. 7.) sie
hatten ihre Heiligthümer beim Dromos (P. 3. 14. 6.) und im
Phoibaion, (P. 3. 20. 2.) und in Therapne war, wie wir bereits oben anführten, ihre Grabstätte. Die Aufnahme der
Dioskuren in Therapne, der achaeischen Herrenburg, würde
sich so erklären, dass die Achaer bei ihrer Ankunft in Sparta
den Cult der Zeussöhne, den sie bereits vorfanden, von der
unterworfenen Bevölkerung, wie man das häufig findet, annahmen und in Therapne localisierten. Ist es zu gewagt,
wenn wir bei den mannichfaltigen Cultbeziehungen zwischen
Lakonien und den Minyern auch in den Dioskuren minyische ˴
Gottheiten erkennen? Schon Welcker (a. a. O.) hat Kastor
und Polydeukes, Lynkeus und Idas, Amphion und Zethos
als gleichartige Wesen zusammengestellt, und wir gehen nur
einen Schritt weiter, wenn wir die lakonischen nnd messenischen Gottheiten von den minyischen Amphion und Zethos
ableiten.

Hyria, wo der Dienst dieser beiden wohl ursprünglich
heimisch war, (Müller, Orch. 222 ff.) werden wir noch in
der Euphemossage mit Lakonien verbunden finden, wie denn
auch Müller (a. a. O. 90 ff.) einen auf alte Stammverwandt-
schaft begründeten Zusammenhang zwischen Hyrieus und
Augeias, dem Helden der triphylischen Minyer, nachweist.
Endlich erscheinen auch Amphion und Zethos in derselben

Auffassung, wie die lakonischen Dioskuren, als *Διόσκουροι λευκόπωλοι.*

Das sind im wesentlichen die Gottheiten in Lakonien, welche wir auf minyische Einflüsse zurückführen zu müssen glaubten. Nehmen wir nun die Cultörter dieser Gottheiten als Wohnstätten der Minyer an, so werden wir eine minyische Bevölkerung nicht blos an den lakonischen Küsten, — Leuktra z. B. galt deshalb auch als Colonie der boeotischen Stadt gleichen Namens (Strab. 360.) — sondern auch im Eurotasthale selbst finden. Wir haben bei der Bestimmung der Wohnsitze der lakonischen Minyer deshalb von der Verbreitung der Culte ausgehen zu müssen geglaubt, weil einzelne Sagen bei den mannichfaltigen Einflüssen, die sie bei ihrer Entstehung zu erfahren gehabt haben, historisch nie den Werth haben können, wie die Statistik der Culte. Wesentlich beschränkt würden diese Wohnsitze werden, wenn wir die Einflüsse der Minyer in Lakonien auf ihre Einwanderung aus Lemnos, wie sie uns bei Herodot und auch sonst geschildert wird, zurückführen wollten.

Die Berichte über diese Einwanderung, aus der lakonischen Sage und den Gründungslegenden von Thera und Kyrene zusammengesetzt, sind aber im höchsten Grade verwirrt und lassen sich erst im Zusammenhange mit den Nachrichten über die Aegiden zu einer gedeihlichen Lösung, soweit dies überhaupt möglich ist, bringen. Die geschichtliche Würdigung der Aegiden aber müssen wir uns für die Darstellung der ältesten Geschichte der Dorier in Lakonien vorbehalten. Der Heros der lakonischen Minyer war Euphemos, der Sohn des taenarischen Poseidon, wie denn auch sein Wohnsitz auf dem Tainaron localisiert war. Euphemos war ursprünglich der eigenthümliche Held des Phlegyerstammes von Panopeus und Hyria (Müller, Orch. 258.) und ist erst mit der Einwanderung der Minyer nach Lakonien übertragen. Hier wurde seine Mutter Mekionike, wie sie in Hyria hiess, zu einer Tochter des Eurotas gemacht, (Lachmann spart. Staatsverf. 78. 1.) während dieselbe nach einer andern lakonischen Sage Doris, die Tochter des Eurotas, genannt wird. (Müller, Orch. 309. 3.) Euphemos war auch der Archaget der kyrenaischen Gründung, indem Battos, der Gründer von

Kyrene, bei Herodot (4. 150.) als Euphemide bezeichnet wird.

So haben wir ،in der ältesten Geschichte Lakoniens eine minyische Epoche annehmen zu müssen geglaubt, welche, da bei der dorischen Einwanderung die Achaeer die Herren des Peloponnes waren, vor diesen anzusetzen ist.

Ich betrachte es in diesem rein einleitenden Capitel nicht als meine Aufgabe, die Reste der einheimischen Tradition über Achaeer und Pelopiden in Lakonien zu sammeln, da die Existenz einer achaeischen Epoche für diese Landschaft durch die homerischen Gedichte unzweifelhaft sicher gestellt ist. Dagegen ist es für den Gang dieser Untersuchungen von Bedeutung, sich wo möglich ein Bild von dem Hauptculte der Achaeer zu entwerfen. Wie Agamemnon in Lakonien als Zeus verehrt wurde, (Tzetz. ad Lycophr. 335. Staphyl. b. Clem. Alex. Protr. p. 31.) so scheint auch der Zeusdienst besonders bei den Achaeern in Blüthe gestanden zu haben. (Vergl. Müller, Dor. 1. 398. Gerhard, über d. Volksst. d. Achaeer p. 13. Griech. Myth. 1. 152.) Nur ist es dabei festzuhalten, dass der griechische Zeus die Personification eines indo-germanischen Himmelsdienstes ist, wie die vergleichende Sprachwissenschaft uns lehrt, (Curtins, Grundz. d. griech. Etym.² 213.) und dass deshalb die Verehrung des Zeus als allen Griechen gemeinsam angenommen werden muss. Wenn man trotzdem den Zeuscult als den Achaeern eigenthümlich bezeichnen darf, so hat das, wie ich glaube, einen andern Grund. Der indo-germanische Urdienst des Himmelsgottes hat sich, wie ich glaube, in Epiros am längsten erhalten. Der alterthümliche Zeuscult von Dodona befand sich in einem Gegensatze zu den schon entwickelten Zeusdiensten des übrigen Griechenlands. Bei den epirotischen Stymphaioi findet sich noch die alterthümliche Verbindung von Δίπάτυρος, wie sie in dem lateinischen Jupiter, dem sanskritischen diâus pitâ wiederkehrt. (Curtins, Grundz. 543.) Epiros war die Wiege jener Stämme, welche auf die körperliche und moralische Ueberlegenheit der Gebirgsbewohner gestützt, wie Hippokrates (de aëre 120) sie schildert, zerstörend und wieder neu belebend in die Geschichte der Griechen eintreten. Darum bin ich denn auch sehr geneigt, mit H. D. Müller (Myth. d.

griech. Stämme 1. 195. ff.) Epiros als den ursprünglichen
Wohnsitz der Achaeer anzunehmen, ohne darum die etymologische Identificierung von Ἕλληνες und Ἀχαιοὶ bei demselben billigen zu können. Darum ist auch der Stammgott des
achaeischen Peliden der Zeus von Dodona, an welchen Achilleus seine Gebete richtet. (Il. 16. 233.) Nimmt man daher
den Zeusdienst als einen achaeischen Cult an, so kann das
nur soviel bedeuten, dass die Achaeer — ebenso auch die
Dorier — in einer von Gebirgen abgeschlossenen Landschaft
den Himmelsgott in seiner ursprünglichen Gestalt länger erhalten haben, als die übrigen griechischen Stämme, bei denen der Zeusdienst durch locale und auswärtige Einwirkungen
bereits beeinflusst war. Es muss einer spätern Untersuchung
vorbehalten bleiben, den Zeuscult auch als ursprünglich dorisch nachzuweisen. Hier mag nur erwähnt werden, dass es
bei dem Vorhandensein desselben Dienstes bei Achaeern und
Doriern schwer ist, die lakonischen Culte des Zeus dem einen oder andern Stamm zuzuschreiben.

Versuchen wir aus den vorangeschickten Untersuchungen
eine Zusammenstellung der historisch wichtigsten Resultate
zu geben, so wird sich dieselbe ungefähr folgendermassen gestalten. Die älteste Bevölkerung griechischen Stammes in
Lakonien, nach hellenischem Ausdruck die Autochthonen der
Landschaft, waren die Leleger. Ihr Culturstandpunct war
der eines Ackerbau treibenden Volkes und an ihren Namen
knüpft sich die Urbarmachung und Entwässerung des Landes.
Das unbewusste Hinleben autochthonischer Stämme erhält
den ersten Impuls zu einer geschichtlichen Entwicklung durch
die Berührung und Zuwanderung andrer Völkerschaften. In
diesem Sinne ist die phoenizische Handelsstrasse in den lakonischen Golf für das geschichtliche Leben der Landschaft
von Bedeutung gewesen. Zu einer grössern Entwicklung wurde dasselbe aber erst durch Einwanderung minyischer Stämme gebracht. Die Minyer, ein seefahrendes Volk, wie es
die Argonautensage lehrt, haben ihre Spuren an verschiedenen Puncten des Peloponnes hinterlassen. Besonders zahlreich
aber scheinen ihre Niederlassungen in Lakonien gewesen zu
sein, wo ihre Gottesdienste in der grössten Verbreitung sich
zeigen. Als seefahrender Stamm bewohnten sie wohl zuerst

die Küsten der Landschaft, haben sich dann aber auch in
das Eurotasthal hinaufgezogen, wo Amyklai wahrscheinlich
ihre Hauptgründung war. Die Sagen von den Handel- und
Schifffahrt treibenden Lakonen, besonders die von den Irrfahrten des Menelaos bei Homer, sind auf die Seezüge dieses
minyischen Stammes zu beziehen. Unter die in ihren Bestre-
bungen wesentlich auf die See gerichteten Stämme traten die
Achaeer als erobernde Einwanderer. In dem homerischen
Lakedaimon gründeten die Pelopiden ihre Herrenburg und
haben von dort aus die ganze Landschaft weit nach Messenien hinein unterworfen. Doch der zuwandernde achaeische
Kriegerstamm war numerisch nicht so bedeutend, um die
ganze Landschaft einnehmen zu können. So begnügten sich
die Pelopiden, von Lakedaimon aus als Oberkönige Lakonien
zu beherrschen, indem sie die kleinen Fürsten minyischen
Stammes gegen Abgaben und Heeresfolge als Unterkönige
anerkannten. Wie lange diese Zustände gedauert haben, darüber schweigt Geschichte und Sage; wir wissen nur, dass sie
mit der Einwanderung der Dorier eine Veränderung erlitten,
aus welcher sich dann nach langen Gährungen und vielen
Kämpfen ein Staat von überwiegend dorischem Charakter
entwickelte. —

3. Die dorische Einwanderung.

Ueber die Einwanderung der Dorier in Lakonien besitzen
wir einen doppelten Bericht, von denen der eine sich anlehnt
an eine Cultlegende des Apollon Karneios, der andre grossen
Theils auf Ephoros zurückgeht. Die Tochter des Krios, so
berichtete man dem Pausanias, (3. 13. 3.) in dessen Hause
der Apollon Karneios verehrt wurde, traf Wasser schöpfend
auf die dorischen Kundschafter und führte sie in das Haus
ihres Vaters, wo dieselben über die Eroberung der Stadt
Sparta belehrt wurden. Der andre Bericht, bei Strabon,
Nikolaos Damasc. und Konon erhalten, geht, wie bemerkt,
auf Ephoros zurück. Wenigstens wird derselbe bei Strabon
ausdrücklich als Quelle angeführt, und die beiden andern
scheinen nur die weitere Ausführung der strabonischen An-
deutung zu sein. Es war nach dem übereinstimmenden Urtheil aller drei Philonomos, der den Doriern Sparta verrieth
und den achaeischen König bewog nach der ionischen Aigialeia auszuwandern. Zum Lohn für diesen Verrätherdienst
erhielt Philonomos von den Doriern das Gebiet von Amyklai,
welches er, wie Nikolaos und Konon allein hinzusetzen, mit
Zuwanderern aus Lemnos und Imbros bevölkerte. (Strab. 364.
365. Nicol. b. Müller, fr. histor. Gr. 3. 375. fr. 36. Conon.
narrat. 36.)
Wir sehen bei der Betrachtung dieser Darstellung zunächst ab von ebendiesen Zuwanderern aus Lemnos und Imbros. Dann aber werden wir finden, dass der Bericht des
Ephoros, mit welchem die Cultlegende bei Pausanias im wesentlichen übereinstimmt, in einem wohlthätigen Contrast
steht mit jener ganz ungeschichtlichen Sage von der Schlacht,
mit deren Verlust Tisamenos zugleich die Herrschaft über
den Peloponnes verloren haben sollte. (Müller, Dor. 1. 63.)
Es ist zunächst die Frage aufzuwerfen, wie wir uns den ge-

schichtlichen Inhalt dieses Berichtes zu denken haben. Dort ist Krios mit seinem Cult des Karneios, hier Philonomos, der Beherrscher von Amyklai, der Bundesgenosse der Dorier. Dort zeugt der Cult, hier die Stadt für das minyische Geschlecht dieses Bundesgenossen. Die eingewanderten Dorier fanden, wie es scheint, in den Minyern Lakoniens bereitwillige Bundesgenossen gegen ihre achaeischen Oberherren. Wenn die Sage berichtete, im Hause des Krios, d. h. im südlichen Theile der Stadt Sparta, seien die Dorier über die Eroberung Spartas, wo Sparta die Burghöhe von Therapne bedeutet, belehrt worden, so entspricht das durchaus den natürlichen Verhältnissen. Die spartanischen Hopliten waren noch in historischer Zeit Befestigungen gegenüber ziemlich hülf- und machtlos, (Her. 9. 70.) eine Schwäche, die man, wie jede spartanische Eigenthümlichkeit, naiv genug war, sogar durch ein lykurgisches Verbot μὴ πυργομαχεῖν zu begründen. (Apophth. Lyc. 25.) Darum befolgten denn auch die Dorier festen Plätzen gegenüber eine besondere Taktik. Sie besetzten in der Nähe derselben einen wohl gelegenen Ort, von wo aus sie dieselben in einem beständigen Belagerungszustand erhielten und einen günstigen Augenblick für den Angriff und die Eroberung abwarteten. So war gegen Argos das Temenion, (Paus. 2. 38. 1.) gegen Korinth der Σολύγιος λόφος (Thuc. 4. 42.) das ὁρμητήριον der dorischen Eroberer. Es war dieselbe Taktik, welche im ersten messenischen Kriege Ampheia, (Paus· 4. 5. 9.) im peloponnesischen Dekeleia besetzte. Das ὁρμητήριον der Dorier im südlichen Theile der Stadt Sparta können nur die Höhen von Neusparta gewesen sein, welche Therapne gegenüber liegen. In jener Umgebung war das Haus des Krios, und dort sind wir berechtigt analog den andern dorischen Eroberungen das ὁρμητήριον der Dorier auf spartanischem Boden anzusetzen. Unterstützt aber wurden die Dorier in ihren Kämpfen gegen die Achaeer von Therapne durch die Minyer, wohl besonders durch die von Amyklai, Unterstützungen, welche die Sage in der Gestalt des Krios, der Bericht des Ephoros in der des Philonomos personificiert hat.

Bevor wir in unsern Untersuchungen weiter gehen, haben wir die Frage zu erledigen, was ist von den in dem

Berichte des Ephoros vorkommenden Lemniern zu halten? Während sie in Amyklai sich niederlassen, werden sie nach Herodot, Plutarch und Polyaen von den Doriern in Sparta selbst aufgenommen. (Her. 4. 145 ff. Plut. de virt. mul. 8. quaest. Gr. 21. Polyaen. 7. 49.) Bei Herodot sind es Minyer, durch attische Pelasger aus Lemnos vertrieben, bei Plutarch und Polyaen Tyrrhener, von den Athenern aus dieser Insel verjagt. Bei Herodot colonisieren sie unter Führung des Aegiden Theras Thera, bei Plutarch unter Führung des Pollis und Krataïdas Melos und Lyktos. Konon endlich (a. a. O.) berichtet, dass die Lemnier, im dritten Geschlechte aus Amyklai vertrieben, Melos und Gortyna besetzten.

Bereits Lachmann (spart. Staatsverf. 72 ff.) hat mit Recht die Geschichtlichkeit dieser lemnischen Einwanderung in Lakonien verworfen. Um zu einer richtigen Würdigung derselben zu gelangen, wird man von der Betrachtung der ältesten Quelle, in welcher uns der Bericht darüber überliefert ist, von Herodot nämlich, auszugehen haben. Und da ist vor allen Dingen festzuhalten, dass der Bericht des Herodot zusammengesetzt ist aus der Geschichte der spartanischen Aegiden und der Gründungslegende von Thera und Kyrene. Wir finden nun aber, wie die lemnischen Minyer von Melos nach Plutarch aus Sparta, nach Konon aus Amyklai gekommen sein sollen, so auch an einer andern Stelle (Dionys. Per. 213.) die Theraeer als ein Geschlecht amyklaeischer Männer erwähnt. Der Archaget der Gründung von Thera ist nach Herodot ein Aegide, der von Kyrene ein Euphemide. (Her. 4. 150.) Trotzdem wird bei Apollonios (Argon. 4. 1755 ff.) die Aegidengründung Thera als Euphemos' Geschlechtes hochheilige Wiege gefeiert und die Bewohner von Kyrene werden von Pindar in einem Gedichte auf Arkesilaos IV. (Pyth. 5. 77 ff.) als Aegiden gepriesen, während derselbe Dichter in einem andern Gedichte auf denselben Arkesilaos die Gründer von Kyrene als das Geschlecht des Euphemos verherrlicht. (Pyth. 4.) Die Euphemiden als mythische Bezeichnung der Aegiden zu fassen, sind wir deshalb nicht berechtigt, weil der mythische Stammbaum der Aegiden bis auf Kadmos feststeht. Wohl aber ist Euphemos ganz allgemein der Nationalheld der lakonischen Minyer.

So finden wir in diesen Colonisationslegenden überall einen doppelten Bericht, von denen der eine Amyklai, der andre Sparta als Metropolis aufweist, von denen der eine die Euphemiden, der andre die Aegiden als Archageten feiert. Man wird sich deshalb denn auch für den einen von beiden zu entscheiden haben. Wenn nun aber einestheils der Verlauf dieser Untersuchungen erweisen wird, dass an eine einheitliche Stadt Sparta in dieser ältesten Zeit, in welche die Colonisationen gesetzt werden, nicht gedacht werden kann, wenn anderntheils Amyklai als die bedeutendste Stadt der lakonischeu Minyer erscheint, so wird der Bericht, welcher Amyklai als den Ausgangspunct dieser Colonien bezeichnet, das Recht der grössern Wahrscheinlichkeit beanspruchen können. Ausserdem lässt sich eine spätere Uebertragung auf Amyklai nach der Zerstörung dieser Stadt sehr schwer, vielleicht gar nicht, auf Sparta sehr leicht und natürlich erklären. Sparta war nach langen Kämpfen der herrschende Mittelpunkt Lakoniens geworden. Die von Lakonien ausgegangenen Colonien, welche mit Sparta stets freundschaftliche Beziehungen unterhielten, erkannten gern zu ihrem eignen Ruhme diese Stadt, welche mit der Zerstörung der übrigen Städte deren Rechte erworben hatte, als ihre Metropolis an. Es war aber nichts natürlicher, als dass die Theraeer, deren Colonisationslegende wir vollständig bei Herodot besitzen, ihres minyischen Geschlechtes sich bewusst, in derselben an die minyische Phyle der Aegiden in Sparta eine Anknüpfung suchten. Die spartanischen Aegiden werden ein derartiges Bestreben eifrig unterstützt haben; sie haben ihre Geschichte in die Auswanderungssage hineingetragen, und das, was von den Schicksalen der lemnischen Minyer in Sparta erzählt wurde, ist nichts weiter, als die Geschichte der spartanischen Aegiden.

Lemnier aber werden diese minyischen Colonisten von Thera, Kyrene, Melos, Lyktos und Gortyna offenbar mit Anknüpfung an die Argonautensage genannt. Der Bericht von der Ἀργὼ πασιμέλουσα, wie Homer (Od. 12. 70.) sie nennt, ist der Mythencyclus, in welchen alle Sagen der seefahrenden Minyer eingefügt sind. So knüpften auch die Colonisasionslegenden an die Sage von der Argonautenfahrt dadurch an, dass sich die Colonisten selbst zu Nachkommen der Argonauten und der lemnischen Frauen machten, wobei aber auch unzweifelhaft die Absicht mit vorherrschte, sich selbst zu verherrlichen, indem man auf diese Weise sämmtliche Argonautenhelden als Ahnherren gewann. Da aber Lakonien als Ausgangspunkt dieser Colonien feststand, so mussten die Lemnier selbstverständlich zuerst nach Lakonien und dann von dort weiter gewandert sein. So erklärt es sich denn auch, dass das älteste Zeugniss für die lemnische Einwanderung in Lakonien bei Herodot grade die Gründungslegende von Thera und Kyrene ist. Ueberall wo wir die Lemnier in der ältesten Geschichte Lakoniens erwähnt finden, werden wir sie als von dorther übertragen annehmen dürfen, und wenn daher Ephoros von den Lemniern, mit welchen Philonomos Amyklai bevölkerte, und welche im dritten Geschlecht von dort auswanderten, spricht, so ist das nur ein neuer Beweis für den minyischen Charakter der Stadt Amyklai. Sehen wir also von der Einmischung der Lemnier ab, so erscheint der Bericht des Ephoros als durchaus correct, und mit Recht dürfen wir in das Lob des Polybios einstimmen: κάλλιστα δ' Ἔφορον ἐξηγεῖσθαι περὶ κτίσεων συγγενειῶν μεταναστάσεων ἀρχηγετῶν. (Strab. 465.)

Für eine richtige Würdigung der ältern lakonischen Geschichte ist auch die Beantwortung der Frage von Bedeutung, wie haben wir uns die dorische Einwanderung in Lakonien zu denken? Und da ist es festzuhalten, dass dieselbe nicht als eine einheitliche, unter einem Heerfürsten aufzufassen ist. Es ist wenigstens kein Grund vorhanden, jene Ueberlieferung zu verwerfen, welche auch den Synoikismos der Städte Etis, Aphrodisias und Side in die Stadt Boiai durch einen Herakliden Boios vollzogen werden lässt. (Paus. 3. 22. 11.) Haben wir demnach die dorische Wanderung als einzelne Wanderschaaren unter verschiedenen Führern uns zu denken, so gelingt es uns vielleicht noch aus der Einrichtung der kretischen Agelen die Form dieser Kriegszüge zu charakterisieren. Diese Agelen, Abtheilungen von Knaben zum Zweck der Erziehung, wurden auf folgende Weise gebildet. Die vorzüglichsten und vornehmsten Knaben suchten eine Schaar andrer Knaben um sich zu vereinigen. Die Anführer dieser Agelen waren in den meisten Fällen die Väter ebendieser vornehmen Knaben. Als solche führten sie dieselben auf die Jagd und die Rennbahn und hatten das Recht die Ungehorsamen zu strafen. (Strab. 483.) Die Einrichtung dieser kretischen Agelen erinnert sehr lebhaft an das Wesen der germanischen Gefolgschaften, wie Tacitus (Germ. 13. 14.) sie uns schildert, nur ist bei der kretischen Institution als in einem wohlgeordneten Staate der Zweck der Erziehung der vorherrschende geworden. Der Ruhm ihres Geschlechtes und die hohen Verdienste ihrer Vorfahren berechtigten die germanischen Jünglinge zu der Würde eines princeps. Ihnen schlossen sich andre Jünglinge an, und so entstanden die Gefolgschaften, welche beim Frieden im eignen Lande Krieg und Gefahren in der Fremde suchten. Die kretischen, d. h. die dorischen, Agelen waren wohl, bevor sie in dem geordneten Staate ihre spätere Bestimmung fanden, ursprünglich den germauischen Gefolgschaften nahe verwandt. Die vornehmen Knaben, welche die Agelen zusammenbrachten, wurden wohl ursprünglich im Laufe der Zeit die principes derselben, während in ihrer Jugend ihre Väter sie in dieser Würde vertraten. Die dorische Einwanderung war eine Vereinigung solcher Gefolgschaften, welche an den verschiedenen Stellen der Landschaft, in die sie zogen, sich niederliessen. Derartige Niederlassungen vermögen wir in Sparta und in Boiai nachzuweisen.

So erklärt es sich auch, wie durch die ganze Landschaft eine erneute Völkerbewegung erfolgte. Denn hätten die Dorier nur die Stadt Sparta besetzt, so würde auch nur an eine Auswanderung der Achaeer von Lakedaimon gedacht werden können. Die aeolische Wanderung, für welche Pindar Amyklai als Ausgangspunct annimmt, (Nem. 11. 34.) führte die überzähligen Volkselemente nach Kleinasien, (Paus. 3. 2. 1.) eine continentale Auswanderung der Minyer ausser den oben erwähnten Colonisationen von Kreta, Thera und Melos begründete die minyische Sechsstadt in Triphylien. (Her. 4. 148.)

So erklärt es sich auch, wie diese überseeischen Colonien der Minyer, so z. B. ihrem Dialekte nach, einen dorischen Charakter haben. Jene Richtung von Norden nach Süden, welche die Dorier aus dem Norden Griechenlands in die südlichste Landschaft des Peloponnes geführt hatte, leitete einzelne Theile derselben auf minyischen Schiffen, mit minyischem Volke gemischt weiter südlich bis uach Kreta. Bei einem einheitlichen dorischen Heergeleite würden sich derartige Erscheinungen kaum erklären lassen. —

---

4. Die Epoche der drei Sondergemeinden Agiadai, Eurypontidai, Aigeidai.

Nachdem es den Doriern mit Hülfe der Minyer gelungen war, die achaeische Herrenburg zu erobern, richteten sie sich in ihrem ὁρμητήριον ruhig ein. Zunächst waren die Angriffe der Dorier nur gegen die Pelopiden von Therapne gerichtet gewesen, während man die achaeischen Geschlechter, welcho auf dem Locale der spätern Stadt Sparta wohnten, unbehelligt liess. Die Ueberlieferung scheint das selbst zu bezeugen. Dieselbe setzt die Auswanderung des Achaeers Patreus aus Sparta selbst, wie das mitgenommene Cultbild der Artemis Limnatis (Paus. 7. 20. 8.) bezeugt, erst unter dem Könige Agis an. (Paus. 3. 2. 1.) Die achaeischen Colonisationslegenden stimmen dem bei, wenn sie berichten, dass Patreus und sein Vater Preugenes nach der Aigialeia kamen, als die Achaeer dieselbe schon besetzt hatten, und dass sie von ihnen die Erlaubniss erhielten, eine Stadt zu gründen. (Paus. 7. 6. 2.) Aber auch mit dieser Wanderung haben nicht alle Achaeer Sparta verlassen. Die Talthybiaden, welche noch in historischer Zeit in Sparta nachweisbar sind und die sich von dem pelopidischen Herolde Talthybios ableiteten, sind ohne Zweifel achaeischen Geschlechtes, (Her. 7. 134. Schoemann, griech. Alterth. 1. 216.) wie denn Talthybios in Sparta ebenso, wie in Aigion Verehrung genoss. (Paus. 3. 12. 7; 7. 24. 1.) Für einen achaeischen Bestandtheil der Bewohner der spätern Stadt Sparta spricht endlich die Verehrung der übrigen Stammheroen der Achaeer. Dazu kommt, dass wir Analoga

für diese Erscheinung in allen dorischen Staatengründungen
im Peloponnes finden. Ueberall erscheint neben den Phylen
dorischen Geschlechts ein grösserer oder geringerer Theil einheimischer Bevölkerung. Dürfen wir uns demnach berechtigt halten, in der Bevölkerung Spartas einen solchen Dualismus anzuuehmen, so
scheint derselbe auch merkwürdig durch die Existenz des
spartanischen Doppelkönigtbums bestätigt zu werden. Denn
die Motivierung dieser wunderlichen Thatsache durch die zu-
fällige Geburt von Zwillingen bei Herodot (6. 51 ff.) kann
heute nicht mehr genügen, da das spartanische Doppelkönigthum in seiner Ursprungssage nur eine Symbolisierung, aber
keine Erklärung findet. (Vergl. Wachsmuth in Fleckeisens
Jahrb. 1868. 1 ff.) Es sind denn auch bereits verschiedene
Erklärungen versucht worden. Lachmann (spart. Staatsverf.
134 ff.) denkt sich das Doppelkönigthum entstanden aus den
Einzelkönigthümern der dorischen Phylen Hylleis und Dymanes. Duncker (Gesch. d. Alterth. 3.² 346.) betrachtet die
beiden Herrscherhäuser als zwei der vornehmsten adlichen
Dorierfamilien, welche nach dem Aussterben des Geschlechtes
des Aristodemos, der die Spartaner an den Eurotas geführt
hat, mit einander um die Herrschaft in Sparta gerungen und,
je nach Erfolg wechselnd, ihre Angehörigen auf den Thron
gesetzt haben. Curtius endlich (griech. Gesch. 1. 152.) hält
das eine Königshaus für ein achaeisches, das andre für ein
aeolisches Geschlecht

Alle diese Annahmen scheinen an Unwahrscheinlichkeiten
zu leiden. Zunächst will es mir nicht glaublich erscheinen,
dass die dorischen Eroberer mit ihren eignen Führern sich
einheimischen Königen achaeischen und aeolischen Geschlechtes unterworfen haben sollten. Dann aber ist auch die Annahme Lachmanns fraglich, da die sogenannten dorischen
Phylen für Sparta, wie wir weiter unten nachweisen werden,
schwerlich angenommen werden dürfen. Dunckers Ansicht
gegenüber muss ich mit Wachsmuth bekennen, dass ich das
Doppelkönigthum nur dann für verständlich halte, wenn der
Vertrag, der zu dieser seltsamen Institution führte, von zwei
Fürstengeschlechtern abgeschlossen wurde, hinter denen zwei
verschiedene Gemeinden standen. Lassen sich nun aber, wie

wir oben gesehen haben, neben den Doriern auch Bevölke-
rungselemente achaeischen Stammes in Sparta nachweisen, so
wird die Ansicht die grösste Wahrscheinlichkeit für sich haben, welche die Existenz des Doppelkönigthums durch den
Zusammentritt einer dorischen und achaeischen Gemeinde erklärt. Es ist das die Ansicht von Curt Wachsmuth, (a. a. O.)
dessen Ausführungen und Begründungen wir im wesentlichen
zu folgen haben.

Das Doppelkönigthum ist da, wo wir es kennen lernen,
die Folge eines Compromisses, welcher die Vereinigung von
zwei ursprünglich getrennten Gemeinden herbeiführen soll;
dasselbe ist aber auch zugleich das Kennzeichen einer durchaus äusserlichen Vereinigung. Die geschichtliche Entwicklung
solcher Synoikismen wird, wenn nicht die eine der beiden
Gemeinden die andre an Macht bedeutend überragt, durch
die Mittelstufe des Wechselkönigthums zum Wahlkönigthume
führen. Dass sich in Sparta das Doppelkönigthum erhielt,
hat seinen Grund in der besondern Entwicklung, welche dieser Staat durchzumachen hatte, und auf die wir weiter unten näher eingehen werden.

Auf eine ursprüngliche Trennung der Agiaden und Eurypontiden scheint zunächst die ewige Uneinigkeit hinzuweisen, die in den beiden Königshäusern erblich war (vgl. Her.
6. 52. Paus. 3. 1. 7; 9.) und die bis zu einer thatsächlichen
Aufhebung der Epigamie unter ihnen führte. (Kopstadt, de
rer. Lacon. constit. Lycurg. origine et indole 1849. p. 96.)
Thatsächliche Anhaltspuncte für die ursprüngliche Trennung
der Agiaden und Eurypontiden finden wir in einer Stelle des
Polyaen, (1. 10.) in den chronologischen Angaben des eusebianischen Kanon und in der Topographie der Stadt Sparta.
Die Stelle des Polyaen, soweit sie uns hier interessiert, lautet: Προκλῆς καὶ Τήμενος Ἡρακλεῖδαι Εὐρυσθείδαις κατέ-
χουσι τὴν Σπάρτην ἐπολέμουν κ. τ. λ. Indem nun Wachsmuth (a. a. O. p. 5.) Eurystheus als bestbeglaubigten Namen
des Bruders des Prokles für die gewöhnliche Form Eurysthenes nachweist, ersehen wir, dass in dieser bei Polyaen erhaltenen Tradition nur Prokles mit Temenos, während Kresphontes bereits in Messenien zurückgeblieben war, die Dorier
nach Lakonien führte, um das Land den Eurysthiden, unter

denen dann selbstverständlich nur die Achaeer verstanden
werden können, zu entreissen. Mit dieser Darstellung stimmen die Angaben der Chronographen des Hieronymus und
Synkellos insofern überein, indem sie das 916. Jahr Abrahams als erstes Regierungsjahr des Eurystheus ansetzen,
während sie erst zum 921. Jahre Abrahams, zum 6. Regierungsjahre des Eurystheus bemerken, Prokles und Eurystheus
hätten in demselben Sparta besetzt. Diese Angaben bestätigen insofern die polyaenische Ueberlieferung, als auch
sie Eurystheus als König in Lakonien ansetzen zu einer Zeit,
da die Dorier in die Landschaft noch nicht eingewandert
waren.

Der dritte Hinweis endlich auf eine ursprüngliche Trennung der Agiaden und Eurypontiden liegt in den topographischen Verhältnissen der Stadt Sparta. Das Terrain der
Stadt Sparta zeigt zwei bedeutendere Erhebungen, den Akropolishügel und die Höhen von Neusparta. Nachdem man
durch die Conjectur von Heringa zu Pausanias 3. 14. 2. in
den Stand gesetzt ist, den bei Hesychios uns überlieferten
District Ἀγιάδαι in der Nähe des Akropolishügels topographisch zu fixieren, kann es keinem Zweifel mehr unterliegen,
dass hier die Stammsitze der Agiaden anzusetzen sind. Dazu
kommt, dass auch an dem Fusse des Akropolishügels die
Grabstätten dieses Königsgeschlechtes sich befanden. (Paus.
3. 14. 2.) Dem entsprechend werden wir auch dort, wo die
Eurypontidengräber sich nachweisen lassen, nämlich an den
Höhen von Neusparta, (Paus. 3. 12. 8.) die Stammsitze der
Eurypontiden ansetzen dürfen. Wie schon die oben erörterte
Sage von Krios uns nöthigte, das ὁρμητήριον der Dorier auf
den Höhen von Neusparta anzusetzen, so stimmen auch die
Angaben Polyaens und der Chronographen und die topographischen Fixirungen der Stammsitze der Agiaden und Eurypontiden damit überein, indem nach denselben die erstern
als das achaeische, die letztern als das dorische Königshaus
erscheinen. Wenn die Sitze der Agiaden durch den District
Agiadai topographisch sicherer fixirt sind, so mag für die
Eurypontiden noch darauf hingewiesen werden, dass nicht
blos die Gräber, sondern auch die königliche Wohnung derselben auf den Höhen von Neusparta sich nachweisen lässt.

Das Heroon des Astrabakos (Paus. 3. 16. 6.) befindet sich nach der Darstellung bei Pausanias (3. 16. 4 ff.) offenbar nicht weit von dem Chiton und dem amyklaeischen Thore. Da wir nun aber aus Herodot (6. 69.) ersehen, dass das Heroon des Astrabakos unmittelbar vor der Wohnung des Eurypontiden Ariston errichtet war, so gewinnen wir die Einsicht, dass Grab- und Wohnstätte der Eurypontiden an den Höhen von Neusparta zu suchen sind. Mit den so gewonnenen Resultaten stimmt dann auch das Zeugniss aus historischer Zeit überein, welches Wachsmuth anführt, die Antwort des Agiaden Kleomenes an die Priesterin der Burggöttin von Athen: οὐ Δωριεύς εἰμι, ἀλλ' Ἀχαιός, (Her. 5.72.) wobei ich der Ausführung Wachsmuths (a. a. O. p. 6. 7.) durchaus beistimme, dass sich Kleomenes als Heraklide nicht einen Achaeer nennen konnte.

Es ist nicht zu leugnen, dass das spartanische Doppelkönigthum mit seinen Gerechtsamen, seiner Macht- und Ehrenstellung, worauf Curtius (griech. Gesch. 1. 152.) besonders hinweist, einen wesentlich achaeischen Charakter hat, und mit Recht sind die höhern Ehrenerweisungen, welche die Pythia dem Eurystheus erzeigen heisst, (Her. 6. 52.) und die geschichtlich nicht nachweisbar sind, auf die prächtigere Ehrenstellung der achaeischen Könige bezogen worden. Uebertrug man somit bei der Vereinigung der beiden Gemeinden die äussere Würde seiner Stellung des achaeischen βασιλεύς auch auf den dorischen βαγός, (Hesych.) so hat sich doch auch ein gewiss echt dorischer Zug in diesem Königthume erhalten, ein Zug, der recht deutlich an jene Zeit erinnert, als der König der spartanischen Dorier noch der princeps einer Gefolgschaft war. Wie die Könige von Epiros in dem molottischen Passaron beim Antritte ihrer Regierung den Epiroten nach einem Opfer für den Zeus Areios den Eid leisteten, nach den Gesetzen regieren zu wollen, jene dagegen sich eidlich verpflichteten, unter dieser Bedingung das Königthum erhalten zu wollen, (Plut. Pyrrh. 5.) so erinnerte der monatliche Eid der spartanischen Könige und der Ephoren für das Volk mit demselben Inhalte, wie in Epiros, (Xen. de rep. Lac. 15. 7. vergl. Müller, fr. hist. Gr. 3. 459.) sehr lebhaft an die Zeit, in welcher nur persönliche Tüchtigkeit und treues Festhalten an den Gesetzen den dorischen βαγός an der Spitze seiner Gefolgschaft erhielt.

Die getrennten Gemeinden, welche wir entsprechend den attischen Demen mit gentilicischem Namen Aigiadai und Eurypontidai nennen, hatten selbstverständlich ihre besondern · Sacra. Der weitere Verlauf dieser Untersuchungen macht es nöthig, dieselben hier genauer zu bestimmen. Wir haben bereits oben Zeus als Hauptgott der Achaeer annehmen zu müssen geglaubt, und es würde sich deshalb die Annahme des Zeuscultes als des religiösen Mittelpunctes der Gemeinde Agiadai durchaus empfehlen. Etwas weitläuftiger ist die Untersuchung über den Cult der dorischen Eurypontidai.

Zunächst muss die Bemerkung vorausgeschickt werden, dass die Ansicht von Otfr. Müller von Apollon als dem Hauptgotte der Dorier für Sparta unerweislich ist. Das wird uns eine Betrachtung des Apolloncultes in Lakonien lehren. Die beiden Hauptfeste des Apollon, die Hyakinthien und Karneen, ergeben sich als vordorisch und sind erst mit dem Cult des amyklaischen und karneischen Apollon in Sparta von den Doriern übernommen. (Vergl. Hermann, gottesdienstl. Alterth. § 53. 29. ff.) Aber auch sonst erscheint Apollon in Lakonien in einer Auffassung, die wenig an das ideale Bild, welches Müller von demselben entworfen hat, erinnert. Wir kennen aus Pausanias ein Heiligthum des Apollon auf der Agora, (3. 11. 9.) ein Bild des Aphetaios, (3. 13. 6.) einen Altar des Akreitas (3. 12. 8.) und ein Bild des Maleates, (3. 12. 8,) wo · die beiden letztern als Schutzgötter der Vorgebirge Akritas und Malea doch wohl als besondre Seiten des ionischen Apollon Delphinios (Strab. 179.) aufzufassen sind. Ausserdem sind aus Sparta noch zwei Standbilder des Apollon Pythaeus bekannt, das eine auf der Agora, (Paus. 3. 11. 9.) das andre auf dem Thornax, (3. 10. 8.) welche aber nicht, wie man nach dem Namen schliessen sollte, Apollon als Pythios darstellten, sondern eine Copie der amyklaischen Statue waren. In den übrigen Städten Lakoniens, die allerdings weniger in Betracht kommen, finden wir, um von Amyklai abzusehen, einen Tempel des Apollon in Geronthrai, (Paus. 3. 22. 7.) einen andern in Boiai. (3. 22. 13.) Apollon als Hafengott in Zarax, (3. 24. 1.) als Amazonios in Pyrrhichos

(3. 25. 3.) wird man gleichfalls nicht für dorisch halten können. So sind wir denn mit Ausnahme der vordorischen Culte
des Apollon Karneios und Amyklaios nicht im Stande auch
nur einen bedeutenden Dienst, ein bedeutendes Heiligthum
dieses Gottes bei den lakonischen Doriern nachzuweisen. Vor
allen Dingen müsste es befremdlich erscheinen, dass Apollon
als dorischer Hauptgott in gar keiner Beziehung zu dem po
litischen Leben der spartanischen Gemeinde, z. B. weder als
Schutzgott der Agora, noch der Akropolis, erscheint. Wir
sind deshalb auch nicht berechtigt, den Apolloncult als sacralen Mittelpunct von Eurypontidai aufzufassen.

Wohl aber werden wir auch als Stammgott der Dorier
Zeus anzunehmen haben. Einzelne Beispiele zur Erhärtung
dieser Ansicht mögen hier folgen. Die drei Herakliden errichten vor der Verloosung der drei zuvertheilenden Landschaften des Peloponnes drei Altäre des Zeus πατρῴος. (Apoll.
3. 8. 4.) Die dorische Colonisationslegende von Korinth liess
die Gründung dieser Stadt unter den Auspicien des dodonaeischen Zeus erfolgen, an dessen Schutz noch in später Zeit
das Sprichwort Διὸς Κόρινϑος gemahnte. (Schol. Pind. Nem.
7. 155.) In Argos identificierte man den später als Führer
der Dorier angenommenen Karneios mit dem ursprünglichen
Geleiter derselben, dem Zeus Agetor. (Schol. Theocr. 5. 83.)
Noch mehr aber tritt die Beziehung des Zeus zu den Doriern
in Sparta hervor. Zeus war es, der nach Tyrtaeos (fr. 2.
Bergk.) den Herakliden Sparta verlieh. Er erscheint besonders in Beziehung auf das öffentliche Leben in Sparta. Als
Zeus Kosmetas wacht er über der spartanischen Akropolis
(Paus. 3. 17. 4.); als Agoraios (3. 11.9.) und Ambulios (3. 13.
6.) leitet und schützt er die Verhandlungen der Volksversammlung und der Gerusia; als Xenios (3. 11. 11.) vermittelt er die Beziehungen mit dem Auslande; als Agetor (Xen. de
rep. Lac. 13. 2.) führt er die Spartaner zum Kampf und Sieg.

Wenn so in der geeinigten Gemeinde Sparta Zeus entschieden uns als Hauptgott entgegentritt, so werden wir
auch für die Zeit der Sondergemeinden den Zeusdienst als
Gemeindecult nachweisen können. Neben ihren Functionen
als Oberpriester (Xen. Hell. 3. 3. 4.) verwalteten die spartanischen Könige die speciellen Priesterthümer des Zeus Lake-

daimon und Uranios, (Her. 6. 56.) Dienste, welche sich als
μεγάλα Οὐράνια (Corp. inscr. Gr. 1241. 1276. vergl. 1258.)
und als Verehrung der weiblichen Gottheit *Λακεδαίμων* (C.
i. Gr. 1298.) bis in die römische Kaiserzeit erhalten haben.
Dieses specielle Priesterthum der spartanischen Könige erklärt
sich nur dann, wenn man Zeus Uranios und Lakedaimou
als die Gentilgottheiten der Agiaden und Eurypontiden und
der sich an sie anschliessenden Gemeinden auffasst. Als
Vorsteher dieser ursprünglichen Sondergemeinden blieben die
spartanischen Könige auch in dem synoikisierten Staate die
speciellen Priester dieser ihrer Gentilsacra. Deshalb fordert
Jon in einem Skolion, nach Otfr. Müllers Vermuthung (griech.
Litt. 1. 200. 3.) an der königlichen Damosia gesungen, die
Anwesenden auf, dem Zeus zuerst zu libieren. (Jon. fr. 2
Bergk.) Deshalb war auch der Hautgott der Eurypontiden
der Zeus ἕρκειος, bei dem Demarat seine Mutter schwören
liess. (Her. 6. 67. 68.) Die Frage, welcher von diesen beiden
Culten den Agiaden, welcher den Eurypontiden zuzu-
weisen sei, wird man wohl so beantworten dürfen, dass, da
Lakedaimon, wie wir oben nachzuweisen versucht haben, die
alte achaeische Herrenburg war, der Zeus Lakedaimon den
achaeischen Agiaden, der Zeus Uranios den dorischen Eurypontiden beizulegen sei.

Wenn man die Stadt Sparta auf einen Synoikismos un-
tersucht, so findet man neben Agiadai und Eurypontidai noch
einen dritten besondern Bestandtheil der spartanischen Gemeinde, die Aegiden, die von Herodot (4 149.) als φυλὴ μ*ε*-
γάλη ἐν Σπάρτῃ bezeichnet werden. Waren wir berechtigt,
nach den uns erhaltenen Andeutungen eine ursprüngliche Sonderexistenz von Agiadai und Eurypontidai anzunehmen, so
gilt das Gleiche auch von Aigeidai als Einzelgemeinde. Die
erste Frage nun, die wir zu beantworten haben, ist die nach
der Nationalität der Aegiden. Dieselben waren nach der
engen Verbindung zu urtheilen, in der sie mit den Minyern
von Thera und Kyrene standen, unzweifelhaft selbst minyischen Geschlechtes. Was den Namen betrifft, so ist, wie
bereits Müller (Dor. 1. 240.) bemerkte, Aigeus ein poseido-
nischer Name, was bei der Verehrung, welche Poseidon bei
den Minyern genoss, sich sehr wohl erklärt. Aegiden finden

auch sonst noch in Athen, um von den bei Müller (Orchom. 331 ff.) behandelten Aegiden von Akragas abzusehen, und auch für Theben hat man ein Geschlecht dieses Namens aus Pindar (Pyth. 5. 72 ff.) annehmen zu müssen geglaubt. Da die Zurückweisung dieser Ansicht zur Bestimmung des Ursprungs der Aegiden von Bedeutung ist, so werden wir auf eine Behandlung der pindarischen Stelle selbst eingehen müssen. Für die Erklärung dieser Stelle (Pyth. 5. 72 ff.) ist es vor allen Dingen nöthig sich klar zu machen, in wessen Sinne das Gedicht abgefasst und von wem dasselbe vorgetragen zu denken ist. Nach Boeckhs Ansicht (Explic. Pind. 288 ff.) ist es Pindar selbst, welcher das Gedicht an Arkesilaos richtet. Otfr. Müller (Orchom. 323. n. 6.) will das v. 81. stehende ἐμοί auf Pindar, das σεβίζομνν v. 86. auf den Komos beziehen. Müllers Ansicht scheint mir deshalb nicht richtig, weil dieselbe einen plötzlichen Wechsel der redenden Person voraussetzt, welcher in einem solchen Gedichte unerklärlich sein würde. Eines von beiden ist allerdings nur möglich, entweder Pindar oder der Komos ist für dieses Gedicht als Vortragender anzunehmen. Nun giebt uns aber Pindar, wie mir scheint, ziemlich deutlich an, dass hier nur an den Komos als Vortragenden gedacht werden kann. V. 22 ff. wird Arkesilaos angeredet:

μάκαρ δὲ καὶ νῦν, κλεεννᾶς ὅτι
εὖχος ἤδη παρὰ Πυθιάδος ἵπποις ἕλων
δέδεξαι τόνδε κῶμον ἀνέρων,
Ἀπολλώνιον ἄθυρμα.

Es wird hier dieses pindarische Lied ausdrücklich ein κῶμος ἀνέρων genannt. Denkt man sich aber dasselbe von einem kyrenaischen Komos vorgetragen, so wird unter der Person, welche in diesem Gedichte Arkesilaos anredet, nur der κῶμος ἀνέρων, unter keiner Bedingung Pindar verstanden werden können.

Diese Annahme scheinen auch noch andre Erwägungen zu empfehlen. Dass Pindar ein Aegide gewesen sei, dafür hat man kein andres Zeugniss, als dieses Gedicht. In einem andern Epinikion für den Thebaner Strepsiades (Isthm. 7.) zählt Pindar die Söhne auf, deren sich Theben besonders freue. Unter diesen werden auch die Aegiden genannt, (12 ff.) welche die dorische Gründung der Lakedaemonier auf festen Fuss stellten und Amyklai eroberten. Mich dünkt, wenn Pindar zu den Aegiden gehörte, so hatte er hier die beste Gelegenheit, sich dessen zu rühmen, und er hätte dann sehr wohl, statt zu seiner Vaterstadt *Αἰγεῖδαι σέϑεν ἔχγονοι* zu sagen, eine Wendung gebrauchen können, in welcher es hiess, die Aegiden meine Vorfahren. Die Verehrung des Apollon Karneios, den man, wenn Pindar die redende Person dieses Gedichtes an Arkesilaos ist, für Theben annehmen müsste, ist zum wenigsten in dieser Zeit nicht nachweisbar. Denn die Angabe, Karnos sei der Sohn des Zeus und der Europa gewesen, welche nach Müller (Orchom. 326.) auf Theben hin-weisen soll, besagt hierfür gar nichts. Ist also für Theben ein Geschlecht der Aegiden und eine Verehrung des Apollon Karneios iu historischer Zeit nicht nachweisbar, während für Kyrene beides uns auch sonst überliefert wird, so scheint es mir denn doch sehr bedenklich, die pindarische Stelle durch Annahmen, welche man aus derselben selbst ableitet, erklä-ren zu wollen. Dazu kommt, dass diese Stelle, wenn man Pindar als redend annimmt, trotz der Auseinandersetzungen Boeckhs (Expl. Pind. p. 288 ff.) immer dunkel und schwierig bleibt, während, wenn der kyrenaische Chor als Redner ge-dacht wird, alles als leicht erklärlich sich darbietet. Die Annahme Müllers, die Siegesfeier sei mit den Karneen zu-sammengefallen, ist für die Erklärung der Stelle nicht noth-wendig, wohl aber nach dem Charakter derselben zu urthei-len wahrscheinlich. In den Erklärungen der Scholien gehen beide Auffassungen, *ὁ λόγος ἀπὸ τοῦ χόρου τῶν Λιβύων ἢ ἀπὸ τοῦ ποιητοῦ*, und die daraus sich ergebenden Consequen-zen neben einander, so dass wir auch hier in der Wahl der wahrscheinlichern Interpretation freie Hand haben.

Die Stelle selbst würde demnach folgendermassen zu er-klären sein. Nachdem der kyrenaische Chor gesagt hat, dass die Dorier durch das Orakel des Apollon in Lakedaimon, Ar-gos und Pylos angesiedelt seien, fährt derselbe fort:

— *τὸ δ' ἐμὸν γαρύοντ'*
ἀπὸ Σπάρτας ἐπήρατον κλέος.

Der Scholiast erklärt diese Worte durchaus richtig durch:

τὸ δ' ἐμὸν κλέος καυχᾶται εἶναι ἀπὸ, Σπάρτης, ὅπου γεγεννη- μένοι οἱ πρόγονοι ἡμῶν οἱ Αἰγεῖδαι εἰς τὴν Θήραν ἀφίκοντο. Mein Ruhm, d. h. der Ruhm von Kyrene, sagt der Chor, wird gepriesen ἀπὸ Σπάρτας, d. h. dem Sinne nach, weil ich von Sparta abstamme. Diese spartanische Abstammung der Kyrenaeer wird dann in den folgenden Worten weiter nachgewiesen :

ὅθεν γεγενναμένοι
ἵκοντο Θήρανδε φῶτες Αἰγεῖδαι
ἐμοὶ πατέρες, οὐ θεῶν ἄτερ, ἀλλὰ μοῖρά τις ἄγεν·

Der Scholiast bemerkt zu γεγενναμένοι : ἐπεὶ ἐκ Λακω- νικῆς ἐλθόντες οἱ περὶ Θήραν Καλλίστην ᾤκησαν. Wollte der kyrenaische Chor seine Abstammung von Sparta nach- weisen, so musste er zunächst, da Kyrene von Thera gegrün- det war, die Verwandtschaft zwischen Thera und Sparta nach- weisen. Deshalb sagt er, ὅθεν, d. h. von Sparta, γεγεννα- μένοι, geboren seiend, wo aus dem ὅθεν ein ὅθι zu ergän- zen ist, kamen die Aegiden nach Thera, meine Väter, nicht ohne den Willen der Götter, sondern das Schicksal führte sie dorthin. Dann heisst es weiter :

πολύθυτον ἔρανον
ἔνθεν ἀναδεξάμενοι,
Ἄπολλον, τεᾷ,
Καρνήι', ἐν δαιτὶ σεβίξομεν
Κυράνας ἀγακτιμέναν πόλιν·

Der Scholiast erklärt auch hier richtig : ὅθεν, ἀπὸ τῆς Θήρας, διαδεξάμενοι τὰ πάτρια ἔθη τῆς πανηγύρεως. Wie in den vorhergehenden Worten sich ὅθεν auf Sparta, so be- zieht sicht sich hier ἔνθεν auf Thera. Von Thera, so heisst es, übernahmen wir Kyrenaeer das opferreiche Fest, d. h. die Karneen, und preisen bei deinen Mahlzeiten, o Apollon Karneios, die wohl gegründete Stadt Kyrene. Der Dienst des Apollon Karneios war ein minyischer Cult, und deshalb standen die Aegiden mit demselben in einer engen Verbindung. Um nun nicht in der Darstellung der aegidischen Wanderung durch Wiederholung einer ähnlichen Wendung, wie in den ersten Worten, zu eintönig zu werden, hat der Dichter an der zweiten Stelle für die Aegiden ihren Cult gesetzt. Wäh- rend es in den ersten Worten heisst, die Aegiden kamen von

5*

Sparta nach Thera, heisst es hier, von Theben erhielt Kyrene, d. h. zugleich mit den Aegiden, den Cult des Apollon
Karneios. (Vergl. Müller, Orchom. 322. 323.) Wir glauben,
dass diese Erklärung der pindarischen Stelle, welche auch
nicht die geringsten Schwierigkeiten bietet, auch dem Sinne
der Stelle am meisten entspricht, wie denn auch Thiersch
(1. p. 261.) die Beziehung auf den kyrenaischen Chor in diesem Gedichte angenommen hat.

Lässt sich also aus der Erklärung dieser pindarischen
Stelle ein wirklich historisches Zeugniss — nämlich Pindar
als Aegide — für den thebanischen Ursprnng der Aegiden
nicht gewinnen, so werden auch die andern Angaben über
Theben als die Heimat der Aegiden bei näherer Betrachtung
sich als unwahrscheinlich ergeben. In den pindarischen Scholien nämlich sind verschiedene Angaben über die Aegiden
enthalten. Nach der einen war Aigeus der Ahnherr des Geschlechtes in Theben, einer von den Sparten des Kadmos,
(Pyth. 5. 101 sch.) und die Aegiden selbst eine Phyle in Theben, von wo die Herakliden sie mit sich führten; nach einer
andern stammten auch die thebanischeu Aegiden von den
athenischen ab; wieder nach einer andern waren dieselben
Phlegraeer und wurden, nachdem mit ihrer Hülfe die Dorier
den Peloponnes erobert hatten, von diesen in Theben angesiedelt. (Isthm. 6. 18 sch.)

Die spartanischen Aegiden führen nun aber ihren Namen
von Aigeus, einem Enkel des Theras, (Her. 4. 149.) und es
müsste deshalb für den thebanischen Zweig dieses Geschlechtes ein älterer Aigeus angenommen werden, der aber deshalb
nicht zulässig ist, weil uns der Stammbaum der spartanischen
Aegiden bis auf Kadmos bekannt ist. Und es scheint denn
auch in Wahrheit nur der Ahnherr der Aegiden Kadmos es
gewesen zu sein, der dieselben zu Thebanern gemacht hat.
Es ist bezeichnend für die Unsicherheit der Existenz eines
aegidischen Geschlechtes in Theben, dass Pindar da, wo er
den Kyrenaeer Arkesilaos feiert, als Heimat der Aegiden
Sparta, (Pyth. 5. 77 ff.) wo er den Thebaner Strepsiades
verherrlicht, Theben angiebt. (Isthm. 6. 12 ff.) Der Name
Kadmos hat auch höchst wahrscheinlich Aristoteles und Ephoros bewogen, die Aegiden von Theben herzuleiten. Nach

Aristoteles (Isthm. 6. 18. sch.) sollten sich die Lakedaemonier im Kriege gegen Amyklai die Aegiden als Bundesgenossen aus Theben geholt haben. Nach Ephoros (Pyth. 5. 101 sch.) kamen die Aegiden bereits mit Aristodemos nach Lakonien. Die Scholien haben diese gewiss ursprünglich nur einmalige Hülfleistung der Aegiden, welche von Aristoteles und Ephoros nur chronologisch verschieden fixiert war, zu einer dopten gemacht, indem sie die Angaben beider Schriftsteller aufnahmen. Zur Zeit der Minyerherrschaft über Boeotien (Müller, Orchom. 200 ff.) mag der vielleicht ursprünglich einheimische, aber doch mit ausländischen Elementen gemischte Kadmosdienst Thebens von den Minyern angenommen sein und ist dann von ihnen bei ihrer Auswanderung nach Lakonien dorthin übertragen. Jedenfalls aber würde sich die enge Verbindung zwischen den Minyern und Aegiden, wenn die letztern zu den Kadmeionen gehörten, deren feindlicher Gegensatz zu den Minyern in allen Sagen Boeotiens durchklingt, schwerlich erklären. Ein Zweifel an dem minyischen Ursprunge der spartanischen Aegiden wird dadurch denn auch, wie ich glaube, schwerlich sich rechtfertigen lassen.

Dem bei den Agiaden und Eurypontiden eingeschlagenen Wege folgend, werden wir auch für die Aegiden als Sondergemeinde ihre Wohnsitze und Gentilsacra nachzuweisen versuchen müssen. Was zunächst die Wohnsitze derselben betrifft, so ist der Satz vorauszuschicken, dass dieselben wegen des später nachzuweisenden Synoikismos mit Agiadai und Eurypontidai in der Nähe dieser Gemeinden gelegen haben müssen. Zu einer genauern Fixierung derselben verhelfen uns, wie ich glaube, die Angaben von den Wohnsitzen der eingewanderten Lemnier. Wenn die oben von uns aufgestellte Ansicht richtig ist, dass in die Erzählung von den Lemniern die Geschichte von den spartanischen Aegiden hineingetragen ist, so werden wir auch die dort den Lemniern zugewiesenen Wohnsitze als die der Aegiden ansetzen müssen. Nach dem übereinstimmenden Bericht der alten Schriftsteller sassen dieselben ἐν τῷ Τηϋγέτῳ. Das können aber, wie ein Blick auf die topographischen Verhältnisse des spätern Locals der Stadt Sparta lehrt, (Curtius, Pelop. 2. Taf. 10.) nur die Vorhöhen des Taygetos in der Nähe des heutigen Dorfes Magula sein.

Wie des lakonischen Minyerhelden Euphemos Vater der tae-
narische Poseidon ist, so lag auch in diesem Theile der spätern Stadt Sparta, wie der Zusammenhang bei Pausanias
(3. 14. 1—3.) zeigt, westlich vom Akropolishügel das Mnema
des Tainaros und das Heiligthum des Poseidon Hippokurios.
Es mag immerhin der älteste lakonische Ahnherr der Aegiden Theras von diesen Wohnsitzen seinen Namen erhalten
haben, da wir wissen, dass der Taygetos wenigstens weiter
südlich zwischen Taleton und Euoras den Namen Θῆραι führte.
(Curtius, Pelop. 2. 206. 308. 5.)
Die zweite Frage ist nach dem Gentilculte der Aegiden.
Im Zusammenhange mit denselben wird bei Herodot (4. 149.)
ein Heiligthum der Erinyen erwähnt, welches dieselben wegen
des frühen Hinsterbens ihrer Kinder diesen Göttinnen errichten. Die Erinyen als Gentilgottheiten der Aegiden aufzufassen, verbietet nicht blos der Charakter dieser Gottheiten,
sondern auch der Umstand, dass die Errichtung ihres Hei-
ligthumes erst durch einen spätern äussern Anlass hervorgerufen wurde. Wohl aber möchte es passend sein, auf einen
ähnlichen Dienst in dem minyischen Hyria hinzuweisen. Euphemos ist, wie bereits oben bemerkt wurde, den Minyern
Lakoniens und denen von Hyria gemeinsam. Nun aber werden, wie die Aegiden wegen des frühen Hinsterbens ihrer
Kinder den Erinyen ein Heiligthum errichten, auch die Hy-
riaten bei einer Seuche von Apollon Gortynios angewiesen,
die beiden Erinyen — nach Müller Trophonios und Herkyna —
durch das freiwillige Opfer von zwei Jungfrauen zu versöhnen.
(Müller, Orch. 195.) Eben wegen dieser Beziehungen zwischen Lakonien und Hyria könnte man sich leicht versucht
fühlen den Dienst des Vaters des Euphemos, des Poseidon,
als Gentilcult anzunehmen. Aber auch hierin würde man,
wie ich glaube, irren, da, um das Richtige sogleich voran-
zustellen, Athene die Schutzgöttin des Geschlechtes war. Wie
wir bereits oben auf die Verbindung des Poseidon und der
Athene bei den Minyern hingewiesen haben, wofür man für
die Aegiden noch die Errichtung eines Tempels des Poseidon
und der Athene in Thera durch Kadmos anführen kann,
(Theophr. b. Pind. Pyth. 4. 11. sch.) so scheint sich doch der
schon mehr vergeistigte Dienst der Athene besser für einen

Gentilcult, als der Cult des Poseidon, geeignet zu haben. Der Beweis aber für diese Annahme liegt darin, dass die Schutzgöttin des Ahnherrn der Aegiden, des Kadmos, Athene Onga war, deren Altar und Agalma in Theben für ein Weihgeschenk des Kadmos gehalten wurde. (Paus. 9. 12. 2.) Damit stimmt es aufs beste, dass auch ein Heiligthum der Athene in Sparta eine Gründung des Theras genannt wird, welches derselbe kurz vor seiner Auswanderung nach Thera errichtet haben sollte. (Paus. 3. 15. 6.) (Ueber die Aegiden vergl. Müller, Orch. 329 ff. Lachmann, spart. Staatsverf. 103 ff. Boeckh in d. Abhandl. d. Berl. Acad. 1836. 43 ff. Tycho Mommsen in d. Zeitschr. für Alterthumsw. 1845. 1 ff.)

Als Resultat der vorangeschickten Untersuchungen ergiebt sich also das Nebeneinanderbestehen der Agiaden, Eurypontiden und Aegiden mit den sich an sie anschliessenden Gemeinden, welche drei achaeischen, dorischen und minyischen Geschlechtes sich in das Local der spätern Stadt Sparta theilten. Jede dieser drei Gemeinden führte, von den beiden andern getrennt, unter eignen Fürsten und mit eignen Sacren eine Sonderexistenz.

5. Aeussere Geschichte Spartas bis auf den König Charilaos.

Die Geschichte der einzelnen κῶμαι, bevor sie zu einer πόλις synoikisiert werden, entzieht sich der historischen Ueberlieferung. Ein wahrhaft geschichtliches Leben beginnt erst mit der κοινωνία τέλειος, wie Aristoteles die πόλις nennt. (pol. 1. 2.) Selbst die Geschichte jenes Actes, durch welchen die πόλις aus der Vereinigung der κῶμαι gebildet wird, hat sich nur selten in der historischen Ueberlieferung der einzelnen Stämme erhalten. Um die Zeit eines derartigen Synoikismos festzustellen, wird man am besten thun, durch Prüfung der einheimischen Tradition den Zeitpunct, wo eine wirkliche Geschichte beginnt, zu fixieren.

Die einheimische Ueberlieferung über die älteste Epoche der lakonischen Geschichte nach der Einwanderung der Dorier besitzen wir bei Pausanias, (3. 2. 1 ff. und 3. 7. 1 ff.) wohin auch vielleicht noch einige vereinzelte Angaben bei Plutarch und Polyaen zu rechnen sind. Die einheimische Tradition weiss auch hier nichts von einem Synoikismos, sie lässt die spartanische Geschichte sofort mit der Einwanderung der Dorier beginnen. Wir geben zuerst eine kurze Zusammenstellung dieser Tradition, welche sich anschliesst an die einzelnen Glieder der beiden Königsfamilien, indem wir mit Anlehnung an Pausanias zuerst die Thaten der Agiaden, dann die der Eurypontiden betrachten.

Von Eurysthenes, wenn wir von der officiellen Königssage absehen, weiss die einheimische Tradition nichts zu berichten. Agis, unter dem die Colonisation von Aiolis und Patrai stattfand, (Paus. 3. 2. 1.) soll im Kampfe gegen die Arkader gefallen sein. (Polyaen. 2. 13.) Unter Echestratos wurden die Kynurier aus ihrer Heimat vertrieben wegen ihrer Angriffe gegen die den Spartanern stammverwandten Argiver.

(Paus. 3. 2. 2.) Labotas begann den Krieg gegen Argos unter dem Vorwande, die Argiver hätten einzelne Theile der
den Spartanern gehörigen Kynuria an sich gerissen und die
Perioeken Spartas zum Abfall gebracht. (Paus. 3. 2. 3.) Von
Doryssos und Agesilaos wusste die einheimische Ueberlieferung nur das zu berichten, dass sie früh gestorben seien.
(Paus. 3. 2. 4.)

Von Prokles gilt dasselbe, was von Eurysthenes gesagt
ist. Soos, bei Pausanias (3. 7. 1.) nur namentlich erwähnt,
soll nach Plutarch (Lyc. 2.) die Heloten zu Sclaven gemacht
und einen bedeutenden Landstrich von den Arkadern erobert
haben. Ausdrücklich wird sein Krieg gegen Kleitor erwähnt.
(Vergl. Apophth. Phoeb.) Enrypon, bei Pausanias (3. 7. 1.)
nur namentlich angeführt, eroberte nach langem Kampfe
gegen die Arkader Mantineia. (Polyaen. 2. 13.) Unter Prytanis begann die Feindsshaft mit Argos und desshalb zuerst
der Krieg gegen die Kynurier. (Paus. 3. 7. 2.) Eunomos und
Polydektes lebten nach der einheimischen Tradition in Frieden. (Paus. 3. 7. 2,)

Zur kritischen Prüfung dieser Angaben ist es erforderlich, dass wir uns insofern auf den Standpunct dieser Ueberlieferung stellen, dass wir Sparta bereits als geeinigte πόλις
annehmen. Eine Betrachtung der Topographie Lakoniens
wird uns dann für die Beurtheilung der einheimischen Tradition die nöthige Handhabe bieten. Das Gebiet der Stadt
Sparta wurde nach Osten und Westen durch den Parnon und
Taygetos begrenzt. Im Süden, 20 Stadien von Sparta entfernt, lag Amyklai, welches erst durch Teleklos erobert sein
soll. (Paus. 3. 2. 6.) Nördlich vom Einflusse des Oinus in den
Eurotas kommt derselbe hart an dem östlichen Gebirgsfusse
herab, während an dem rechten Ufer zwischen dem Flusse
und dem Hochgebirge des Taygetos niedrige Bergterrassen
und kleine Uferebenen sich eindrängen. (Curtius, Pelop. 2.
208.) Der nördliche Theil dieses Eurotasthales war allem
Anscheine nach das Gebiet der Stadt Aigys, welche Ephoros
zu der Sechsstadt Lakoniens rechnet, und welche gewiss in
ältester Zeit Hauptort der an beiden Abhängen des Taygetos
sich ausdehnenden arkadischen Landschaft Aigytis war.

Nachdem wir uns so die topographischen Verhältnisse

des Eurotasthales vergegenwärtigt haben, wird ein Blick auf die einheimische Tradition, wie sie oben zusammengestellt ist, uns von der Misslichkeit derselben überzeugen. Was zunächst die Kämpfe der Spartaner gegen die Argiver betrifft, welche um den Besitz der Landschaft Kynuria begonnen wurden, so konnte der erste Zusammenstoss dieser beiden Völkerschaften, die durch den Parnon geschieden wohnten, erst dann stattfinden, als die Spartaner schon in dem Besitze der Ebene von Helos sich befanden und ihre Herrschaft weiter südlich nach Kap Malea zu ausdehnten. Der erste Zusammenstoss mit den Argivern, deren Grenzen sich in ältester Zeit bis zu diesem Vorgebirge ausdehnten, ist nur an dieser Stelle denkbar. Nun wurde aber nach einheimischer Tradition das Gebiet von Amyklai und Pharis, d. h. die südliche Eurotasebene, sowie auch das von Geronthrai, erst durch den König Teleklos, (Paus. 3. 2. 6.) die Ebene von Helos erst durch den König Alkamenes (Paus. 3. 2. 7.) dem spartanischen Staate zuerworben. An Kriege mit Argos ist deshalb denn auch in dieser ältesten Zeit ganz gewiss nicht zu denken.

Neben diesen Kämpfen gegen Argos weiss die einheimische Tradition von Kriegen gegen die Arkader, von denen die gegen Kleitor und Mantineia ausdrücklich erwähnt werden, zu erzählen. Auch hier ist darauf hinzuweisen, dass die Spartaner gewiss zuerst mit den ihnen am nächsten wohnenden arkadischen Stämmen gekämpft haben und dass, bevor diese nicht unterworfen waren, an Kriegszüge in das innere Arkadien, wie gegen Kleitor und Mantineia, gewiss nicht zu denken ist. Nun wird aber die Eroberung der Stadt Aigys und des der Stadt gehörigen, in dem obern Eurotasthal gelegenen, Gebietes erst unter den Königen Archelaos und Charilaos angesetzt. (Paus. 3. 2. 5.) Man müsste also annehmen, dass die Spartaner die arkadischen Stämme in ihrer unmittelbaren Nachbarschaft unbehelligt gelassen, dagegen sich in Kämpfe mit den entferuten Bewohnern von Kleitor und Mantineia eingelassen hätten. Das ist aber gewiss so unnatürlich, dass auch die Geschichtlichkeit derartiger Annahmen auf das entschiedenste verneint werden muss.

Ich halte deshalb denn auch diese dürftigen Notizen einheimischer Ueberlieferung für nichts weiter, als den Versuch

einer spätern Zeit die dürren Namenreihen der spartanischen
Könige durch einige geschichtliche Thaten zu beleben. Dass
man aber dazu Kriege gegen Argos und Arkadien wählte,
ist sehr leicht erklärlich. Es hätte für die Thatkraft dieser
spartanischen Könige gewiss kein günstiges Vorurtheil er-
weckt, wenn man sie, wie es natürlich war, Kämpfe mit
Amyklai und Aigys hätte bestehen lassen, da man wusste,
dass diese Städte erst Jahrhunderte später der Herrschaft
Spartas unterworfen wurden. Wohl aber war es eine beque-
me Art den Glorienschein geschichtlichen Heldenthumes für
die ältesten spartanischen Könige aus Kriegen mit Arkadern
und Argivern zu entlehnen. Wo allerdings das Land lag,
welches der König Soos den Kleitoriern abgewann, wie der
König Eurypon nach Mantineia kam und die Stadt eroberte,
das wussten die Verfertiger dieser Notizen gewiss genau so
gut, wie wir, d. h. sie wussten es gar nicht. Dass der König Echestratos die Kynurier aus Freundschaft für, der König Prytanis aus Feindschaft gegen Argos bekriegte, küm-
merte die Verfertiger dieser Ueberlieferung sehr wenig. Aber
selbst ihnen ist bald der Stoff ausgegangen, denn sonst hätten sie nicht die beiden letzten Könige, die wir oben aufführ-
ten, die der Agiadenreihe früh sterben, die der Eurypontidenreihe in Frieden leben lassen.

Die Erfindung einer derartigen Ueberlieferung für eine
an sich unbekannte Periode der Geschichte findet ihre zurei-
chenden Analogien. Solche Berichte entstehen durch Rückspiegelungen von den Ereignissen und Zuständen einer jüngern Zeit auf eine ältere. Um diesen allgemeinen Satz auf
unsern speciellen Fall anzuwenden, werden wir sagen, die
in der einheimischen Tradition für die ältesten Zeiten figurie-
renden Kriege Spartas mit Argos und Arkadien sind Rückspiegelungen der in historischer Zeit wirklich zwischen diesen
Völkerschaften geführten Kämpfe.

Die Ueberlieferung von den Königen Archelaos und Charilaos an kann ihrem Inhalte nach grossen Theils als glaub-
würdig gelten. Beide Könige zusammen erobern Aigys, (Paus.
3. 2. 5.) wie sich denn im Anschluss daran bei der Ausdehnung der spartanischen Grenzen gegen Arkadien ein Krieg
mit Tegea unter Führung des Charilaos wohl erklärt. Den

Einfall dieses Königs in die argivische Landschaft müssen wir aber auch hier in Zweifel ziehen. (Paus. 3. 7. 3. vergl. 8. 5. 9; 4. 8. 4. Strab. 482.) Die Thaten des Teleklos, die Eroberung von Amyklai, Pharis, Geronthrai, sind gewiss historisch, denn sie entsprechen einer natürlichen Ausdehnung der spartanischen Grenzen. (Paus. 3. 2. 6.) Der uuter dem Namen des Nikandros aufgeführte Krieg gegen Argos kann geschichtlich sein, da die Spartaner schon bei der Eroberung von Geronthrai mit den Argivern möglicher Weise zusammenstossen konnten. (Paus. 3. 7. 4.) Die Unterstützung der Heleer im Kriege gegen Alkamenes durch die Argiver ist durchaus wahrscheinlich, da die Argiver sich damals bereits genöthigt sahen, die Spartaner von den Grenzen der argivischen Kynuria abzuhalten. (Paus. 3. 2. 7.)

Ziehen wir aus den vorangeschickten Sätzen das Resultat, so werden wir, wie denn bereits Grote (griech. Gesch. Uebers. 1. 651 ff,) die Misslichkeit der Ueberlieferung über die älteste Geschichte der Lakedaemonier anerkennt, zu dem Schluss gelangen, dass erst seit den Zeiten der Könige Archelaos und Charilaos von einer Geschichte Spartas die Rede sein kann, indem erst von da an eine natürliche und sinngemässe Ausdehnung der Grenzen Spartas nach der Ueberlieferung erfolgt.

Dass die bei Pausanias uns erhaltene einheimische Tradition erst das Product ciner spätern Zeit ist, geht auch daraus hervor, dass der Bericht des Ephoros über die älteste Geschichte der lakonischen Dorier einen von der skizzierten Ueberlieferung durchaus verschiedenen und selbständigen Charakter an sich trägt. Sollen wir unser Urtheil über diese Darstellung des Ephoros abgeben, so können wir auch diese nur für einen Versuch halten, die älteste Zeit der spartanischen Geschichte mit einem historischen Inhalte zu füllen. Ephoros dachte sich die Eroberung des Peloponnes und also auch die Lakoniens durch die Dorier als eine leichte und schnelle, — κατὰ τύχην δὲ ταύτῃ τῇ στρατείᾳ τῶν Ἡρακλειδῶν τὴν Πελοπόννησον κατασχόντων heisst es in einem Fragmente desselben bei Pindar. (Pyth. 5. 101. sch.) Die Einrichtungen der Dorier in Lakonien schildert dann ein grösseres Fragment bei Strabon. (364. 365.) Die Stelle selbst, in einer lückenhaften Ueberlieferung uns erhalten, hat verschiedene Herstellungs- und Verbesserungsversuche zu erfahren gehabt. Zunächst hat man die hinter μετέχοντας καὶ πολιτείας καὶ ἀρχείων handschriftlich überlieferten Worte καλεῖσθαι δὲ Εἵλωτας umgesetzt. Valckenaer (ad Theocr. Adoniaz. p. 268.) stellte sie hinter πολέμῳ, A. Schmidt (Zeitschr. für Geschichtsw. 1. 168.) wollte sie hinter κριθῆναι δούλους lesen, eine Verbesserung, die von K. Fr. Hermann angefochten, von Schmidt wieder vertheidigt ist. (a. a. O. 473. ff.) Die richtige Umstellung scheint Kramer in seiner Ausgabe des Strabon (2. p. 161.) vorgenommen zu haben, der sie hinter τὸ Ἕλος gesetzt hat. Ein zweites ergiebiges Feld für Verbesserungen boten die verschiedenen Lücken der Stelle. Ueber die Ergänzung derselben ist man jetzt im wesentlichen einig, (vergl. Meinecke, vind. Strab. p. 115. Curtius, Pelop. 2. 309. 10.) nur über die Ergänzung des sechsten Stadtnamens, welcher ausgefallen ist, sind die Meinungen getheilt. Niebuhr (Vortr. über alte Länder- und Völkerk. v. Isler ed. p. 58.) vermuthete Helos, Müller (Dor. 1. 96.) Epidauros Limera oder Gytheion, Curtius (a. a. O.) Boiai, Arn. Schäfer (de ephor. Laced. p. 5.) Geronthrai. Mir scheint die Vermuthung Niebuhrs die richtige zu sein, denn erstens passt das nach ἐχούσῃ noch erhaltene T sehr wohl zu dem zuergänzenden τῷ Ἕλει, dann scheint aber auch der Zusammenhang diese Ergänzung bestimmt zu fordern. Die von ὑπακούοντας bis ἀρχείων folgenden Worte beziehen sich doch offenbar auf die eben genannten sechs Städte. Wenn dann fortgefahren wird: „Agis habe ihnen, d. h. den sechs Städten, die Isotimie genommen und sie zu Tributleistungen an Sparta gezwungen; die übrigen hätten ihm gehorcht, nur die Bewohner von Helos nicht", so muss doch Helos offenbar unter den sechs Städten genannt worden sein, und die Ergänzung von τῷ Ἕλει scheint unzweifelhaft sicher.

Betrachten wir jetzt den Inhalt der Stelle! Derselbe lautet ungefähr folgendermassen: Eurythenes und Prokles theilten Lakonien in sechs Theile und bebaueten die Landschaft mit Städten. Den einen dieser Theile, Amyklai, erhielt Philonomos für seinen bereits oben erörterten Verrätherdienst, Sparta wurde der Königssitz der Herakliden. In die andern Städte sandten sie Könige mit dem Auftrage, Fremde in dieselben aufzunehmen. So gebrauchten sie — nach den wahrscheinlichsten Ergänzungen — Las als Hafen, Aigys als ὁρμητήριον Pharis nach Meinecke als ἀρχεῖον, nach Curtius ταμιεῖον und Helos. Alle diese unterthänigen Perioeken waren mit den Spartanern isonom und hatten Theil an der Verfassung und den Aemtern. Agis nahm ihnen diese Gleichheit der Rechte und nöthigte sie zur Tributzahlung an Sparta. Die übrigen unterwarfen sich, nur Helos wurde wegen Widersetzlichkeit gegen diese Anordnungen erobert, und seine Bewohner wurden zu Sclaven gemacht. Gegen die Geschichtlichkeit dieser Darstellung des Ephoros hat sich bereits Otfr. Müller erklärt, (Dor. 1. 96.) wie denn auch Kopstadt (a. a. O. p. 32.) auf die Unwahrscheinlichkeit derselben hinweist. Zunächst ist die Form eines Bundesstaates, wie e r hier geschildert wird, ohne jedes Analogon. Eine Hexapolis, in welcher die eine Stadt die officielle Stellung eines βασίλειον hatte, die andre die eines ναίστ αϑμον, die dritte die eines ὁρμητήριον, die vierte die eines ἀρχεῖον oder ταμιεῖον, die fünfte und sechste noch andre Functionen übten, ist doch eine staatliche Institution von so verwunderlicher Eigenthümlichkeit, dass selbst die Auctorität des Ephoros mich nicht bewegen kann, diese Darstellung als wahrscheinlich anzuerkennen. Der spätern Machtfülle der Spartaner gegenüber erschien vermuthlich dem Ephoros auch in dieser ältern Zeit die Jahrhunderte lang nach der dorischen Einwanderung bewahrte Selbständigkeit der lakonischen Städte so wunderbar, dass er diesen Zustand nicht durch die Schwäche Spartas, sondern durch die Existenz eines auf rechtlicher Grundlage geordneten Bundesstaates glaubte erklären zu müssen. Einen ähnlichen Weg schlug Ephoros auch bei der ältesten Geschichte Messeniens ein. (Strab. 361.) Die Stelle des Ephoros bei Strabon ist nur ein aus dem Zusammenhang gerissenes Fragment, und zu einem Endurtheile über die Darstellung desselben kann man durch dasselbe nicht gelangen. Jedenfalls ist aber die von den übrigen Städten mit Ausnahme von Helos ruhig ertragene Degradierung von gleichberechtigten Bundesgenossen zu Perioeken lange nicht so wahrscheinlich, wie die in der einheimischen Tradition überlieferte gewaltsame Eroberung dieser Städte. Ob Ephoros diese Eintheilung von einer in der spätern Zeit wirklich bestandenen Eintheilung Lakoniens in sechs Provinzen, wie Müller (Dor. 1. 96.) will, auf die ältere Zeit übertragen hat, kann fraglich erscheinen. Mir ist es wahrscheinlicher, dass Ephoros diesen Bundesstaat im Anschluss an die argivische Amphiktyonie des Apollon Pythaeus mit Argos als politischem und religiösem Mittelpunct gebildet hat. (Vergl. Thuc. 5. 53. Paus. 2. 35. 2; 4. 5. 2. Diod. 12. 18. Her. 6. 92.) In der argivischen Geschichte konnte man die von Argos ausgehende dorische Colonisation der übrigen Städte von Argolis immerhin als Sendung von dorischen Königen in dieselben auffassen, wie es Ephoros in seiner Darstellung der lakonischen Geschichte thut.

Als Resultat der vorangeschickten Untersuchung werden wir demnach folgende Sätze aufstellen dürfen. Des Ephoros Darstellung der ältesten Geschichte der lakonischen Dorier ist nur ein Versuch, dieselbe zu pragmatisieren. Aber auch die einheimische Tradition verdient erst von den Zeiten der Könige Archelaos und Charilaos an historische Glaubwürdigkeit. —

6. Lykurgos und seine Tradition.

Wenn wir in der vorhergehenden Untersuchung bei einer vorurtheilsfreien Betrachtung der überlieferten Thatsachen zu dem Resultate gelangten, dass vor den Königen Charilaos und Archelaos von einer räumlichen Ausdehnung der spartanischen Grenzen über das ursprüngliche Local der Stadt Sparta und ihrer nächsten Umgebung kaum die Rede sein kann, so fordert die Ueberlieferung von der lykurgischen Gesetzgebung und ihrer umfassenden Landtheilung, welche nach der Ueberlieferung ja bereits vor Charilaos angesetzt wird, von selbst eine eingehende Kritik heraus. Der Satz von der alle Verhältnisse des politischen, geistigen und sittlichen Lebens umfassenden Thätigkeit des Lykurgos ist so lange ein Glaubensartikel hellenischer Historiographie gewesen, dass Grote's Verdienst, zuerst über einzelne Puncte der lykurgischen Gesetzgebung genaueres Licht verbreitet und so zu neuen Forschungen angeregt zu haben, nicht hoch genug anerkannt werden kann. Auch die Aufgabe dieser Blätter wird es sein, die lykurgische Gesetzgebung einer eingehenden Betrachtung zu unterwerfen. Um dabei zu einem annähernd gesicherten Resultate zu gelangen, wird es nöthig sein, eine geschichtliche Entwicklung der Tradition zu geben, d. h. mit andern Worten die ältere und jüngere Ueberlieferung zu scheiden. Wie es das charakteristische Kennzeichen einer ältern und jüngern Tradition ist, dass jene kurz und knapp gehalten ist, diese dagegen eine reiche Fülle einzelner Momente darbietet, so tritt uns dieser entscheidende Unterschied auch in der Ueberlieferung der lykurgischen Gesetzgebung entgegen. Eine genauere Betrachtung der einzelnen Quellen wird von der Richtigkeit dieser Behauptung überzeugen.

Die älteste zeitgenössische Quelle über spartanische Geschichte für uns sind die Gedichte des Tyrtaeos. Wenn wir nun in der folgenden Untersuchung den Nachweis versprechen zu dürfen glauben, dass das bei Plut. Lyc. 6. oder in vollständigerer Fassung bei Diod. T. 3. p. 3. erhaltene Fragment des Tyrtaeos (Bergk. poct. lyr. Gr. fr. 4. 2. Aufl.) eine metrische Umschreibung der bei Plut. Lyc. 6. bewahrten lykurgischen Rhetra und des ebendaselbst erhaltenen theopompischen Zusatzes enthält, so werden wir eine Bekanntschaft des Tyrtaeos mit Lykurgos vollständig vermissen. Denn sowohl die von Plutarch ausdrücklich als lykurgisch bezeichnete Rhetra, wie auch der Zusatz des Theopompos zu dieser Rhetra werden beide auf die Könige Polydoros und Theopompos von Tyrtaeos zurückgeführt, wie der Plural ἀκούσαντες in dem Φοίβου ἀκούσαντες Πυθωνόθεν οἴκαδ᾽ ἔνεικαν, und der Umstand, dass Plutarch seine Angabe über diese beiden Könige mit den Versen des Tyrtaeos begründet, zu beweisen scheinen. Zu einem sichern Resultate in Beziehung auf die Bekanntschaft des Tyrtaeos mit Lykurgos können wir hierdurch selbstverständlich nicht gelangen. Nur wird man sich die Frage vorlegen dürfen, ob es wahrscheinlich ist, dass bei einer Verehrung des Lykurgos, wie derselbe sie in späterer Zeit in Sparta genoss, bereits in den Tagen des Tyrtaeos dieser eine lykurgische Rhetra einfach auf die Könige Polydoros und Theopompos übertragen haben würde?

Eine Unbekanntschaft mit Lykurgos als dem Begründer der spartanischen Verfassung tritt uns auch bei Hellanikos entgegen. Hellanikos hatte nämlich die Einrichtung der spartanischen Verfassung auf Prokles und Eurysthenes zurückgeführt, während er den Lykurgos gar nicht erwähnte, ein Umstand, welcher den Tadel des Ephoros hervorrief. (Str. 366).

Die erste Erwähnung des Lykurgos in einer geschichtlichen Quelle, soweit wir aus dem uns erhaltenen historischen Material schliessen können, finden wir bei Herodot. Die Gesetzgebung des Lykurgos, welcher bereits zu Herodots Zeit in Sparta einen Tempel hatte, (Her. 1. 66.) wird uns von demselben nach einheimischer Ueberlieferung, wie das bereits früher bemerkt wurde, in folgenden Zügen geschildert. Die Spartaner hatten ursprünglich die schlechtesten Gesetze von allen Hellenen. Da veränderte Lykurgos, der Vormund des Labotas, — eine Lesart bei Herodot, die durch Paus.

3. 2. 3. unzweifelhaft sicher gestellt wird — die Gesetze seiner Vaterstadt auf Veranlassung der Pythia, indem er dieselben nach dem Muster der kretischen umbildete. Er ord-
nete die Kriegseinrichtungen, richtete demnach die Enomotien,
Triakaden und Syssitien ein und fügte als neue Schöpfungen
die Gerusie und Ephorie hinzu. So weit die einheimische
Ueberlieferung zur Zeit Herodots, wie durch die Worte ὡς δ'
αὐτοὶ Λακεδαιμόνιοι λέγουσι ausdrücklich angegeben wird,
während bereits einzelne in jener Zeit die gesammte Staatsverfassung der Spartaner als einen Ausfluss des pythischen
Orakels bezeichneten. (Her. 1. 65.) Lykurgos wurde demnach,
da Labotas sein Brudersohn genannt wird, nach der ältesten
spartanischen Ueberlieferung (vergl. Her. 7. 204.) für einen
Sohn des Agis gehalten, und sein Zeitalter also bis in die
Zeit der Begründung des spartanischen Staates hinaufgerückt.

Xenophon, bei dem wir gleichfalls eine Kenntniss der
einheimischen spartanischen Tradition voraussetzen dürfen,
nennt Lykurgos einen Zeitgenossen der Herakliden, (de rep.
Lac. 10. 8.) eine Angabe, die im wesentlichen mit der Herodots übereinstimmen würde. Bei Xenophon ist die lykurgische Gesetzgebung noch keineswegs ein Ausfluss des pythischen Orakels, vielmehr wird hier die Sache so dargestellt,
dass Lykurgos, nachdem er seine Gesetze den Spartanern
gegeben hat, mit den vornehmsten Spartanern nur den Rath
der Pythia einholt, ob es für Sparta gut sein werde, seinen
Gesetzen zu gehorchen. (de rep. Lac. 10. 5.)

Aber bereits vor Xenophon finden wir bei Thukydides
eine andre chronologische Bestimmung des Lykurgos, obgleich
der Name desselben nicht ausdrücklich erwähnt wird. Thukydides (1. 18.) rechnet nämlich von dem Ende des peloponnesischen Krieges bis zur Herstellung der Eunomie in Sparta
400 und einige Jahre, so dass wir also nach thukydideischer
Rechnung für das Zeitalter des Lykurgos die Zeit kurz vor
800 v. Chr. gewinnen. Es ist vielleicht auch diese Angabe
des Thukydides eine stille Polemik desselben gegen Herodot,
dem er ja auf dem Gebiete spartanischer Alterthümer nicht
immer zu seinem Vortheile polemisch zu begegnen liebt.
(vergl. Thuc. 1. 20. mit Her. 5. 57; 9. 53.)

Von Ktesias wissen wir, dass er durch eine chronologi-

sche Gleichsetzung des vermeintlich ersten Unterganges des
assyrischen Reiches mit dem Zeitalter des Lykurgos für diesen das Jahr 884 gewann, (Brandis, de temp. Graec. ant.
rat. 24.) eine Datierung, welche dann durch die Alexandri-
ner kanonisch geworden ist.

Während sich so, wie es scheint, die Tradition über
Lykurgos und seine Gesetzgebung, soweit wir wenigstens aus
den dürftigen Angaben, die uns erhalten sind, schliessen
können, bei den ältern Historikern in einer ziemlich unverfälschten Gestalt erhielt, haben dagegen zwei Momente in
der spätern Zeit auf die Verwirrung der Ueberlieferung einen
bestimmenden Einfluss geübt. Es waren das die philosophischen und politischen Erörterungen, welche sich an die Betrachtung einzelner hellenischer Staatsverfassungen anschlossen. Auf dem Gebiete der philosophischen Erörterungen ist
es unzweifelhaft vorzüglich Platon gewesen, welcher durch
die Darstellung seines idealen Staates, in dem ja in Wirklichkeit manche Züge, allerdings in idealistischer Färbung,
aus dem spartanischen Leben entlehnt sind, auf die Auffassung der spartanischen Staatsverfassung verwirrend eingewirkt
hat, eine Einwirkung, die noch in Müllers Doriern sich erkennen lässt. Aber nicht blos Platon ist hier von Einfluss
gewesen, auch die Einwirkungen der Pythagoraeer, deren
Philosophie man ja gradezu als eine dorische bezeichnet hat,
der Kyniker — Antisthenes und Diogenes haben die Aeusser-
lichkeiten der spartanischen Tracht genau beobachtet — und
der Stoiker, deren Tugendideal mit dem Verhalten der Spartaner aus der guten alten Zeit manche Anknüpfungspuncte
hatte, auf die Auffassung und Darstellung der spartanischen
Verfassung sind gewiss mit in Betracht zu ziehen. (Vergl.
Plut. Lyc. 31.)

Ein zweites Moment in dieser Richtung bildet die politische Litteratur jener Tage. Nachdem das praktische Staats-
leben der Hellenen in jener Zeit durch den ewigen Wechsel
von Aristokratie und Demokratie jeden innern Halt verloren
hatte, flüchtete sich die Staatsweisheit jener unpolitischen
Epigonen auf das Gebiet der Theorie, um hier sich einen
Musterstaat, welcher im wirklichen Leben so vollständig fehlte,
zu ertränmen. Erörterungen über die beste Form der Staats-

verfassung waren schon bei den ältern Historikern ein beliebter Gegenstand der Betrachtung und bereits Herodot (3. 80 —83.) hatte sich über denselben vernehmen lassen. Gegenüber den Parteikämpfen, welche mit geringen Unterbrechungen fast alle Staaten jener Zeit zerfleischten, musste aber eine Verfassung, der man eine beharrliche, wenn auch ungerechte Stetigkeit nicht absprechen konnte, die Aufmerksamkeit der politischen Tageslitteratur besonders auf sich ziehen. In der Politik des Aristoteles besitzen wir noch eine Znsammenstellung verschiedener Auffassungen, welche sich die politischen Schriftsteller über die spartanische Verfassung gebildet hatten, Auffassungen, welche unter einander in einem entschiedenen Gegensatze stehen, so dass sich die für historische Zwecke sehr wenig empfehlenswerthe Fähigkeit dieser Litteratur, immer das zu finden, was man suchte, nicht verkennen lässt. So erschien die spartanische Verfassung den einen als eine Demokratie, (Aristot. pol. 6. 9. = p. 161. 5. Bekker.) den andern als eine Oligarchie. (Arist. a. a. St. 161. 16.) Besonders war es die in der spätern Zeit so beliebte Form der πολιτεία μεμιγμένη, welche man in Sparta wiederzufinden glaubte. So wurde die spartanische Verfassung bald aus Monarchie, Oligarchie und Demokratie, (Arist. pol. 2. 6. = 35. 28 ff.) bald aus Tyrannis und Demokratie (Arist. a. a. St. 35. 32.) zusammengesetzt dargestellt. Auch Aristoteles hielt die spartanische Verfassung für eine μίξις τῶν δύο τούτων δημοκρατίας τε καὶ ἀρετῆς, (pol. 6. 7. = 158. 13.) und Platon für eine Mischung von Tyrannis, Demokratie, Aristokratie und Monarchie, (de leg. 4. 712 D.) mit dem Polybios übereinstimmt. (Polyb. 6. 3. 5 ff.; 6. 10.) War es nur zu leicht, dass eine derartige politische Litteratur, je nachdem sie den Gesammtcharakter der spartanischen Verfassung auffasste, auch die Bedeutung der einzelnen Institutionen in diesem Sinne modelte, so war doch auch der Einfluss auf die Gesammtauffassung des spartanischen Staatslebens selbst in der Ueberlieferung ein höchst verderblicher. Jede Verfassung ist überall und zu allen Zeiten das Product einer längern Entwicklung und mehr oder weniger erbittert geführter Parteikämpfe. Wenn man aber in jenen Tagen die spartanische Verfassung als eine Musterverfassung hinstellte, so ge-

schah das doch hauptsächlich mit deswegen, weil dieselbe
gegenüber der politischen Zerfahrenheit in den andern hellenischen Staaten dem auswärtigen Beobachter das Bild einer
langjährigen Stetigkeit darbot. Die Parteikämpfe, welche
auch die Entwicklung dieser Verfassung beeinflusst hatten,
waren in Wahrheit unbekannt oder wurden stillschweigend
übergangen; die einzelnen Institutionen, welche sich erst im
Laufe der Zeit gebildet hatten, wurden als fertige Schöpfungen auf die älteste Zeit zurückdatiert. In diesem Sinne stellte
man den Lykurgos an den Anfang und an das Ende der spartanischen Verfassungsentwicklung und liess vor ihm die Anomia, nach seiner Gesetzgebung die Eunomia in Sparta herrschen. Jede spartanische Institution, aus welcher Zeit sie
immer stammen mochte, galt fortan für eine lykurgische,
eine Auffassung, bei der selbstverständlich von einer geschichtlichen Genesis der spartanischen Verfassung nicht die Rede
sein konnte. Bereits in einem Fragmente des Herakleides,
des Schülers des Aristoteles, wird auf eine derartige Auffassung hingewiesen, indem derselbe bemerkt, τὴν Λακεδαιμονίων πολιτείαν τινὲς Λυκούργῳ προσάπτουσι πᾶσαν. (Müller
2. p. 210.)
Die erste zusammenhängende Darstellung der spartanischen Verfassung in der griechischen Litteratur war das Buch
des Kritias Λακεδαιμονίων πολιτεία. (Müller fr. hist. Gr. 2.
68 ff.) Von dem Buche selbst können wir uns allerdings aus
den sehr dürftigen Fragmenten kein auch nur annäherndes
Bild entwerfen. Jedoch wird es kaum einem Zweifel unterliegen, dass Kritias, das Haupt der 30 Tyrannen, die spartanische Verfassung als Musterverfassung einer Aristokratie
hinstellte und in diesem Sinne seine Darstellung färbte.
Xenophons Λακεδαιμονίων πολιτεία beschäftigt sich weniger mit den politischen Institutionen des spartanischen Staates, als mit der Erziehung, der Lebensweise, den Kriegseinrichtungen desselben, welche allerdings hier in einem engen Zusammenhange mit jenen stehen. Die Gerusia wird
durch einige Phrasen durchaus ungenügend behandelt, (10. 1 ff.)
während dagegen die Rechte des Königthums genauer erörtert
werden. (13, 15.) Alle sonstigen politischen Institutionen
werden, wenn wir etwa noch die Ephorie ausnehmen, (8. 3 ff.)

mit Stillschweigen übergangen. Uebrigens betrachtet auch
Xenophon die spartanische Verfassung als eine Musterverfassung. Wie die lykurgischen Einrichtungen in ihrer Verschiedenheit mit besondrer Betonung den übrigen hellenischen
Staaten entgegengesetzt werden, (vergl. 1. 2; 1. 10; 2. 13;
3. 1; 3. 7; 10. 8.) so zeichnen sich auch die Spartaner selbst
durch ihre Tugend vor den übrigen Hellenen aus. (10. 4.)
Nach Xenophon hat Lykurgos seine Reformen in Uebereinstimmung mit den Vornehmen Spartas durchgeführt. (8. 1;
8. 5.) Ebenso ist auch die Ephorie eine Einrichtung der
Vornehmen, deren Einsetzung durch sittliche Gründe motiviert wird. (8. 3 ff.) Uebrigens erkannte bereits Xenophon
das Missverhältniss zwischen den spartanischen Einrichtungen
seiner Zeit und den lykurgischen, und er erklärt deshalb,
dass die lykurgischen Gesetze zu seiner Zeit sich nicht mehr
in ihrer ursprünglichen Reinheit erhalten hätten. (14.)

Unmittelbar nach Xenophon tritt uns in der Litteratur
eine neue Darstellung der Lebensgeschichte des Lykurgos entgegen und zwar, nach den uns vorliegenden Quellen zu urtheilen, zuerst bei Aristoteles und Ephoros. Die genauere
Darstellung der spartanischen Verfassung durch Aristoteles
ist uns allerdings mit dem grossen Werke desselben über die
hellenischen Staatsverfassungen bis auf wenige Fragmente
verloren gegangen, und wir sind deshalb im wesentlichen
auf seine Beurtheilung derselben in der Politik beschränkt.
Aus vereinzelten Notizen in derselben über das Leben des
Lykurgos ergiebt sich Folgendes: Lykurgos war selbst nicht
König, (p. 165. 1. Bekker.) sondern der Vormund des Charilaos. Diese Vormundschaft gab er jedoch auf und ging auf
Reisen, bei denen er die längste Zeit in Kreta zubrachte.
(50. 24 ff.) Bei seiner Rückkehr nach Sparta — denn dieses
wird man nach p. 231. 21. und aus den sogenannten Fragmenten des Herakleides (Müller fr. hist. Gr. 2. 210.) als die
Angaben des Aristoteles betrachten dürfen — fand er das
königliche Regiment des Charilaos in eine Tyrannis ausgear-
tet und gab deshalb den Spartanern eine neue Verfassung,
durch welche eine Aristokratie hergestellt wurde. Zugleich
wurde Lykurgos mit Iphitos der Begründer der olympischen Ekecheiria, eine Angabe, welche Aristoteles durch

den sogenannten Diskos des Iphitos, den wir bereits oben
behandelt haben, begründete. (Plut. Lyc. 1.) Uebrigens hielt
Aristoteles die Ehren, welche Lykurgos in Sparta genoss,
seinen Verdiensten um die Neugründung des Staates durchaus nicht entsprechend. (Plut. Lyc. 31.) Bei den soeben angeführten Angaben des Aristoteles ist es wahrscheinlich, dass
derselbe entsprechend der spätern Tradition Lykurgos für
einen Sohn des Eunomos hielt.

Aehnlich, allerdings noch etwas weitläuftiger, ist der
Bericht des Ephoros, der uns bei Strabon (480.) erhalten ist.
Ephoros, der gleichfalls von dem Vorhandensein eines Tempels des Lykurg in Sparta wusste, (Strab. 366.) führte die
Einrichtung der spartanischen Verfassung auf Lykurgos zurück.
Was zunächst das Zeitalter des Lykurgos betrifft, so berichtet Ephoros über dasselbe, wie folgt: *Λυκοῦργον δ' ὁμολογεῖσθαι παρὰ πάντων ἕκτον ἀπὸ Προκλέους γεγονέναι.* (Strab.
481.) Nachher führt Ephoros weiter an, dass Lykurgos der
jüngere Bruder des Polydektes gewesen sei. (Strab. 482.)
Darnach müsste also Polydektes in der Reihenfolge der spartanischen Könige gleichfalls, von Prokles an gerechnet, der
sechste gewesen sein. Eine derartige Berechnung ist aber
nur dann möglich, wenn wir den bei Herodot (8. 131.) noch
fehlenden König Soos mitzählen. Nun ergiebt sich aber aus
einer Stelle bei Strabon, auf die wir bereits früher hingewiesen haben, (Strab. 366.) dass Ephoros den König Soos
noch nicht kannte. Wir dürfen deshalb aus der oben citierten Stelle die beiden Schlüsse ziehen, dass erstens Ephoros
in jenem bei Strabon erhaltenen Bericht nicht seine eigne
Ansicht giebt, und dass zweitens zur Zeit des Ephoros oder
kurz vor ihm der König Soos in die spartanische Königsreihe
eingeschoben ist. Die Quelle, aus welcher Ephoros diese
Angabe entlehnte, scheint eine kretische gewesen zu sein.
Denn die in dem Folgenden auch von uns gegebene ephorische Erzählung von den Lebensschicksalen des Lykurgos war
kretischen Ursprungs, wie in der Einleitung derselben (Strab.
482. 19.) ausdrücklich gesagt wird: *λέγεσθαι δ' ὑπὸ τῶν
Κρητῶν ὡς καὶ παρ' αὐτοὺς ἀφίκοιτο Λυκοῦργος κατὰ τοιαύ-
την αἰτίαν.* Nun ist aber höchst wahrscheinlich auch die
Strab. 481. 18. gegebene Genealogie des Lykurgos aus der-

selben Quelle geflossen. Dafür spricht seine Datierung nach
dem Althaimenes, dem Archegeten der kretischen Gründung;
dann ist aber auch ein so schneller Wechsel der Quellen,
wie für Strab. 481. 482. angenommen werden müsste, kaum
denkbar. Das *Λυκοῦργον δ᾽ ὁμολογεῖσθαι παρὰ πάντων ἕκτον ἀπὸ Προκλέους γεγονέναι* scheint dann aber auch nicht
auf eine schon damals weitverbreitete Ansicht der Litteratur
zu deuten, sondern scheint sich auf die Gesammtauffassung
der Kreter zu beziehen. Der weitere Bericht des Ephoros
über die Geschichte des Lykurgos nach kretischer Quelle lautet dann, wie folgt: Polydektes hinterliess bei seinem Tode
eine schwangere Witwe. Lykurgos regierte demgemäss, bis
die verwitwete Königin einen Sohn gebar, dann übernahm er
für denselben die Vormundschaft. Als man ihn aber während
derselben verleumdete, er strebe selbst nach der Herrschaft,
so verliess er Sparta und begab sich nach Kreta, von wo er
auch verschiedene Einrichtungen nach Sparta übertrug. Als
Charilaos selbständig die Regierung angetreten hatte, kehrte
Lykurgos nach Sparta heim. Er wandte sich darauf nach
Delphoi, um von dort für seine Gesetzgebung die Anordnungen zu erhalten.

Ich glaube kaum, dass man die Erfindung dieses neuen
Berichtes, in dem Lykurgos als Eurypontide erscheint, über
das Jahrhundert des Aristoteles und Ephoros hinaufrücken
darf. Allerdings wird eine derartige Genealogie von Plutarch
(Lyc. 1.) bereits dem Dichter Simonides zugeschrieben. Der
Zusatz ὁ ποιητὴς bei Plutarch, der sich übrigens bei Plat.
schol. 419. Bekker. nicht findet, soll gewiss nicht Simonides
von Keos bezeichnen. Höchstens könnte der Enkel desselben
Simonides gemeint sein, der nach Suidas (s. v.) γενεαλογίαν
ἐν βιβλίοις γ verfasst haben soll. Da es jedoch wahrscheinlich ist, dass sich ein derartiges Buch mit Götter-, nicht mit
Menschengenealogien beschäftigt hat, wie dafür denn auch
die zwei dürftigen Fragmente zeugen, (Müller, fr. hist. Gr.
2. 42.) und da noch Xenophon, welcher doch gewiss die einheimische Ueberlieferung Spartas kannte, Lykurgos zu einem
Zeitgenossen der Herakliden machte, so erscheint es mir
wahrscheinlich, dass jener Simonides ein späterer Schriftsteller war, vielleicht einer von den Männern gleichen Namens,

die bei Müller (a. a. O.) erwähnt werden. Der Bericht des
Simonides über Lykurgos hatte die beiden Eigenthümlichkei-
ten, dass erstens derselbe zu einem Könige Spartas gemacht,
und ihm eine 18jährige Regierungszeit gegeben wurde, und
dass zweitens Lykurgos nicht ein Sohn, sondern ein Bruder
des Eunomos und der Oheim und Vormund des Charilaos
genannt wird, so dass also Polydektes in dieser Namenreihe
gänzlich fehlte.

Noch eine andre Tradition finden wir bei Dionysios von
Halikarnass, welcher Lykurgos zum Vormund des Eunomos
macht, (2. 49.) wodurch derselbe zu einem Sohn des Eurypon
wird. Die spätere gewöhnliche Ueberlieferung, als deren Gewährsmann Plutarch (Lyc. 1.) den Dieutychidas anführt, —
Müller (fr. hist. Gr. 4. 388.) nennt Dieuchidas als Verfasser von Megarika — machte Lykurgos zum Vormund
und Oheim des Charilaos und dem entsprechend auch nach
der bei Herodot erhaltenen Genealogie zum Sohn des Eunomos
und zum Bruder des Polydektes.

Später scheint diese Genealogie des Lykurgos auch in
Sparta die allgemein übliche gewesen zu sein. Pausanias
wenigstens, dessen Angaben, wie wir bereits oben be-
merkten, wahrscheinlich auf die spartanischen Exegeten
zurückgehen, führt die ältere Ueberlieferung nur als dem
Herodot eigenthümlich an, (Paus. 3. 2. 3.) während er selbst
die Gesetzgebung des Lykurgos unter der Regierung des Agesilaos anführt, (3. 2. 4.) eine Angabe, mit der wieder Plutarch (Lyc. 5.) nicht übereinstimmt, welcher sie in die Regierungszeit des Archelaos setzt.

Auch hinsichtlich der Herleitung der lykurgischen Gesetze hat sich in der spätern Zeit eine doppelte Tradition
geltend gemacht. Während die ältere einheimische Ueberlieferung nur von einem kretischen Ursprunge der lykurgischen
Gesetze wusste, (Her. 1. 65.) wurden sie in der spätern Zeit
von einer andern Seite auch auf das pythische Orakel zurückgeführt, (Paus. 3. 2. 4.) eine Ansicht, die sich zur Zeit Herodots nur einer sehr bescheidenen Anerkennung zu erfreuen
hatte. (Her. 1. 65.) Nach der ältern Ueberlieferung holte
Lykurgos nur die Sanction des pythischen Orakels für seine
Verfassungsreform ein; nach Polybios (10. 2. 8. ff.) stellte

er dieselbe als Ausfluss der Pythia dar, um die Menge so
leichter zur Annahme derselben zu bewegen; nach Pausanias
(a. a. St.) endlich wurde er wirklich von dem delphischen
Orakel über dieselbe belehrt. Für die Entstehung dieses
pythischen Einflusses in der Ueberlieferung ist es interessant
die Verbindung zu beachten, in welcher dieser Bericht zuerst in der Tradition erscheint. Wenn wir die „einigen" unbekannten Schriftsteller bei Herodot (1. 65.) ausnehmen, so
sind es Platon, Aristoteles und Ephoros welche zuerst diesen
pythischen Ursprung der lykurgischen Gesetze betont haben.
Nun erscheint aber bei Ephoros sowohl, wie bei Aristoteles
diese Angabe in Verbindung mit einer Notiz über den Ursprung der kretischen Gesetze. (Ephor. b. Strab. 482. 19.
Clem. Alex. Strom. 1. p. 152. Sylb.) Wie Minos von Zeus
die kretischen Gesetze empfing, so Lykurgos die seinigen von
dem pythischen Apollon. Glaubten wir schon die ephorische
Erzählung über Lykurgos auf eine kretische Quelle zurückführen zu müssen, so scheint das auch nach der Verbindung
zu urtheilen, in welcher diese Angabe in der Litteratur zuerst auftritt, von der Betonung des pythischen Einflusses bei
der lykurgischen Gesetzgebung gesagt werden zu müssen.
Vielleicht ist hierbei der Einfluss, den Kreta auf Delphoi geübt hat, nicht ohne Bedeutung gewesen. Den pythischen
Einfluss hat man dann später in Angaben der Tradition hineingetragen, die ursprünglich davon gar nichts wussten. So
erscheint der Spruch, mit dem die Pythia den Lykurgos in
Delphoi begrüsst, in seiner ursprünglichen Fassung bei Herodot (1. 65.) in einer ganz andern Form als bei Plutarch
(Lyc. 5.) Während bei Herodot die Pythia den Lykurgos nur
als einen gottgeliebten und gottähnlichen Mann begrüsst, verspricht sie ihm ausserdem noch bei Plutarch im Namen des
Gottes eine Verfassung, welche von allen die beste sein werde. Mir scheint auch das ein deutlicher Beweis zu sein, wie
sich der Bericht von dem pythischen Einfluss bei der lykurgischen Gesetzgebung erst allmählich in der Ueberlieferung
geltend gemacht hat.

War nach der Angabe des Aristoteles (Plut. Lyc. 31.)
die Verehrung des Lykurgos in Sparta seinen Verdiensten um
seine Vaterstadt nicht entsprechend, — einen Tempel des Ly-

kurgos in Sparta kennt bereits Herodot (1. 66.) und Ephoros
(Str. 366.) — so scheint dagegen in der spätern Zeit seine
Verehrung allgemein gewesen zu sein. Ausser seinem Tempel,
der auch noch bei Plutarch (Lyc. 31.) und Pausanias (3. 16.
6.) erwähnt wird, fand sich in Sparta ein Grabmal seines
Sohnes Eukosmos (Paus. a. a. St.) und ausserdem noch eine
Bildsäule des Lykurgos am Platanistas. (Paus. 3. 14. 8.)
Man feierte an bestimmten Tagen besondere Zusammenkünfte
zu Ehren des Lykurgos, und diese Tage, an denen man sich
versammelte, wurden Lykurgides genannt. (Plut. Lyc. 31.)
Diese Angaben Plutarchs scheinen sich auf die spätere Zeit
zu beziehen; wenigstens tritt uns auch in den spätern lakonischen Inschriften eine Verehrung des Lykurgos entgegen.
So wird ein σύνδικος θεοῦ Λυκούργου, (C. inscr. Gr. 1256.)
ein ἐπιμελητὴς θεοῦ Λυκούργου, (1341. vergl. 1362.) ein
ἐξηγητὴς τῶν Λυκουργείων (1364b.) erwähnt; so werden einzelne Spartaner gepriesen in verstümmelten Inschriften wegen
ihrer (περὶ τὰ) Λυκούργεια ἔθη (πρ)οστασίας (1342) und
ἕνεκεν καὶ τῆς ἐν τοῖς πα(τ)ρίοις Λυκουργείοις ἔθεσιν . . .
(1350.) Uebrigens war eine abwärts laufende Genealogie des
Lykurgos nicht vorhanden. Sein einziger hinterbliebener Sohn
Autioros starb kinderlos, und mit ihm erlosch dieser Zweig
der Herakliden. (Plut. Lyc. 31).

Nachdem wir so den Gang der spätern Tradition über
Lykurg in kurzen Zügen gegeben haben, wenden wir uns
wieder zu den weitern schriftstellerischen Darstellungen der
spartanischen Verfassung. Eine Behandlung der spartanischen Verfassung von Thibron lernen wir aus Aristoteles' Politik kennen. Dieser sowohl, wie auch die andern, welche
über die spartanische Verfassung schrieben, legten ein besonderes Gewicht darauf, dass Lykurgos durch Uebung in
den Gefahren die Spartaner fähig gemacht habe, über viele
zu herrschen. (Aristot. pol. 121. 3. ff.)

Aristoteles' Darstellung der spartanischen Verfassung ist
uns, wie bereits bemerkt, zum grössten Schaden unsrer Kenntniss spartanischer Zustände verloren gegangen. In der Kritik der spartanischen Verfassung, inwieweit dieselbe dem Ideale einer Musterverfassung entspreche, in seiner Politik (pol.
44. ff.) geht Aristoteles von den vorhandenen Zuständen sei-

ner Zeit aus. Es wird demgemäss mancher Tadel gegen einzelne spartanische Einrichtungen und den Gesetzgeber ausgesprochen, welche nicht in ihrer Ursprünglichkeit, sondern
erst in ihrer Entartung in der Zeit des Aristoteles denselben verdienten. Die einzelnen Angaben werden wir im Ver-
laufe dieser Untersuchungen zu erörtern haben.

Wie die peripatetische Schule eine selbständige geistige
Thätigkeit eigentlich nur auf dem empirischen Gebiete entwickelte, so hat sie sich auch auf dem Gebiete der Littera-
tur- und Verfassungsgeschichte einige Verdienste erworben.
Die beiden Schüler des Aristoteles, die uns hier zunächt an-
gehen, waren Herakleides Pontikos und Dikaearch von Messana. Der erstere, obgleich die Forschung über die Bedeutung seiner Fragmente sich noch nicht in einer vollständigen
Uebereinstimmung befindet, (vergl. Welcker, kl. Schr. 1. 451.
ff. Müller fr. hist. Gr. 2. 202. ff.) scheint seine Darstellung
der spartanischen Verfassung wesentlich nach aristotelischer
Auffassung gegeben zu haben, wie wir das weiter unten näher ausführen werden. Die Fragmente selbst, welche uns erhalten sind (Müller 2. 210.), sind höchst dürftiger Natur.
Das Buch des Dikaearch von Messana πολιτεία Σπαρτιατῶν,
von dem wir Fragmente gar nicht besitzen, und das Müller
(fr. hist. Gr. 2. 241. fr. 21.) als Theil des Tripolitikos betrachtet wissen will, genoss nach der Angabe des Suidas
(Δικαίαρχος) in Sparta eine besondere Auctorität. Dasselbe
wurde alljährlich in dem Amtslocale der Ephoren den Jüng-
lingen vorgelesen. Auch von einem Schüler des Isokrates,
der ja überhaupt, wie wir an den Beispielen des Ephoros und
Theopompos sehen, seine Schüler zum Studium der Geschichte
angeregt hat, erfahren wir, dass er über die spartanische
Verfassung gehandelt hat. Dioskorides nämlich schrieb eine
Λακωνική πολιτεία, von der wir jedoch nur wenige dürftige
Fragmente besitzen. (Müller, fr. hist. Gr. 2. 192.)

Andre litterarische Behandlungen der spartanischen Verfassung aus jener spätern Zeit gab es von Proxenos, einem
Zeitgenossen des Pyrrhos, (Müller 2. 461. 463.) von Persaeos
einem Zeitgenossen des Antigonos Gonatas, (Müller 2. 623.)
von Hippasos, (Müller, 4. 430.) Molpis, (Müller 4. 453.) Ni-
kokles, (4. 464.) Pausanias, (4. 467.) Polykrates, (4. 480.)

Nikomedes (4. 465.) und Phaestos, (4. 472.) deren Autorschaft übrigens als zweifelhaft gelten darf, von Aristokrates,
einem Schriftsteller des ersten oder zweiten Jahrhunderts v.
Chr. (4. 332.) Die Erwähnung aller dieser Schriftsteller und
die Erhaltung weniger meist ganz unbedeutender Fragmente
verdanken wir meistens dem Athenaeos, insoweit dieselben
über einzelne Seiten der Syssitien gehandelt haben.

Durften wir also in der Litteratur über die spartanische
Staatsverfassung eine Entwerthung der Ueberlieferung durch
die philosophischen und politischen Erörterungen, welche sich
an die Darstellung derselben anschlossen, annehmen, so tritt mit
den Reformversuchen des Agis und Kleomenes ein neues Moment in der Verwirrung der Tradition hervor. Bereits Grote
in seiner griechischen Geschichte hat auf diesen Umstand
hingewiesen, indem er sich gegen die bei Plutarch überlieferte Landtheilung des Lykurgos wendet, die er als eine
Rückspiegelung der von Agis geplanten Landtheilung betrachtet. (Grote, Gesch. Griechenl. übers. v. Meissner 1. p. 709. ff.)
Die Uebertragung eines derartigen historischen Versuches der
Gegenwart auf das Zeitalter des Lykurgos führt Grote auf
die wahrscheinliche Urheberschaft des Sphairos von Borysthenes zurück. Mir scheint eine Untersuchung, welche hier zu
einem irgendwie gesicherten Resultate gelangen will, von einer genauen Quellenanalyse des Plutarch ausgehen zu müssen.
Jedenfalls aber scheint mir die Annahme Grotes, wie ich bei
der Betrachtung des Lykurgos des Plutarch nachzuweisen versuchen werde, zu weit zu gehen. Dagegen bin ich gern bereit, wie ich weiter unten entwickeln werde, die zweite Möglichkeit, welche Grote zugiebt, die Verdrehung und Ueber-
treibung einer kleinen Thatsache (1. 712.) als Ursache der
dem Lykurgos zugeschriebenen Landtheilung anzunehmen.
Anderntheils aber hat der Versuch der Erneuerung der altspartanischen Einrichtungen in dem Zeitalter des Agis und
Kleomenes die Folge gehabt, dass man die damals auf einmal
wieder hergestellten Institutionen auch für die ältere Zeit als
das einmalige Werk e i n e s Gesetzgebers darstellte. So wurde
auch durch diesen Umstand die bereits oben erörterte Tendenz die lykurgische Gesetzgebung als den Anfang und das
Ende der spartanischen Verfassungsentwicklung darzustellen,

von neuem gekräftigt. Dass auch in dieser Richtung die Werke des Sphairos von Borysthenes, des Zeitgenossen und Freundes des Kleomenes, mitgewirkt haben, kann wohl keinem Zweifel unterworfen sein. Seine beiden Bücher περὶ Λακωνικῆς πολιτείας und περὶ Λυκούργου καὶ Σωκράτους βιβλία τρία (Müller, hist. Gr. fr. 3. 20.) sind ohne Zweifel auch in der Biographie des Lykurgos von Plutarch — ob direct oder indirect kann fraglich erscheinen — benutzt worden, nur darf man den Einfluss derselben auf die plutarchische Darstellung nicht zu weit ausdehnen.

Für uns sind, wie bereits oben bemerkt, die früher besprochenen Werke über die spartanische Verfassung verloren gegangen, so dass wir von einer Anzahl derselben nur einen Niederschlag in der plutarchischen Biographie des Lykurgos besitzen, auf die wir jetzt näher einzugehen haben.

Bevor wir jedoch selbst eine Quellenanalyse von Plutarchs Lykurgos vorzunehmen versuchen, wird es nöthig sein, auf den nach unsrer Ansicht allerdings durchaus verfehlten Versuch Peters hinzuweisen, der Phylarch als Quelle Plutarchs angenommen hat. Die Gründe, welche Peter für diese Annahme anführt, sind, wenn man sie genauer betrachtet, ganz gewiss keine. (N. Rh. M. 22. p. 78 ff.) Zunächst soll die Plut. Lyc. 4. erwähnte Ansicht der Aegyptier, Lykurgos sei auch zu ihnen gekommen und habe von ihnen einzelne Einrichtungen entlehnt, auf Phylarch als Quelle hinweisen, der ja selbst entweder in Naukratis geboren ist oder doch wenigstens längere Zeit in Aegypten verweilt hat. Wir werden weiter unten sehen, dass Hermippos, ein Schüler des Kallimachos, ebensogut, wie Phylarchos, die Quelle dieses Berichtes sein kann. Die Annahme Peters, Polybios (6. 45.) habe aus Phylarch geschöpft, und die Uebereinstimmung desselben in Beziehung auf die Gütertheilung mit Plutarch deute auch für diesen auf eine gleiche Quelle, darf nach den Ausführungen von Wachsmuth (Gött. gel. Anz. 1870. p. 1814. ff.) als erledigt betrachtet werden. Endlich soll Phylarch überhaupt spartanische Zustände behandelt haben und deshalb auch der lykurgischen Gesetzgebung eine längere Digression gewidmet haben können. Zum Beweise dafür führt Peter das Fragment über die Mothakes an, (Müller, fr. hist. Gr. 1. 347., fr. 44.

= Ath. C. p. 271. E.) welches für eine genauere Behandlung auch der lykurgischen Reformen durch Phylarch zeugen soll.

Nun steht aber dieser Bericht in einem so genauen Zusammenhange mit den Reformen des Agis, — derselbe completierte durch die Mothakes bekanntlich die spartanische Bürgerschaft (Plut. Ag. 8.) — dass die Erwähnung derselben bei Phylarch in der Erzählung dieser Reformen ganz selbstverständlich ist. Ebenso weist auch das zweite Fragment über spartanische Zustände (Müller, 1. 346. fr. 43. = Ath. 4. p. 141. F.) entschieden auf die Beziehung zu den Reformen des Kleomenes hin, nämlich die Schilderung des Luxus der Syssitien vor denselben. Nach dem Gesagten glaube ich behaupten zu dürfen, dass ein Beweis für Phylarch als Quelle des Plutarch im Lykurgos wenigstens in der Ausdehnung, wie Peter will, nicht erbracht ist.

Wenden wir uns nun selbst zu einer Betrachtung der plutarchischen Lebensbeschreibung! Die erste Untersuchung wird sich darauf zu richten haben, ob Plutarch im Lykurgos nur fremden Schriftstellern gefolgt ist, oder ob sich eine gewisse Selbständigkeit in seinen Angaben nachweisen lässt. Blos nach dem Wortlaute zu urtheilen würde sich dasselbe allerdings als wahrscheinlich ergeben. Plutarch erwähnt selbst für die spartanische Geschichte von einheimischen Quellen, die er benutzt hat, die παλαιόταται ἀναγραφαί, d. s. die Orakelsammlungen der Pythier, (adv. Colot. 17. vgl. Lyc. 5.) und die ἀναγραφαὶ Λακωνικαί, wahrscheinlich Geschlechtsregister der spartanischen Könige. (Ages. 19.) Dann will Plutarch ferner, nach seinen Worten zu urtheilen, in Sparta selbst Beobachtungen gemacht haben. Er sah dort die Lanze des Agesilaos, welche bis auf seine Zeit erhalten war. (Ages. 19.) Er berichtigt uns, dass noch zu seiner Zeit ein Kallikrates, ein Nachkomme des Antikrates, welcher den Epaminondas tödtete, als die in seinem Geschlechte erbliche Ehrenbezeugung die Atelie genoss, (Ages. 35.) dass der Knakion von den Spartanern jetzt Oinus genannt werde, (Lyc. 6.) dass er noch selbst Jünglinge an dem Altare der Artemis Orthia unter den Geiselhieben habe sterben sehen, (Lyc. 18.) dass noch zu seiner Zeit einige spartanische Gesänge vorhanden seien, (Lyc. 21.) dass Lykurgos in Sparta einen Tempel habe. (Lyc. 31.) Ein scheinbar eignes Urtheil spricht Plutarch, um nur einige Beispiele anzuführen, aus Lyc. 5. ἐμοὶ δὲ δοκεῖ κ. τ. λ., 28. οὐ γὰρ ἂν ἔγωγε προσθείην κ. τ. λ. 30. ὅθεν ἔγωγε θαυμάζω κ. τ. λ. Auch die eingestreuten Anecdoten sehen aus, als ob sie das litterarische Eigenthum des Plutarch wären. Wir werden nicht irren, wenn wir diese Anecdoten auf eine mündliche Ueberlieferuug der Spartaner zurückführen. So heisst es Lyc. 22 : die Spartaner liessen von dem Jünglingsalter an ihre Haare wachsen, ἀπομνημονεύοντές τινα καὶ Λυκούργου λόγον περὶ τῆς κόμης, worauf das betreffende Apophthegma des Lykurgos folgt. Hier tritt die mündliche Ueberlieferung dieser Apophthegmata in Sparta deutlich hervor. So gab es auch in Sparta eine Briefsammlung des Lykurgos, in welcher derartige Aussprüche desselben aufbewahrt wurden. (Lyc. 19.) Demgemäss dürfen wir, wie ich glaube, die Lyc. 5. 7. 8. 13. 14. 15. 19. 20. 22. 25. angeführten Apophthegmata als auf die mündliche Ueberlieferung der Spartaner zurückgehend betrachten. Trotzdem wird aber an eine Selbständigkeit des Plutarch bei der Darstellung der spartanischen Verfassung nicht gedacht werden können. Bei dem jetzigen Stande der Quellenforschung des Plutarch wird man es vielmehr als gesichert annehmen dürfen, dass selbst Ausdrücke, wie die obigen, die eine Selbständigkeit Plutarchs zu verrathen scheinen, aus einer seiner Quellen von Plutarch wörtlich übernommen sind. (Vgl. Rose, Aristot. pseudepigr. p. 712. n.)

Wenden wir uns nun zu diesen Quellen des Plutarch selbst! Von denjenigen Schriftstellern, welche bei Plutarch angeführt werden, haben eingehender über Lykurgos, über spartanische Alterthümer oder spartanische Geschichte gehandelt Aristoteles, (Lyc. 1. 5. 14. 28. 31.) Xenophon, (Lyc. 1.) Kritias, (Lyc. 9.) Dioskorides, (Lyc. 11.) Sosibios, (Lyc. 25.) Aristoxenos von Tarent, der in seinen βίοι ἀνδρῶν (Müller, fr. hist. Gr. 2. 273.) wahrscheinlich auch das Leben des Lykurgos behandelt hat, (Lyc. 31.) Aristokrates, der im zweiten oder ersten Jahrhundert v. Chr. geschrieben hat, (Müller, 4. 332. Lyc. 4. 31.) Sphairos von Borysthenes, (Lyc. 5. vergl. Cleom. 2. Müller 3. 20.) Hermippos (Lyc. 5. 23.) und endlich Platon, wenn wir denselben überhaupt erwähnen

wollen. (Lyc. 5. 7. 28. 31.) Wie, so fragen wir weiter, hat
sich nun Plutarch diesen Quellen gegenüber verhalten? Zuerst erklärt er uns gleich mit den ersten Worten seiner Biographie, dass über Lykurgos nichts unbestritten sei, — περὶ
Λυκούργου τοῦ νομοθέτου καθόλου μὲν οὐδὲν ἔστι εἰπεῖν
ἀναμφισβήτητον Lyc. 1. — und giebt uns dann in dem Verlauf des ersten Capitels an, wie er sich diesen verschiedenen
Angaben gegenüber verhalten will: οὐ μὴν ἀλλὰ, καίπερ οὕτως πεπλανημένης τῆς ἱστορίας, πειρασόμεθα τοῖς βραχυτά-
τας ἔχουσιν ἀντιλογίας ἢ γνωριμωτάτους μάρτυρας ἑπόμενοι
τῶν γεγραμμένων περὶ τοῦ ἀνδρὸς ἀποδοῦναι τὴν διήγησιν.
Plutarch will also in der Erzählung über Lykurgos denjenigen Quellen folgen, welche erstens die kleinsten Widersprü-
che enthalten und zweitens die glaubwürdigsten Zeugen benutzt haben. Das letztere konnte Plutarch aber nur dann
beurtheilen, wenn seine Quellen ihre Zeugen namhaft machten. Wenn wir Lyc. 23. einen Satz mit den Worten καίτοι
φασί τινες, ὡς Ἕρμιππος μηημονεύει κ. τ. λ. anfangend finden, so sehen wir deutlich, dass Hermippos zu denjenigen
Quellen des Plutarch gehörte, die ihre Zeugen namhaft gemacht hatten, dass also eine eingehende Benutzung des Hermippos durch Plutarch angenommen werden muss. Für die
Gewohnheit des Hermippos, seine Quellen namhaft zu machen, wie auch für die Benutzung desselben durch Plutarch,
sprechen auch einige Stellen in Plutarchs Solon. So heisst
es Sol. 6. ταῦτα μὲν οὖν Ἕρμιππος ἱστορεῖν φησι Πάταιχον
κ. τ. λ. und Sol. 11. ὡς λέγειν φησὶν Ἕρμιππος Εὔανθη τὸν
Σάμιον κ. τ. λ., und auch Sol. 2. wird Hermippos citiert,
ὡς φησιν Ἕρμιππος. Hermippos aus Smyrna (vergl. Nitzsche
im N. Rh. M. 24. p. 188. ff.) war ein Schüler des Kallimachos und schrieb bald nach 204. Sein Werk, welches im
Anschluss an die πίνακες des Kallimachos abgefasst war, hiess
βίοι τῶν ἐν παιδείᾳ διαλαμψάντων und zerfiel in 5 Haupt-
abschnitte βίοι τῶν ποιητῶν, τῶν ῥητόρων, τῶν ἱστορικῶν,
τῶν Μάγων, a. τῶν σοφῶν, b. τῶν φιλοσόφων, τῶν παντο-
δαπῶν συγγραφέων. In den letzten Abschnitt gehörte auch
die Lebensbeschreibung des Lykurgos. Was nun zunächst den
allgemeinen Charakter dieser Schrift betrifft, so ist es wahrscheinlich, dass Hermippos, da er eine Lebensbeschreibung

des Lykurgos, keine Darstellung der spartanischen Verfassung geben wollte, das Hauptgewicht bei seiner Behandlung auf die persönlichen Lebensschicksale des Lykurgos gelegt hat. Als Quellen hierfür konnte er der Zeit nach von den bei Plutarch erwähnten und oben citierten Schriftstellern benutzen Aristoteles, — Xenophon bietet nichts über Lykurgos — Kritias, wenn derselbe überhaupt über Lykurgos gehandelt hat, Dioskorides, einen Schüler des Isokrates, (vergl. Müller, fr. hist. Gr. 2. 192.) Aristoxenos von Tarent, einen Schüler des Aristoteles, Sphairos von Borysthenes, der sein Werk περὶ Λυκούργου καὶ Σωκράτους βιβλία τρία wahrscheinlich während der Reformversuche des Kleomenes schrieb. Endlich dürfen wir vielleicht auch noch den Apollothemis mitzählen, von dem wir sonst übrigent gar nichts wissen. (Lyc. 31.) Platon dagegen bot nichts über Lykurgos, und Aristokrates kann der Zeit nach (vergl. Müller, fr. hist. Gr. 4. 332.) nicht wohl von Hermippos benutzt sein. Es sind also Aristoteles, Sphairos, Aristoxenos, Dioskorides, die hier hauptsächlich in Betracht kommen. Nun scheint aber Dioskorides von Plutarch selbständig ohne die Vermittlung des Hermippos benutzt zu sein. Dafür scheint sowohl die genaue Erwähnung Lyc. 11. ὧν καὶ Διοσκορίδης ἐστὶν ὁ συντεταγμένος τὴν Λακωνικὴν πολιτείαν, wie auch die Citierung desselben in einer andern Biographie des Plutarch Agesil. 35. ὡς Διοσκουρίδης ἱστόρηκε zu zeugen. Es bleiben also für Hermippos Aristoteles, Aristoxenos, Sphairos und vielleicht Apollothemis.

Werfen wir jetzt, um ein weiteres Moment für die ausgiebige Benutzung des Hermippos durch Plutarch zu gewinnen, einen Blick auf Lyc. 5. Dort wird die Durchführung der lykurgischen Verfassungsänderung geschildert und es wird darauf hingewiesen, wie Lykurgos dabei von 30 Vornehmen unterstützt worden sei. Diese Mithelfer des Lykurgos werden dann in einen Zusammenhang mit den Geronten gebracht und dabei wird auf das Missverhältniss zwischen den 30 Helfern und den 28 Geronten hingewiesen, und überhaupt eine Erklärung der Zahl 28 versucht. Aristoteles nahm nach dieser Stelle an, dass von den 30 Genossen des Lykurgos zwei demselben untreu geworden seien, und deshalb die Zahl der

Geronten nur 28 betrage. Sphairos dagegen meinte, es seien überhaupt nur 28 Helfer des Lykurgos gewesen, die dann Geronten wurden. Dann wird an jener Stelle fortgefahren: εἴη δ᾿ ἄν τι καὶ τὸ τοῦ ἀριθμοῦ δι᾿ ἑβδομάδος τετράδι πολλαπλασιασθείσης ἀποτελούμενον, καὶ ὅτι τοῖς αὐτοῦ μέρεσιν ἴσος ὢν μετὰ τὴν ἑξάδα τέλειός ἐστιν. Ἐμοὶ δὲ δοκεῖ μάλιστα τοσούτους ἀποδεῖξαι τοὺς γέροντας, ὅπως οἱ πάντες εἶεν τριάκοντα, τοῖς ὀκτὼ καὶ εἴκοσι τοῖν δυοῖν βασιλέοιν προστιθεμένοιν. Von diesen beiden Sätzen enthält der zweite, wie das ἐμοὶ δὲ δοκεῖ deutlich beweist, die Ansicht des Plutarch. Der erste Satz dagegen enthält in der Form einer directen, bescheidenen Behauptung eine Erklärung der Zahl 28, die dem Plutarch, dessen Meinung ja erst in dem folgenden Satz gegeben wird, nicht angehören kann. Dieselbe kann aber auch nicht ein Referat aus einem andern Schriftsteller sein, denn dann würde die directe Rede unerklärt bleiben. Sehen wir uns nun diese Erklärung selbst mal etwas genauer an, so bemerken wir, dass hier die Zahl 28 durch Anwendung des pythagoraeischen Zahlensystems erklärt wird. Der Sinn dieses Satzes ist nämlich folgender : Von Einfluss bei der Fixierung der Zahl 28 möchte wohl der Umstand gewesen scin, dass die Siebenzahl durch die Vierzahl multipliciert 28 giebt, und dass die Zahl 28, ihren Theilen nach, d. h. den vier Siebenzahlen nach, gleich seiend, durch die Vierzahl, welche nächst der Sechszahl eine vollhommene Zahl ist, vollendet erscheint. Nun nehmen 7, 4 und 6 in der pythagoraeischen Zahlentheorie bekanntlich eine hervorragende Stelle ein; 7, weil sie die Kraft der 3, der ersten ungeraden Zahl, und der 4 in sich vereinigt; 4, weil in den 4 ersten Zahlen zusammen bereits die vollkommene Zahl 10 enthalten ist ; 6, weil sie durch Multiplication der ersten ungeraden (3) und der ersten geraden (2) Zahl entsteht. Wenn wir nun wissen, dass die alexandrinische Philosophie, welcher Hermippos als Schüler des Kallimachos höchst wahrscheinlich auch huldigte, eine Auswahl platonischer, aristotelischer, pythagoraeischer Ideen aufwies; wenn wir ferner wissen, dass Hermippos sich mit der Lebensbeschreibung und deshalb doch auch wohl mit der Philosophie einzelner Pythagoraeer beschäftigt hat, — er beschrieb das Leben des Pythagoras selbst und des Philolaos — so scheint es nicht unwahrscheinlich, dass der Satz bei Lyc. 5. εἴη δ᾽ ἄν τι κ. τ. λ. als die Ansicht des Hermippos aufzufassen ist. Dann aber ergiebt sich auch mit ziemlicher Gewissheit, dass das Vorhergehende als ein Referat des Hermippos zu betrachten ist. Plutarch schrieb gedankenlos den Hermippos wörtlich ab, liess deshalb denn auch die Ansicht desselben in directer Rede stehen und fügte dann seine eigne Ansicht gleichfalls in directer Rede hinzu. Dürfen wir somit eine Benutzung des Hermippos durch Plutarch annehmen, so lässt sich doch wenn auch bei der Dürftigkeit des uns erhaltenen Materials nur eine Abweichung des Plutarch von Hermippos nachweisen. Die Form der spartanischen Eheschliessung wird nämlich bei Hermippos (Müller, fr. hist. Gr. 3. 37. fr. 6. = Ath. 13. p. 555 C.) und Plutarch (Lyc. 15.) ganz verschieden geschildert. Darnach scheint es mir nicht unwahrscheinlich, dass Plutarch in den Lebensschicksalen des Lykurgos dem Hermippos, in der Darstellung der einzelnen spartanischen Einrichtungen andern Autoren gefolgt ist. Dass sich bei einer derartigen Benutzung verschiedener Quellen auch wohl mal eine Unzuträglichkeit in die Darstellung des Plutarch eingeschlichen hat, ist leicht zu begreifen. Nehmen wir an, dass die Lyc. 1. gegebene Zusammenstellung von Daten über das Zeitalter des Lykurgos das Eigenthum des Plutarch ist, so werden wir nach seiner Erklärung, wie er seine Quellen benutzen wolle, also von ἐπεὶ καὶ Σιμωνίδης κ. τ. λ. an, eine Benutzung des Hermippos ansetzen müssen, jedoch so, dass Plutarch auch hier für die Angaben andrer Schriftsteller — Aristokrates wird z. B. Lyc. 4. erwähnt — nicht unzugänglich war. Die Benutzung des Hermippos reicht dann zunächst bis Lyc. 6, wo, wie wir weiter unten ausführen werden, ein andrer Autor benutzt ist.

Bevor wir in der Analyse der plutarchischen Quellen weiter gehen, ist es nöthig die Untersuchung Flügels über diesen Gegenstand, (d. Quellen in Plutarchs Lykurgos. Inaug. Diss. Marburg 1870.) der in derselben zu wesentlich andern Resultaten gelangt ist, einer Betrachtung zu unterziehen. Flügel nimmt nämlich für Cap. 2—4. Ephoros (Vgl. Trieber, Forsch. z. spart. Verfassungsgesch. p. 65 ff.) durch Aristokra-

tes als Mittelglied als Quelle des Plutarch an. Zuerst sollen
die Ansichten des Ephoros (fr. 18. 19. Müller 1. 237.) über
die spartanischen Verhältnisse vor der lykurgischen Reform
denen des Plutarch entsprechen, eine Behauptung, deren
Richtigkeit ich jedoch nicht anerkennen kann. Der Umstand,
dass die königliche Familie der Eurypontiden ihren Namen
von Eurypon, nicht von Prokles führte, wird bei Ephoros
dadurch motiviert, dass derselbe zuerst gerecht geherrscht
habe, (fr. 19.) während Plutarch (Lyc. 2.) dieses von seiner
Zuneigung für den Demos herleitet. Auf andre erhebliche
Verschiedenheiten zwischen Ephoros und Plutarch hat Flügel
(p. 23.) bereits selbst hingewiesen, glaubt dieselben aber
durch die Annahme eines Zwischengliedes zwischen beiden —
nämlich des Aristokrates — hinreichend erklären zu können.
Wenn Flügel sonst eine fast wörtliche Uebereinstimmung zwischen Ephoros und Plutarch annimmt und an vielen Stellen
auch nachweist, so ist es kaum denkbar, dass Aristokrates
in diesen Puncten sich eine solche erhebliche Abweichung
von seiner Quelle erlaubt haben sollte. Die fast wörtliche
Uebereinstimmung des Plutarch (Lyc. 3.) mit einer Stelle des
Ephoros (Müller, fr. hist. Gr. 1. p. 251.) kann auch dann
nicht wunderbar erscheinen, wenn man Hermippos als Quelle
für die ersten Capitel des Plutarch annimmt, da auch dieser
den Ephoros sehr wohl benutzen konnte. Für Cap. 5. setzt
Flügel dann eine neue Quelle nämlich den Phylarch an.
Dass in dem 5. Capitel des Lykurgos sehr deutliche Anklänge
an entsprechende Stellen des plutarchischen Kleomenes enthalten sind, hat Flügel hinreichend erwiesen (p. 24 ff.) und
dass dieselben demnach auf Plutarch zurückzuführen sind,
scheint keinem Zweifel zu unterliegen. Trotzdem aber scheint
mir nach dem oben über Capitel 5. Gesagten die Benutzung
des Phylarch in diesem Capitel den Hermippos als Zwischen-
quelle für Plutarch vorauszusetzen. Die von Flügel behaup-
tete Zusammenhangslosigkeit zwischen Cap. 2—4. und Cap. 5.
(p. 24.) scheint mir nicht vorhanden zu sein. Lykurgos will
nach Cap. 3. nicht eher nach Sparta zurückkehren, als bis
Charilaos erwachsen und bereits ein Nachfolger desselben
vorhanden ist. Nach Cap. 5. kehrt er dann allerdings auf
Wunsch der Spartaner zurück, wobei aber wohl zu bemer-

ken ist, dass Charilaos bei seiner Rückkehr bereits erwachsen ist, die Bedingungen also, welche Lykurg für dieselbe gestellt hatte, bereits sehr wohl erfüllt sein konnten. Eine erneute Benutzung des Hermippos wird man dann wieder in Cap. 10. und 11. annehmen müssen. Cap. 11. wird die Anecdote über Lykurgos und Alkandros erzählt und als Grund des Zornes des Alkandros, wie überhaupt der Wohlhabenden, gegen Lykurgos wird die Einrichtung der Syssitien genannt, über die Cap. 10. mit einigen allgemeinen Phrasen gehandelt ist. Es ist offenbar, dass eine Darstellung, welche die Einrichtung der Syssitien als Grund des Zornes der Wohlhabenden gegen Lykurgos anführte, von der Cap. 8. geschilderten Gütertheilung nichts wissen konnte. Denn erstens hätten die Wohlhabenden wahrhaftig mehr Grund gehabt, über diese Einrichtung erzürnt zu sein, als über die der Syssitien, und zweitens gab es nach dieser Einrichtung überhaupt gar keine Wohlhabende mehr in Sparta.

Wenn wir nun weiter unten nachweisen werden, dass die Cap. 8. geschilderte Gütertheilung höchst wahrscheinlich auf Aristokrates und durch ihn auf Ephoros zurückgeht, so wird man dieselbe Quelle für Cap. 11., das wieder mit Cap. 10. in einem engen Zusammenhange steht, nicht annehmen dürfen. Die Stelle des Aelian, (v. h. 13. 22.) durch welche Flügel (p. 32.) seine Vermuthung, dass auch für Cap. 11. Ephoros als Quelle anzunehmen sei, hauptsächlich zu begründen sucht, scheint mir dafür nicht zu zeugen. Denn die im letzten Satz besondere Namhaftmachung des Ephoros — λέγει δὲ Ἔφορος αὐτὸν λιμῷ διακαρτερήσαντα ἐν φυγῇ ἀποθανεῖν — scheint vielmehr dafur zu sprechen, dass Ephoros für die vorhergehenden Sätze nicht die Quelle war, als umgekehrt. Eine weitere Benutzung des Hermippos nehme ich dann endlich noch — für Cap. 23. ergiebt sie sich von selbst. — für Cap. 29. an, wo die letzten Schicksale des Lykurgos erzählt werden. Dass dieses Capitel die zusammenhängende Darstellung einer Schrift ist, dafür scheint auch der Umstand zu sprechen, dass Plutarch Lyc. 31. noch einmal auf diesen Gegenstand zurückkommt und hier selbständig über die Angaben verschiedener Autoren über das Ende des Lykurgos referiert.

Eine zweite und, wie es scheint, sehr ausgiebig benutzte Quelle des Plutarch war Aristokrates. Aristokrates, der nach der Ansicht Müllers (fr. hist. Gr. 4. 332.) im 2. oder 1. Jahrhundert v. Chr. gelebt hat, der Sohn des Hipparchos, war aus Sparta selbst gebürtig (Lyc. 4.) und schrieb Λακωνικά, von denen wir jedoch nur 4 sichere Fragmente besitzen. Diese Λακωνικὰ des Aristokrates behandelten allem Anschein nach die Geschichte Spartas von der ältesten Zeit bis auf das Zeitalter des Autors. Wenigstens wird im vierten Fragmente über Philopoimen berichtet, während ja die beiden Fragmente über Lykurgos für die Behandlung der ältern Zeit zeugen. Plutarch hat den Aristokrates ausser in der Lebensbeschreibung des Lykurgos auch im Philopoimen benutzt. Wenigstens wird derselbe Philop. 16. citiert. In der Vita des Lykurgos wird Aristokrates zwei Mal namentlich erwähnt. Zuerst hatte Aristokrates allein die Angabe, Lykurgos sei auch nach Libyen, Iberien und Indien gekommen und habe hier mit den Gymnosophisten verkehrt. (Lyc. 4.) Und zweitens berichtete derselbe, der Körper des Lykurgos sei, nachdem derselbe in Kreta gestorben war, von seinen Freunden verbrannt und die Asche ins Meer gestreut worden, damit die Spartaner nicht durch Ueberführung seiner Asche nach Sparta von dem ihm geleisteten Eide, seine Verfassung vor seiner Rückkehr nicht verändern zu wollen, sich entbunden hielten. (Lyc. 31.) Wenn es nun durch die neuern Forschungen feststeht, dass Plutarch eigentlich nur dann seine Quellen namhaft macht, wenn er selbst für seine Angaben nicht einstehen will, wenn er verschiedene Angaben neben einander stellt, wenn er Sentenzen anführt, so scheint es gewiss zu sein, da hier nur der erste Fall in Frage kommt, dass diese Angabe des Aristokrates in der Litteratur über Lykurg eine durchaus singuläre war. Um so mehr muss es aber dann unsre Verwunderung erregen, wenn wir dieselbe Angabe bei Justinus wiederfinden. Die betreffende Stelle bei demselben (3. 3.) lautet: Proficiscitur autem (sc. Lycurgus) Cretam ibique perpetuum exsilium egit abjicique in mare ossa sua moriens jussit, ne relatis Lacedaemona solutos se Spartani religione jurisjurandi in dissolvendis legibus arbitrarentur. Hier finden wir also dieselbe Angabe, wie beim

Aristokrates, denn dass ossa nicht die Leiche selbst, sondern
nur die Asche bedeutet, bedarf wohl keiner weitern Begründung. Heeren hat nun in seiner Abhandlung de Trogi Pom-
peji font. et auctor. (Comment. soc. Gott. .15. p. 214.) die
Ansicht aufgestellt, Trogus Pompejus und somit auch sein
Excerptor Justinus habe im dritten Buche den Ephoros benutzt, eine Ansicht, die von Wolffgarten (de Ephori et Di-
nonis historiis a Trogo Pompejo expressis. p. 11 ff. 1868.)
weiter ausgeführt und durch Vergleichung genauer begründet
ist. Dem gegenüber mag hier nur auf einige dieser Ansicht
entgegenstehende Umstände hingewiesen werden. Erstens
wird nämlich als Ursache des ersten messenischen Krieges
bei Justinus die Schändung spartanischer Jungfrauen durch
die Messenier, (Just. 3. 4.) bei Ephoros die Tödtung des Königs Teleklos angegeben. (Str. 279.) Nach Justinus (3. 2.)
brachte Lykurgos seine Gesetzgebung unter der Vormundschaft
des Charilaos zu Stande, nach Ephoros (Str. 482.) erfolgte
dieselbe erst nach der Rückkehr des Lykurgos von seinen
Reisen und bereits unter der selbständigen Regierung des
Charilaos. Ueberhaupt ist der Bericht des Ephoros über
Lykurgos (Str. 481. 482.) ein ganz andrer, als der bei Justinus. (3. 2.) Diese Verschiedenheiten bei Justinus und Ephoros, während allerdings in der Geschichte des ersten messenischen Krieges eine Gleichförmigkeit beider sich nicht verkennen lässt, scheinen doch gegen die Annahme, Ephoros
sei die Quelle des Trogus im dritten Buche desselben gewesen, zu zeugen. Werfen wir nun einen Blick auf die Behandlung der Geschichte im dritten Buche des Justinus selbst!
Nachdem im ersten Capitel die Ermordung des Xerxes und
der Regierungsantritt des Artaxerxes geschildert ist, wird
von Cap. 2. bis zum Schluss des Buches die griechische Geschichte bis zur Expedition der Athener nach Sicilien behandelt, und zwar handelt Cap. 2. u. 3. über die Gesetzgebung
des Lykurgos, Cap. 4. über den ersten messenischen Krieg,
Cap. 5. über den zweiten, Cap. 6. geht von dem dritten aus
und behandelt dann mit Cap. 7. die griechische Geschichte
in ganz dürftigen Umrissen bis zur Expedition nach Sicilien.
Von den 6 Capiteln des dritten Buches, welche die griechi-
che Geschichte behandeln, sind also 4 Capitel, d. h. zwei

Dritttheile, ganz speciell der spartanischen Geschichte gewidmet. Eine derartige Bevorzugung der spartanischen Geschichte, die übrigens auch in den Prologen des Trogus Pompejus hervortritt, lässt sich bei der Annahme einer die allgemeine griechische Geschichte behandelnden Quelle gar nicht erklären. So scheint es mir denn durchaus nicht unwahrscheinlich zu sein, dass für das dritte Buch des Justinus eine lakonische Quelle anzunehmen ist, in der selbstverständlich die spartanische Geschichte in den Mittelpunct gestellt war, und da stehe ich nicht an, wegen der überraschenden Uebereinstimmung des Justinus mit Aristokrates in Beziehung auf das Ende des Lykurgos die Lakonika des letztern als die Quelle für das dritte Buch des Trogus anzusetzen. Ist die von uns ausgesprochene Vermuthung richtig, so lässt sich auch hieraus ein Beweis ziehen, dass Aristokrates in den ersten Capiteln des plutarchischen Lykurgos, wie Flügel will, nicht benntzt sein kann. Die Darstellung befindet sich in denselben an manchen Stellen in Uebereinstimmung mit den Angaben des Ephoros, während die Erzählung bei Justinus (3. 2.) eine ganz andre ist. So scheint dieser Umstand wenigstens indirect auf Hermippos als Quelle für diese Capitel hinzuweisen. Nehmen wir für Justin B. 3. Aristokrates als Quelle an, wobei selbstverständlich eine Benutzung des Ephoros durch Aristokrates nicht ausgeschlossen ist, so werden wir auch die bei Plut. Lyc. 8. geschilderte Gütertheilung auf den Aristokrates als Quelle zurückführen müssen, da auch Justinus von der lykurgischen Gütertheilung zu berichten weiss: Fundos omnium aequaliter inter omnes divisit, ut acquata patrimonia neminem potentiorem altero redderent. (Just. 3. 3.) Für Aristokrates als Quelle von Plut. Lyc. 8. spricht auch noch ein andrer Umstand. Lyc. 12. werden unter andern Beiträgen, welche die Spartiaten monatlich für die Syssitien beisteuern mussten, auch ein Medimnos Gerste und 8 Choën Wein erwähnt. Dikaearch (Ath. 4. 141. C.) dagegen rechnet $1\frac{1}{2}$ attischen Medimnos und 11—12 Choën Wein. Da wir nun wissen, dass das Verhältniss des attischen zum aeginetischen Maass und Gewicht sich wie $1 : \frac{3}{5}$ oder minder genau gerechnet wie $1 : \frac{2}{3}$ verhält, so ist es klar, dass die bei Lyc. 12. enthaltenen Angaben nach dem aeginetischen Fusse berechnet sind. Der jährliche Beitrag an Gerste für die Syssitien betrug also 12 aeginetische Medimnen. Wenn wir nun Lyc. 8. als jährliche ἀποφορὰ der Heloten angegeben finden für den Herrn 70, für die Frau 12 Medimnen, so scheinen auch hier aeginetische Medimnen angenommen werden zu müssen, da, wie wir aus der Angabe über die Syssitien ersehen, erst 12 Medimnen für Unterhaltung einer Person für hinreichend gehalten wurden, die 12 der Frau von den Heloten dargebrachten Medimnen aber ohne Zweifel den Unterhalt der Frau für das laufende Jahr bestreiten sollten. Eine Berechnung nach dem aeginetischen Fusse wird man aber unter den bei Plutarch erwähnten Schriftstellern wohl nur bei dem Aristokrates, als einem geborenen Spartiaten, voraussetzen dürfen. Deshalb glaube ich, dass auch diese Berechnung nach dem aeginetischen Fuss für den Aristokrates als Quelle von Lyc. 8., sowie der Angabe über den monatlichen Beitrag für die Syssitien (Lyc. 12.) zu zeugen scheint. Sehen wir uns nun Lyc. 8. genauer an, so finden wir auch hier die Ansichten verschiedener Autoren zusammengestellt. Aristokrates gehörte also auch zu denjenigen Schriftstellern, die ihre Quellen unterschieden und namhaft machten, und denen, wie wir aus Lyc. 1. ersehen, Plutarch in der Biographie des Lykurgos besonders gefolgt ist.

Ein andrer Schriftsteller, der bei Plutarch erwähnt wird, ist Aristoteles, und unsre nächste Aufgabe ist die, zu untersuchen, wie weit Aristoteles in der Biographie des Lykurgos von Plutarch benutzt ist. Aristoteles wird von Plutarch sechs Mal (Lyc. 1. 5. 6. 14. 28. 31.) im Lykurgos namentlich angeführt. Zuerst in jener plutarchischen Zusammenstellung chronologischer Daten im ersten Capitel, wo eben nur das eine Datum aus dem Aristoteles entlehnt ist. Die zweite Erwähnung desselben (Lyc. 5.) haben wir als aus der Schrift des Hermippos annehmen zu müssen geglaubt. Die dritte Anführung des Aristoteles endlich findet sich Lyc. 6. bei der Erklärung der bekannten lykurgischen Rhetra. Für die Quelle dieser Rhetra bei Plutarch sind zwei Möglichkeiten zu erwägen, entweder konnte Plutarch dieselbe aus der mündlichen Ueberlieferung der Spartaner oder aus einer schriftlichen

Quelle entlehnt haben. Betrachten wir die Rhetra selbst, ob aus derselben nicht auf ihre Quelle geschlossen werden kann. Zunächst sind die Dorismen der Rhetra nicht consequent durchgeführt, obgleich doch sonst Plutarch bei Aufnahme echt lakonischer Formen — man vergleiche Cap. 21. — dieselben zu bewahren pflegt, und zweitens lässt die jetzige Fassung dieses lyhurgischen Gesetzes, wie wir bei der spätern Betrachtung desselben erörtern werden, einen regierenden Vordersatz vermissen. Weist dieses beides, wie es scheint, auf einen Schriftsteller als Quelle des Plutarch für diese Rhetra hin, so kann über diese Quelle selbst wohl kein Zweifel aufkommen. Bei Erklärung der alterthümlichen Formel μεταξὺ Βαβύκας τε καὶ Κνακιῶνος führt Plutarch zuerst die Meinung der damaligen Lakedaemonier an, — denn nur dieses kann τὴν δὲ Βαβύκαν . . . καὶ τὸν Κνακιῶνα νῦν Οἰνοῦντα προσαγορεύουσιν bedeuten — um derselben alsdann die abweichende Ansicht des Aristoteles entgegenzustellen. Kannte Plutarch, wie das aus dieser Stelle deutlich zu ersehen ist, über diese Frage nur ein wissenschaftliches Urtheil, das des Aristoteles, so musste es doch auch eine Behandlung dieses Gegenstandes durch Aristoteles in seiner πολιτεία τῶν Λακεδαιμονίων geben, die dann dem Plutarch, wie auch bereits Kopstadt (a. a. St. p. 27.) annahm, als Quelle diente. Aristoteles scheint nun aus dem ursprünglichen Dialekte der Rhetra sowohl die Formen aufgenommen zu haben, welche leicht verständlich waren, wie auch die specifisch spartanischen, wie ἀπελλάζειν, φυλάζειν, ὠβάζειν, die sich wohl nicht verändern liessen. Für die lakonische Form γερωχία (Hesych.) dagegen konnte er γερουσία setzen, da dieselbe der erstern vollkommen entspricht. Wir halten uns also nach dem soeben Gesagten berechtigt, für Plut. Lyc. 6. Aristoteles als Quelle anzusetzen. Die vierte Erwähnung des Aristoteles findet sich Lyc. 14. In diesem Capitel ist jedoch eine Benutzung des Aristoteles nicht anzunehmen. Vielmehr setzt Plutarch an dieser Stelle seine Darstellung in einen Gegensatz zu der Angabe des Aristoteles, Lykurgos habe die Zügellosigkeit der spartanischen Frauen nicht bändigen können, (vergl. Aristot. pol. 46. 8. ff.) und zeigt damit, dass die Citierung des Aristoteles hier nur seiner gegentheiligen

Ansicht über diesen Gegenstand wegen erfolgt ist. Lyc. 28.
wird Aristoteles zwei Mal erwähnt. Zuerst hatte Aristoteles
die Einrichtung der Kryptie bereits auf Lykurgos zurückgeführt, eine Annahme, welcher Plutarch Lyc. 28. entgegentritt.
Und zweitens wird Aristoteles als Zeuge dafür angeführt, dass
die Ephoren bei ihrem Regierungsantritt den Heloten ordent-
lichKrieg anzukündigen pflegten. Bei dem bekannten Verhältniss
zwischen Aristoteles und Herakleides, auf das wir weiter unten
noch näher eingehen werden, ist wohl als sicher anzunehmen,
dass die Darstellung der Kryptie bei Aristoteles dieselbe war,
wie bei Herakleides. Nun stimmt aber die Darstellung derselben bei dem letztern, (Müller fr. hist. Gr. 2. 210.) bei
dem auch Lykurgos als Begründer der Kryptie genannt wird,
ziemlich genau mit der des Plutarch zusammen. Aristoteles
wird dann zum zweiten Mal in diesem Capitel erwähnt, um
von der eingeschobenen Notiz des Thukydides den Uebergang
zur eigentlichen Quelle dieses Capitels, dem Aristoteles, zu
machen. Plntarch selbst spricht dann am Schluss des Capitels seinen Gegensatz zu seiner Quelle aus, indem er die Einrichtung der Kryptie nicht als das Werk des Lykurgos, sondern als das einer spätern Zeit betrachtet. Zuletzt endlich
wird Aristoteles Lyc. 31 namentlich getadelt, weil er gesagt
hatte, Lykurg besitze in Sparta keine seinen Verdiensten entsprechende Ehren. Ausser diesen namentlichen Erwähnungen
scheint aber die Benutzung des Aristoteles bei Plutarch noch
weiter zu gehen. So wird die Nützlichkeit der Einrichtung
der Ephorie durch Theopomp bei Aristot. p. 223. 25. ff. ganz
auf dieselbe Weise begründet, wie Lyc. 7. So ist die Anga-
be des Plutarch, die Syssitien seien bei den Kretern $\dot{\alpha} v \delta \varrho \varepsilon \tilde{\iota} \alpha$,
bei den Spartanern $\varphi \iota \delta \acute{\iota} \tau \iota \alpha$ genannt worden, (Lyc. 12.) ganz
dieselbe wie bei Aristot. pol. 49. 17. ff. 51. 10. Auch die
Behandlung der Gerusia bei Plutarch scheint auf Aristoteles
zurückzugehen. So ist die Auffassung des Amtes des einzel-
nen Geronten bei Aristoteles und Plutarch dieselbe: $\dot{\alpha} \vartheta \lambda o v$
$\gamma \dot{\alpha} \varrho \ \dot{\eta} \ \dot{\alpha} \varrho \chi \dot{\eta} \ \alpha \ddot{\upsilon} \tau \eta \ \tau \tilde{\eta} \varsigma \ \dot{\alpha} \varrho \varepsilon \tau \tilde{\eta} \varsigma \ \dot{\varepsilon} \sigma \tau \acute{\iota} v$. pol. p. 48. 7. $v \iota \kappa \eta \tau \acute{\eta} \varrho \iota o v$
$\ddot{\varepsilon} \chi \varepsilon \iota v \ \tau \tilde{\eta} \varsigma \ \dot{\alpha} \varrho \varepsilon \tau \tilde{\eta} \varsigma$. Lyc. 26. So finden wir bei beiden eine
gleiche Auffassung der Gerichtsbarkeit der Geronten : $\tau \acute{o} \ \gamma \varepsilon$
$\delta \iota \dot{\alpha} \ \beta \acute{\iota} o v \ \varkappa v \varrho \acute{\iota} o v \varsigma \ \varepsilon \tilde{\iota} v \alpha \iota \ \varkappa \varrho \acute{\iota} \sigma \varepsilon \omega v \ \mu \varepsilon \gamma \acute{\alpha} \lambda \omega v$. Aristot. pol. p. 48.
21. $\varkappa \acute{v} \varrho \iota o v \ \ddot{o} v \tau \alpha \ \varkappa \alpha \dot{\iota} \ \vartheta \alpha v \acute{\alpha} \tau o v \ \varkappa \alpha \dot{\iota} \ \dot{\alpha} \tau \iota \mu \acute{\iota} \alpha \varsigma \ \varkappa \alpha \dot{\iota} \ \ddot{o} \lambda \omega \varsigma \ \tau \tilde{\omega} v \ \mu \varepsilon \gamma \acute{\iota} -$

στων. Lyc. 26. So wird ferner der Wahlmodus der Geronten παιδαριώδης κατὰ τὴν κρίσιν von Aristoteles (pol. 48. 32.) genannt, und Plutarch in seiner Schilderung desselben knüpft gewiss mit den Worten ἐγίνετο δὲ ἡ κρίσις τόνδε τὸν τρόπον (Lyc. 26.) an Aristoteles an. Auch das Verbot, ins Ausland zu reisen, wird von Plutarch im Gegensatz zu Thukydides, der eine andre Erklärung gab, auf dieselbe Weise, wie beim Aristoteles motiviert. ὅθεν οὐδ᾽ ἀποδημεῖν ἔδωκε τοῖς βουλομένοις καὶ πλανᾶσθαι ξενικὰ συνάγοντας ἤδη καὶ μιμήματα βίων ἀπαιδεύτων καὶ πολιτευμάτων διαφόρων Lyc. 27. ὁ δὲ Ἀριστοτέλης οὐκ ἐξεῖναί φησιν ἀποδημεῖν τοῖς Λακεδαιμονίοις, ὅπως μὴ ἐθίζωνται ἄλλων νόμων εἶναι φίλοι. (Harp. καὶ γὰρ τὸ κ. τ. λ.) Endlich kann auch der Bericht des Plutarch, nach den Fragmenten des Herakleides zu urtheilen, über die Stehlübungen der spartanischen Jünglinge, (Lyc. 17.) über die Uebungen im βραχυλογεῖν, (Lyc. 19.) über die Art der Begräbnisse (Lyc. 27.) aus Aristoteles entlehnt sein. (Müller, fr. hist. Gr. 2. 211.) Nur muss man dabei immer bedenken, dass ohne Zweifel die πολιτεία τῶν Λακεδαιμονίων des Aristoteles die Quelle dieser Angaben war, während wir, um die Benutzung des Aristoteles bei Plutarch nachzuweisen, auf die dürftigen Fragmente des erstern, auf die mehr allgemeinen Angaben in seiner Politik, auf die kurzen Bemerkungen des Herakleides angewiesen sind. Für alle diejenigen Capitel des Plutarch, in denen wir eine Benutzung des Aristoteles annehmen zu müssen glaubten, schliesst Flügel auf Ephoros als Quelle dieser Abschnitte. (vergl. p. 28. 43. 48.) Beide Annahmen lassen sich aber sehr wohl vereinigen. Uns war es besonders daran gelegen, den Nachweis zu liefern, dass diese Angaben bei Plutarch in letzter Instanz auf Aristoteles zurückgehen. Damit soll jedoch keineswegs gesagt sein, dass Plutarch diese Angabe nicht habe aus Ephoros entlehnen können. Es lässt sich vielmehr vielleicht mit ziemlicher Wahrscheinlichkeit nachweisen, dass Ephoros sich in seiner Darstellung der spartanischen Verfassungsentwicklung an Aristoteles angelehnt hat, wie das Flügel auch bei Xenophon für Ephoros erweist. (p. 35. 26.) Der Gang der Quellenbenutzung an den betreffenden Stellen des Plutarch würde dann folgender sein: Aristoteles, Ephoros, Aristokrates, Plutarch.

Wir glauben hiermit unsre Untersuchung über die Quellen des plutarchischen Lykurgos beschliessen zu dürfen, da die Quellenanalyse der übrigen Capitel für den Zweck unsrer Arbeit von geringerer Bedeutung ist, zumal da wir mit den von Flügel gewonnenen Resultaten für die übrigen Partien des Lykurgos im wesentlichen übereinstimmen können. Der Hauptunterschied zwischen den Resultaten der flügelschen und dieser Untersuchung besteht also darin, dass wir für die Darstellung der persönlichen Lebensschicksale des Lykurgos bei Plutarch Hermippos als Quelle annehmen zu müssen glaubten.

Wenden wir uns jetzt zur Darstellung des Plutarch selbst und versuchen wir einen kurzen Abriss der Lebensschicksale des Lykurgos nach der Biographie des Plutarch zu geben. Eurypon zeigte sich der Menge geneigt und wohlgesinnt. Die Folge davon war, dass durch den Uebermuth der Menge und durch die Schwäche der Könige die Gesetzlosigkeit und Unordnung in Sparta mehr und mehr um sich griff. Bei einem derartigen innern Kampfe wurde der König Eunomos, der Vater des Polydektes und Lykurgos, erschlagen. Sein ihm in der Regierung folgender Sohn Polydektes starb nach kurzer Zeit und hinterliess eine schwangere Witwe. Lykurgos übernahm für den zuerwartenden Knaben die Vormundschaft. Die Witwe des Polydektes erklärte dann dem Lykurgos, sie sei bereit das Kind zu tödten unter der Bedingung, dass Lykurgos sie zur Gattin nehme. Lykurgos, scheinbar auf den Vorschlag eingehend, befahl ihr, das Kind nicht vor der Geburt zu tödten, da er nach derselben für die Tödtung des Kindes schon Sorge tragen werde. Als dann die Geburtsstunde kam, liess er die Mutter bewachen und proclamierte den geborenen Knaben unter dem Namen Charilaos als König von Sparta. Die Mutter des Charilaos und ihre Verwandten, besonders der Bruder derselben Leonidas, verleumdeten den Lykurgos, er strebe nach der Krone, weshalb dieser die Vormundschaft aufgab und auf Reisen ging. So gelangte er zuerst nach Kreta, wo er einzelne Einrichtungen zur Uebertragung in seine Vaterstadt auswählte. Von dort kam er nach Asien und erhielt hier von den Nachkommen des Kreophylos die Gesänge Homers. Dann soll er nach Aegypten gekommen sein und auch von hier Institutionen für Sparta entlehnt haben. Indessen war in Sparta die königliche Macht immer mehr gesunken, und die Rückkehr des Lykurgos wurde auch von Seiten der Könige, indem sie Stärkung der königlichen Macht durch ihn erhofften, dringend gewünscht. Lygurgos kehrte darauf nach Sparta zurück und beschloss, durch die Beistimmung der Pythia ermuntert, die Reformation der spartanischen Verfassung. Er verband sich deshalb mit 30 der vornehmsten Spartaner und befahl ihnen, sich am Morgen auf dem Markte zu versammeln. Unter diesen zeichnete sich als Gehülfe des Lykurgos besonders Arthmiadas aus. Charilaos flüchtete sich bei dem Beginn der Revolution zuerst in den Tempel des Chalkioikos, nahm aber dann, als man ihm sein Leben garantiert hatte, an den Reformen Theil. Lykurgos richtete nun die Gerusie ein, theilte das Land in gleichen Kleren unter die einzelnen Spartaner und traf die Einrichtung der Syssitien. Die auf dem Markt versammelten Vornehmen waren jedoch mit dieser Einrichtung keineswegs zufrieden, verfolgten den Lykurgos auf seiner Flucht in ein Heiligthum und Alkandros schlug ihm bei dieser Gelegenheit ein Auge aus. Bald jedoch kam die Bürgerschaft wieder zur Besinnung und kehrte zum Gehorsam gegen die Einrichtungen des Lykurgos zurück. Zum Andenken an die That des Alkandros weihte Lykurgos der Athene Optilitis ein Heiligthum. Später wurde dann Lykurgos bei einer zufälligen Anwesenheit in Olympia zur Mittheilnahme an der Einrichtung der Olympien durch eine Götterstimme bewogen. Als sich die Einrichtungen des Lykurgos in Sparta hinreichend gefestigt hatten, verpflichtete er die Bürgerschaft, seinen Gesetzen treu zu bleiben, bis er von Delphoi, wohin er, die Pythia um Rath fragen wollend, sich begebe, nach Sparta zurückkehre. Als er dann in Delphoi die Antwort erhalten hatte, Sparta werde so lange glücklich sein, als es den Gesetzen des Lykurgos gehorche, beschloss er nicht wieder nach Sparta zurückzukehren, damit sich die Bürgerschaft nie ihres Eides entbunden halten könne. Er nahm sich deshalb selbst durch Enthaltung von jeglicher Speise das Leben. Nach den einen soll er sein Leben in Kirrha, nach den andern in Elis, nach den dritten endlich in Kreta beschlossen haben.

Wenn man die Entwicklung der Lykurgossage von ihren
Anfängen, wie sie uns zuerst bei Herodot entgegentreten, bis
zu ihrem Ausgangspuncte, der Darstellung des Plutarch, betrachtet, so wird man die letztere sofort als einen Roman
der spätern Zeit erkennen. Die Anfänge der Sage, wie sie
uns bei Xenophon entgegentreten, mit dem Herodot im wesentlichen übereinstimmt, machen Lykurgos zu einem Zeitgenossen der Herakliden, sie lassen also die Einrichtung der
spartanischen Verfassung zugleich mit der Begründung des
Staates durch die Ahnherren der beiden Königshäuser eintreten. Wie nun nach Herodot die Agiaden höherer Ehren, als
die Eurypontiden, theilhaftig waren, so ist auch in der ältesten einheimischen Tradition bei Herodot Lykurgos ein Agi-
ade, der Sohn des Agis. Erst in der spätern Zeit, in der
Litteratur zuerst bei Aristoteles und Ephoros nachweisbar,
wurde Lykurgos zu einem Eurypontiden. Es kann wohl kaum
einem Zweifel unterliegen, dass auf die ursprüngliche Entstehung dieser Sage das Königsgeschlecht der Eurypontiden selbst
von Einfluss gewesen ist. Als der Ruhm des Lykurgos immer höher gefeiert wurde, musste es auch diesem Geschlechte
daran liegen, den Lykurgos sich selbst als ein Glied desselben zu vidicieren. Und gewiss ist man hierbei erst so ver-
fahren, wie es die Agiaden gethan hatten, dass man nämlich die Einsetzung der lykurgischen Verfassung mit der Begründung des spartanischen Staates gleich setzte und demnach, wie es uns noch bei Dionysios überliefert ist, den
Lykurgos zu einem Sohn des Eurypon machte. Wir werden
noch weiter unten bei der Betrachtung der etymologischen
Momente in der Darstellung des Plutarch ersehen, wie die
Ueberlieferung bei Dionysios gewiss die ältere ist. Die neue
Auffassung der Sage, welche Lykurgos als einen Eurypontiden bezeichnete, hat allmählich immer mehr Geltung gewon-
nen. Selbst in der einheimischen Ueberlieferung hat sie die
ältere Sage, wie sie Herodot berichtet, verdrängt. Dass dieses unter dem Einfluss der Litteratur geschehen ist, kann
wohl keinem Zweifel unterliegen. Grade in einer Zeit, in
welcher von einem factischen Fortbestehen der lykurgischen
Einrichtungen nicht mehr die Rede sein kann, finden wir,
wie die oben gegebenen Zusammenstellungen beweisen, einen

Cultus und eine Verehrung des Lykurgos in Sparta, die in
der ältern Zeit nicht nachweisbar ist und die sich als das
Product einer, wenn ich so sagen darf, gelehrten Erneuerung
der alten Zustände erweist. Die weitere chronologische Her-
abdrückung des Lykurgos, welche uns zuerst bei Aristoteles
und Ephoros entgegentritt, hatte ihren Grund, wie es scheint,
darin, dass man Lykurgos zum Mitbegründer der olympischen
Ekecheiria machte, wie denn dieser Umstand schon in der
Darstellung des Aristoteles erwähnt wird. Als nach der Begründung der peloponnesischen Eidgenossenschaft durch Sparta
die olympischen Spiele der religiöse Mittelpunct derselben
wurden, so war nichts natürlicher, als dass man den Lykurgos, den Begründer der spartanischen Verfassung, auch zum
Mittheilnehmer des Iphitos an der Einrichtung der olympischen Ekecheiria machte. Die Betrachtung des ersten messenischen Krieges in einer spätern Untersuchung wird es, wie
ich glaube, wahrscheinlich machen, dass in der ältern Zeit
eine Theilnahme Spartas an den olympischen Spielen nicht
angenommen werden darf. Als man nun aber für die Olym-
pias des Iphitos das Jahr 884 angesetzt hatte, — und seit
Ktesias scheint das geschehen zu sein — so musste man auch
für die chronologische Fixierung des Lykurgos diesen selben
Zeitpunct wählen, und so entstand als Datum für Lykurgos,
das später ziemlich allgemein angenommen wurde, das Jahr
884. Uebrigens war durch diese Ansetzung die chronologische Fixierung des Lykurgos keineswegs allen Schwankungen
enthoben. Wir haben gesehen, wie Thukydides denselben
kurz vor 800 ansetzte; andre, worauf wir schon bei der
Betrachtung der spartanischen Königsfasten hinwiesen, hielten die erste gezählte Olympiade für die des Iphitos und
fixierten demnach das Zeitalter des Lykurgos durch das Jahr
776. Genug die Chronologie des Lykurgos war allmählich
so verwirrt geworden, dass Timaeos nur dadurch sich helfen
zu können glaubte, dass er zwei Personen dieses Namens
annahm. (Plut. Lyc. 1.) Bei Plutarch werden uns dann entsprechend dieser weitern Herabrückung der Chronologie des
Lykurgos zwei Genealogien desselben überliefert. Nach der
einen, die den Simonides als Gewährsmann hatte, war Lykurgos der Sohn des Prytanis und der Bruder des Eunomos;

nach der andern, die Dieutychidas anführte, war derselbe
der Sohn des Eunomos und der Bruder des Polydektes.
Diese letzte Angabe hat auch Plutarch in seine Darstellung
aufgenommen. Was nun die Geschichte Lykurgs selbst betrifft, so erkannte bereits Otfr. Müller, (Dor. 1. 137.) dass über ihn als
Einzelperson so gut wie gar keine Nachrichten existieren.
Nach der ältesten Tradition war Lykurgos der Vormund des
Labotas, nach der ältern Ueberlieferung der Eurypontiden
der des Eunomos. — Schon Duncker (Gesch. d. Alterth. 3.
354.) hat die Ansicht ausgesprochen, dass die Namen der
Könige, mit welchen Lykurgos in Verbindung gebracht wird,
wenigstens nicht von dem Verdachte frei sind, der Erfindung
anzugehören, und dieser Ansicht können wir aus vollem
Herzen beistimmen. Der erste König nach der Tradition der
Agiaden, welcher nach Wiederherstellung der Eunomia über
Sparta regierte, war in Folge dessen ein gerechter Herrscher,
ein ποιμὴν λαῶν, wie Homer derartige Regenten bezeichnet,
und deshalb nannte ihn die etymologisierende Tendenz der
Sagenbildung Labotas. Noch deutlicher tritt diese Tendenz
in der Ueberlieferung der Eurypontiden hervor. Eunomos,
der Mündel des Lykurgos, erhielt in der Sage seinen Namen
ebenso von der durch Lykurgos hergestellten Eunomia, wie
Eurysakes den seinigen von dem gewaltigen Schilde seines
Vaters Aias. Ein weiteres etymologisches Moment tritt uns
dann auch in der Lykurgossage bei Plutarch entgegen. Als
man nämlich mit Rücksicht auf die Einrichtung der Olympien das Zeitalter des Lykurgos weiter herabgerückt hatte,
wurde derselbe zum Vormund des Charilaos, an dessen Geschichtlichkeit ich übrigens nicht zweifle, gemacht. Der
Name Charilaos ist dann wieder, wie es scheint, bei der
spätern Entwicklung der Lykurgossage von Einfluss gewesen.
Wie bei Herodot (6. 63.) an den Namen des Demaratos der
Bericht geknüpft wird, derselbe habe den Namen erhalten,
weil die Spartiaten die Götter um einen Sohn für den König
Ariston gebeten hätten, so ist auch der Name Charilaos, der
bei Plutarch mit den Worten διὰ τὸ τοὺς πάντας εἶναι περι-
χαρεῖς ἀγαμένους αὐτοῦ τὸ φρόνημα καὶ τὴν δικαιοσύνην motiviert wird, auf die Entstehung der Geburtsgeschichte des

Charilaos von Bedeutung gewesen. Als dann nach der neuen
Chronologie des Lykurgos Eunomos nicht mehr der Mündel
desselben sein konnte, so wurde, der etymologischen Tendenz
der Sagenbildung entsprechend, für den Sohn des Lykurgos
der Name Eukosmos erfunden. (Paus. 3. 16. 6. Ein weiteres
etymologisches Moment in der Ausschmückung der Lykurgossage ist jener Freund das Lykurgos, dessen Namen Hermippos überliefert und auch wohl erfunden hatte, Arthmiadas.
(Plut. Lyc. 5.) Ἄρθμιος bezeichnet nach der einen Stelle in
der Odyssee (16. 427.) und bei Herodot das befreundete Verhältniss zwischen zwei Völkerschaften, und der Name des
Arthmiadas soll ohne Zweifel den glücklichen und friedlichen
Zustand bezeichnen, welcher durch die Gesetzgebung des Lykurgos unter den einzelnen Gliedern des spartanischen Staates hergestellt wurde. Endlich ist auch die Geschichte von
Alkandros ein etymologischer Mythos, (Plut. Lyc. 11. Paus.
3. 18. 2.) wie darauf bereits Müller hingewiesen hat. (Dor. 1.
138.) Das hohe Alter des Tempels der Athene Optilitis liess
denselben als eine Gründung des Lykurgos erscheinen, und
da man die Bedeutung des Beinamens Optilitis, d. i. Oxy-
derkes (Müller, Dor. 1. 397.), in der spätern Zeit nicht mehr
erklären konnte, so verband man die Gründungsgeschichte
des Tempels auf die bekannte Weise mit der des Lykurgos.

Aber neben der etymologischen lässt sich in der Entwicklung der Lykurgossage auch eine aetiologische Tendenz
nachweisen. Dieselbe tritt uns bei Plutarch (Lyc. 5.) in der
Erklärung der Anzahl der Geronten entgegen. Die 30 Gehülfen des Lykurgos, von denen zwei demselben untreu werden nach der Angabe des Aristoteles, oder die von Anfang
an nur aus 28 bestehenden Gehülfen nach der Ansicht des
Sphairos werden als αἰτία für die Anzahl der Mitglieder der
Gerusia angeführt.

Endlich ist auch die spätere Reflexion ein entscheidendes
Moment bei der Entwicklung des Lykurgosmythos gewesen.
Wer die spartanische und das war nach der Auffassung jener
Zeit auch die lykurgische Verfassung für eine Aristokratie
hielt, (Arist. pol. 161. 16.) der musste selbstverständlich die
vor der Gesetzgebung des Lykurgos herrschende Anomia als
Folge einer zügellosen Demokratie betrachten, und so wer-

den die Zustände denn auch bei Plutarch (Lyc. 2. 5.) geschildert. Wer dagegen die spartanische Verfassung als Demokratie (Aristot. pol. p. 161. 5.) auffasste, der konnte sehr wohl die lykurgische Gesetzgebung als Folge einer Tyrannis darstellen. In diesem Sinne wird denn auch bei Aristoteles (pol. p. 231. 21.) und Herakleides (Müller, fr. hist, Gr. 2. 210.) Charilaos als ein Tyrann geschildert, und auch bei Plutarch, der doch sonst der andern Auffassung folgt, erscheiut Lyc. 5. Charilaos in diesem Lichte. Auch Rückspiegelungen aus den Reformversuchen des Agis und Kleomenes lassen sich in dem Lykurgosmythos nachweisen. Jener Leonidas, der besondere Gegner des Lykurgos, (Lyc. 3.) ist gewiss nur eine Rückspiegelung des Mitkönigs Agis' IV. gleichen Namens, welcher sich durch seine Gegnerschaft gegen Agis verhasst gemacht hatte. (Plut. Ag. 21.) Ebenso scheint auch die Zahl 9000 für die Landloose der Spartiaten, die Zahl 30000 für die der Perioeken (Lyc. 8.) aus der beabsichtigten Theilung des Agis abstrahiert zu sein. Wenn Agis nach dem Verluste Messeniens 4500 Loose für die Spartiaten, 15000 für die Perioeken einzurichten beabsichtigte, (Ag. 8.) so war nichts natürlicher, als dass man vor dem Verlust Messeniens bei einer oberflächlichen Rechnung 9000 und 30000 Kleren als vorhanden annahm.

Auch was den Ursprung der lykurgischen Gesetze betrifft, hat die Lykurgossage im Laufe der Zeit Veränderungen erlitten. Die älteste Meinung der Spartaner selbst, wie sie uns bei Herodot überliefert wird, war die, dass die lykurgischen Gesetze aus Kreta herzuleiten seien. Die Worte, welche die Pythia bei Herodot an den Lykurgos bei seiner Anwesenheit in Delphoi richtet, enthalten keinen Hinweis auf seine Gesetzgebung. In der Umschreibung dieser Rede bei Plutarch (Lyc. 5.) dagegen stellt die Pythia den Gott selbst als denjenigen hin, welcher dem Lykurgos die Anweisung für seine Gesetze gegeben hat. Wir finden also in der spätern Zeit diejenige Ansicht, welche Herodot als die einiger, — οἱ μὲν δή τινες πρὸς τούτοισι λέγουσι — aber nicht als die der Spartaner anführt, allgemein verbreitet, dass nämlich die lykurgische Gesetzgebung pythischen Ursprungs sei. Man nahm jetzt für Lykurgos ein häufiges Verkehren in Delphoi

an, von wo er seine Gesetzo nach Sparta brachte. (Vergl.
Haase ad Xen. de rep. Lac. 8. 5.) Wir finden also in der
Ueberlieferung der spätern Zeit Lykurgos in eine enge Verbindung zum pytbischen Apollon gesetzt. Nun haben wir
aber bereits in einer der vorhergehenden Untersuchungen
daranf hingewiesen, dass die Verehrung des Apollon in Sparta
keineswegs so verbreitet war, wie man nach Müllers Darstellung desselben als eines dorischen Gottes annehmen sollte.
Wir haben auch bereits darauf hingewiesen, dass der Apollon
der Spartaner einen ganz andern Charakter, als den des pythischen Gottes besitzt. Wir werden endlich im Verlauf dieser Untersuchungen weiter sehen, dass selbst nach dem Synoikismos Spartas aus den drei oben behandelten Sondergemeinden der Dienst des Apollon nicht der Staatscult wurde, dass
vielmehr erst seit der Verfassungsänderung durch Terpandros
Apollon, aber auch jetzt nicht der pythische, sondern der
karneiscbe Apollon, diese Stelle einnahm. Die engen Beziehungen Spartas zu Delphoi stammen gewiss in ihrem grösse-
ren Umfang erst aus einer spütern Zeit, sind aber in ihren
Anfängen bereits zur Zeit des zweiten messenischen Krieges
nachweisbar. Tyrtaeos lässt den Theopomp seine Rhetra von
Delphoi holen. (Bergk, poet. lyr. Gr. p. 317. fr. 4.) Sehen
wir uns nun einmal um, welche Einrichtungen Spartas als
das Werk des Lykurgos bezeichnet werden, so werden wir finden,
dass im Laufe der Zeit die Thätigkeit des Lykurgos immer
weiter ausgedehnt wurde, dass zuletzt jede spartanische Einrichtung als eine lykurgische hingestellt wurde. Getreu dieser spätern Auffassung und nach derselben entschieden richtig ist es, wenn Plutarch als die drei hauptsächlichen πολι-
τεύματα des Lykurgos die in der lykurgischen Rhetra (Lyc. 6,)
enthaltenen Einrichtungen, die Landtheilung (Lyc. 8,) und
die Einrichtung der Syssitien (Lyc. 10.) anführt. Wenn wir
nun weiter unten sehen werden, dass die lykurgische Rhetra
etwas ganz andres entbält, als man gewöhnlich anzunehmen
pflegt, wenn der Bericht über eine allgemeine Landtheilung
durch Lykurgos nach dem jetzigen Stand der Forschung als
unhaltbar aufgegeben werden muss, wenn endlich das Insti-
tut der Syssitien als eine allgemein hellenisehe Einrichtung
bereits von Otfr. Müller (Dor. 2. 273 ff.) nachgewiesen ist,

so verlieren wir in der That für die gesetzgeberische Thätigkeit des Lykurgos jeden geschichtlichen Anhaltspunct. Wenn
endlich in der Ueberlieferung Lykurgos in eine enge Verbindung zu Apollon gesetzt wird, so ist auch diese Verbindung
erst seit dem Zeitpuncte denkbar, seit welchem Apollon der
oberste Staatsgott der Spartaner war, d. h. seit der Reform
des Terpandros. Die Rhetra bei Plutarch (Lyc. 6.) beweist
hinlänglich dadurch, dass sie ihre Einrichtungen unter den
Schutz des Zeus und der Athene stellt, ihren vorlykurgischen
Ursprung. Wurden also diese Einrichtungen unter den Schutz
des Zeus und der Athene, der damaligen höchsten Staatsgötter Spartas, gestellt, so ist es im höchsten Grade wahrscheinlich, dass die Verfassung des Terpandros Apollon als
Schutzgott derselben ansetzte. Ein weiterer Schritt in der
Entwicklung eines derartigen Verhältnisses war der, dass der
Schutzgott der Verfassung selbst zum Begründer derselben
gemacht wurde. Eine derartige Thätigkeit des Gottes war
aber in der Sage nur dann möglich, wenn Apollon seine
Stellung als Gott aufgab, d. h. mit andern Worten, wenn
die Sage den Gott heroisierte. Die Frage ist nur die, wie
man dieses in der griechischen Sagenbildung so unendlich
oft wiederkehrende Manövre ausführte. Und da ist die Entwicklung nach meiner Ansicht folgende gewesen. Neben den
oben erörterten Gestalten gab es in Sparta auch einen Apollon Lykeios, wie wir wohl aus seiner zweimaligen Anrufung
in den Fragmenten des Alkman. (Bergk, poet. lyr. Gr. p. 648.
fr. 68. 650. fr. 79.) schliessen dürfen. Von allen verschiedenen Gestalten des Apollon musste aber grade der Lichtgott
für den Begründer der Verfassung geeignet erscheinen. Deshalb nahm man diese specielle Seite des Gottes, um sie zum
Zweck geschichtlicher Personification zu heroisieren. Wie
der homerische Apollon neben der Form Ἕκατος auch die
Ἑκάεργος als Beinamen führt, so scheint man dem entsprechend für den Beinamen Λύκειος auch die Nebenform Λυ-
κόεργος oder Λυκοῦργος ansetzen zu dürfen. Die oben angenommene Heroisierung des Apollon würde also nach dieser
Auffassung kein andrer sein, als Lykurgos, der Begründer
der spartanischen Staatsverfassung. So lange die Sage sich
der Heroisierung noch bewusst war, leitete sie die Gesetze

des Lykurgos wegen der zwischen den Spartauern und einzelnen kretischen Städten bestehenden Verwandtschaft von Kreta her, da die Zurückführung der Verfassung auf Apollon, den neuen Staatsgott, durch den Namen des Lykurgos selbst ausgesprochen war. Als aber die Sage die Erinnerung an diese Heroisierung immer mehr verlor, da suchte man für die lykurgische Verfassung dadurch eine neue Anknüpfung an Apollon zu gewinnen, dass man die Gesetze unter pythischem Einfluss entstehen liess. Für die ursprüngliche Identität des Lykurgos mit einem Gotte, d. h. mit Apollon, scheint auch seine hohe Verehrung in Sparta und sein dort befindlicher Tempel zu zeugen, (Her. 1. 66. Str. 366. Paus. 3. 16, 6. Plut. Lyc. 31.) während man daselbst für historische Persönlichkeiten, wie das Beispiel des Teleklos zeigt, (Paus. 3. 15. 10.) Heroa zu errichten pflegte. Wenn wir ferner wissen, dass in den Gymnasien und Palaestren Apollon, Hermes und Herakles als Götter der gymnastischen Uebungen aufgestellt zu werden pflegten, so werden wir auch bei den auf den zum Platanistas, wo die Kämpfe der spartanischen Jünglinge abgehalten wurden, führenden Brücken aufgestellten Statuen des Herakles und Lykurgos uns den letztern als den Apollon zu denken haben. (Paus. 3. 14. 8.)

Wenn die Sage berichtet, Lykurgos habe für die Menschenopfer im Dienste der Artemis Orthia die Geiselung eingeführt, (Paus. 3. 16. 10.) so mag man auch darin die milden Einwirkungen der apollinischen Religion erkennen. Die der Sage nach unter dem Schutz des Apollon von einem Könige Spartas vorgenommene Verfassungsänderung wurde nun so dargestellt, dass man den heroisierten Apollon, d. h. den Lykurgos, zum Vormund des betreffenden spartanischen Königs machte. War aber dieser Lykurgos der Vormund eines spartanischen Königs, so musste die Sage, entsprechend den spätern historischen Verhältnissen, ihn auch zu einem Mitgliede des königlichen Geschlechts machen. Dann aber durfte man auch bei dem höchst wahrscheinlichen Vorhandensein von Stammbäumen innerhalb des königlichen Geschlechtes darauf rechnen, dass der eine oder andre Zweig des königlichen Geschlechtes den Lykurgos als seinen Ahnherrn verehrte. Auch dieses musste die Sage vermeiden. Deshalb wird uns berichtet, dass mit dem Sohne des Lykurgos, der bei Pausanias Eukosmos, bei Plutarch Antioros genannt wird, das Geschlecht desselben ausgestorben sei. (Plut. Lyc. 31. Vergl. Trieber, Forsch. zur spartan. Verfassungsgesch. p. 77 ff.)

Dies ist in kurzen Zügen meine Ansicht von der Geschichtlichkeit des Lykurgos. Derartige Fragen werden selbstverständlich eine gesicherte Lösung nie finden, und wenn die vorhergehende Ansicht aufgestellt wird, so erhebt sie weder den Anspruch auf Gewissheit, noch auf Wahrscheinlichkeit. Trotzdem glaubte ich dieselbe hier aussprechen zu müssen, weil ich, von der Richtigkeit derselben überzeugt, in dem Verlauf dieser Untersuchungen von der Darstellung der gesetzgeberischen Thätigkeit des Lykurgos ganz Abstand genommen habe.

7. Erklärung der lykurgischen Rhetra und des theopompischen Zusatzes.

(Plut. Lyc. 6.)

Wem es durch die früher von uns versuchte Reconstruction der spartanischen ἀναγραφαί wahrscheinlich geworden ist, dass dieselben sich wirklich auf ein so bescheidenes Maass geschichtlichen Inhaltes beschränkt haben, der wird den Verlust derselben gerade nicht übermässig zu beklagen brauchen. Denn es ist kaum anzunehmen, dass die älteste Geschichte der lakonischen Dorier aus trockenen Namensverzeichnissen der spartanischen Könige, welche uns ja ausserdem bei Herodot und Pausanias erhalten sind, zu besonders erheblichen Resultaten gelangen würde. Mehr zu bedauern ist ohne Zweifel der Verlust der Orakelsammlungen der Pythier, da, wie wir aus den bei Herodot erhaltenen Beispielen sehen, in denselben Beziehungen auf die Geschichte des spartanischen Staates enthalten waren. Auch was die mündliche einheimische Tradition betrifft, dürfen wir annehmen, dass dieselbe in ihren wesentlichen Bestandtheilen bei Herodot und Pausanias erhalten sich vorfindet. Wenn so schon die Quellen für die älteste spartanische Geschichte uns nicht spärlicher fliessen, als bei den andern Staaten und Stämmen Griechenlands überhaupt, so haben wir hier ausserdem noch den seltenen Vortheil, eine authentische Urkunde zu besitzen, welche an Alter alle derartigen uns bekannten Documente hellenischer Geschichte übertrifft. Die Wichtigkeit dieser Urkunde für die älteste Geschichte der Spartaner macht es nöthig, derselben eine eingehende Behandlung zu widmen, um durch Anbahnung einer, wie ich glaube, richtigen Erklärung derselben eine sichere Grundlage für die spartanische Geschichte zu gewinnen. Erst nachdem wir durch eine genaue Untersuchung den Text und die Bedeutung dieser Urkunde festgestellt haben, wird es unsre Aufgabe sein, die geschichtlichen Resultate aus derselben zu ziehen. Bevor wir jedoch zur Erklärung der Rhetra selbst übergehen, werden wir uns mit dem zweiten Capitel in den kürzlich erschienenen „Forschungen zur spartanischen Verfassungsgeschichte von Conr. Trieber" abzufinden haben, in dem die Rhetra und der theopompische Zusatz für eine Fälschung erklärt werden. Zunächst ist der allgemeine Standpunct Triebers der Rhetra gegenüber nach unsrer Ansicht ein ganz verfehlter. Die Rhetra nämlich, die durch das Zeugniss des Aristoteles (Plut. Lyc. 6.) beglaubigt wird, muss den Ausgangspunct für jede Untersuchung über die spartanische Verfassungsgeschichte bilden, nach ihr, der authentischen Urkunde, müssen alle andern Angaben modificiert und berichtigt werden. Als verfehlt dagegen muss es betrachtet werden, den Bericht der Rhetra durch die Angaben späterer Autoren rectificieren zu wollen. Wenden wir uns nun zu den einzelnen Puncten der trieberschen Argumentation, um die Nichtigkeit derselben zu erweisen. Nachdem Trieber in dem ersten Capitel nachzuweisen gesucht hat, dass die Cooptation der Syssitien, der untersten militaerischen Organisation, nicht nach Phylen oder gar nach Familien stattgefunden hat, so sollen nun auch die Oben, da man nicht wisse, wozu sie dienen sollen, sehr zweifelhafter Natur werden. Wozu die Oben gedient haben, das werde ich weiter unten nachzuweisen haben; hier soll nur darauf hingewiesen werden, dass der Umstand, dass „die ganze Rhetra der philologischen Kritik schon lange genug Kopfzerbrechen gemacht hat", denn doch für die Unechtheit derselben ein höchst kümmerlicher Beweis ist. Trieber geht dann von dem theopompischen Zusatze aus. Dieser Zusatz, durch den das Volk nur das Recht erhalten haben soll, zu den Vorschlägen der Gerusie Ja oder Nein zu sagen, stimmt nach Trieber nicht überein mit der an den Namen des Theopompos geknüpften Schwächung der königlichen Gewalt durch Einsetzung der Ephorie. Die Rhetra des Theopompos hat allerdings eine Beschränkung der Rechte der Apella herbeigeführt, wenn auch der Sinn des theopompischen Zusatzes nicht der ist, den Trieber annimmt. Die Einsetzung der Ephorie dagegen ist, wie ich das weiter unten nachwei-

sen werde, ursprünglich gewiss nicht mit einer Schwächung
des Königthumes verbunden gewesen. Damit würde also dieser von Trieber angenommene Widerspruch gehoben sein.
Ei-
nen zweiten Widerspruch mit der theopompischen Rhetra findet Trieber in dem Umstande, dass das Bildniss des Polydor
der doch nach der eben genannten Rhetra die Macht der Ekklesie beschränkt haben soll, sich auf dem Staatssiegel der
Ephoren befand. War die Einsetzung der Ephorie, wofür
ich bereits oben für weiter unten den Nachweis versprochen
habe, keineswegs eine Einschränkung der königlichen Gewalt,
so fällt dieser übrigens ganz unbedeutende Widerspruch von
selbst weg. Man könnte dann vielleicht sogar sagen: Weil
die Ephoren von Polydor als Diener der Könige eingesetzt
waren, weil sie nur im Namen der Könige Recht sprachen,
so hatten auch die ersten Ephoren auf ihrem Siegel das
Bildniss des Königs, d. h. des Polydor, als der Auctorität,
in dessen Namen sie Recht sprachen und von der ihre eigne
Gewalt abhängig war. Jedenfalls aber muss es als eine ver-
fehlte Argumentation betrachtet werden, aus diesen unbedeutenden, in Nichts sich auflösenden Widersprüchen auf die
Unechtheit einer sonst gut beglaubigten Urkunde schliessen
zu wollen.

Mit noch weniger durchschlagenden Gründen wird der
Beweis für die Unechtheit der lykurgischen Rhetra versucht.
Weil der Ζεὺς Ἑλλάνιος und die Ἀθανᾶ Ἑλλανία „ein wah-
res Kreuz der Erklärer" gewesen sind, weil es nicht klar ist,
weshalb Lykurg neue Phylen eingerichtet hat, da die drei
dorischen ja vorhanden waren, weil die Zahl 30 schwierig
zu erklären ist und der Name Obe mit Ausnahme einiger
Fourmontscher Inschriften nur an dieser Stelle vorkommt,
deshalb soll die Rhetra selbst unecht sein, Beweise, — wenn
man sie so nennen darf — die selbstverständlich ohne jede
Bedeutung sind. Einen weitern Beweis für die Unechtheit
der Rhetra entnimmt Trieber dann aus der alterthümlichen
Formel μεταξὺ Βαβύκας τε καὶ Κνακιῶνος. Zunächst erscheint es Trieber sehr sonderbar, dass zu Aristoteles' Zeit
über die Bedeutung von Babyka ein Streit entstehen konnte,
da es doch sehr nahe lag, über solche Dinge in Sparta selbst
Erkundigungen einzuholen. Der Schriftsteller, der dem sechs-

ten Capitel des plutarchischen Lykurg zu Grunde liegt, hat
das denn auch getban; er unterscheidet ausdrücklich die Angaben des Aristoteles von denen der Spartaner. Dass der
Name Babyka zu Aristoteles' Zeit nicht mehr bestanden hat,
ist durchaus nicht so unwahrscheinlich, wie Trieber meint,
scheint sich vielmehr, wie weiter unten erwiesen werden wird,
aus einer nothwendig im sechsten Capitel des Lykurg anzu-
nehmenden Lücke mit ziemlicher Sicherheit zu ergeben. Der
eigentliche Fälscher nun der beiden Rhetren soll sich nach
Trieber des Namens des Aristoteles nur zur gelehrten Ausschmückung seines Falsificats und zu besserer Täuschung des
Publikums bedient haben. „Um an Babyka eine gelehrte
Controverse anzuknüpfen, musste der apokryphe Fluss *Kva-*
κιών als etwas Sicheres, als der Fluss *Οἰνοῦς*, mit Bestimmtheit hingestellt werden." Ein Hinweis auf eine absichtliche
Fälschung der Rhetra soll auch darin liegen, dass nach den
neuen Topographen der Knakion südlich von der jetzigen
Stadt in den Eurotas fliessen soll, während die Angaben der
Alten ihn nördlich von der 'Stadt localisierten. Wenn Bursi-
an (Geogr. v. Griechenl. 2. 120.) „mit ziemlicher Wahrscheinlichkeit" in dem Knakion einen der südlich von der jetzigen
Stadt von Westen her in den Eurotas fliessenden Bäche erkennen zu können glaubt, so fehlt dafür aus den Angaben
der Alten, die doch nur darüber entscheiden können, jeder
Beweis. Der Fälscher soll die Rhetra aus dem weiter unten
zubehandelnden Fragmente des Tyrtaeos (Bergk., poet. lyr.
Gr.2. p. 317.) copiert und dann den Zusatz des Theopomp
dazu erfunden haben, um den Umstand zu erklären, dass in
der historischen Zeit die Ekklesie nur mit Ja und Nein stimmen durfte. Nun aber hat, worauf ich bereits oben hinwies,
der theopompische Zusatz gar nicht die Bedeutung, die Trieber demselben unterlegt. Dann aber kann auch die lykurgische Rhetra gar nicht eine Copie des Tyrtaeos sein, da in
jenem Fragmente desselben, wie weiter unten nachgewiesen
werden wird, die Bestimmungen der lykurgischen Rhetra bereits mit den Einschränkungen des Theopompos verbunden
erscheinen.

Ich glaube, man wird nach dem oben Gesagten Triebers
Versuch, die Unechtheit der besagten Rhetren zu erweisen,

als durchaus verfehlt bezeichnen dürfen, und wir wenden
uns deshalb zur Erklärung der Rhetren selbst.

Diese sogenannte Rhetra des Lykurgos bei Plutarch (Lyc.
6.) hat bereits eine doppelte Behandlung von Göttling (Ges.
Abhandl. 1. 317. ff.) und von Urlichs (N. Rhein. Mus. 6. 194.
ff. 1848.) hervorgerufen. Während sich Urlichs abgesehen
von wenigen Emendationen an den uns handschriftlich überlieferten Text hält, ist dagegen bei den Ausführungen Göttlings, besonders durch die Umstellung der prosaischen Rhetra in die metrische Form des Hexameters, von der ursprünglichen Gestalt der Rhetra fast nichts erhalten. Ich betrachte
es an dieser Stelle nicht als meine Aufgabe, den Auffassungen
Göttlings über die bei Herodot (1. 65.) und Diodor (Exc.
Vat. p. 2. Dind.) überlieferten Orakel als Prooimien der lykurgischen Verfassung entgegenzutreten oder auf die Zwei-
felhaftigkeit von *εὐνομία* als dem Namen der spartanischen
πολιτεία hinzuweisen, da für mich wenigstens diese Annahmen von Urlichs (p. 194. ff.) hinreichend widerlegt sind. Ebenso
glaube ich auf die Ansicht Göttlings von der ursprünglichen
metrischen Form der Rhetra (p. 326. ff.) der ausdrücklichen
Ueberlieferung des Plutarch gegenüber (*αἱ ῥῆτραι, δι' ὧν
ἐκόσμησε τὴν Λακεδαιμονίων πολιτείαν Λυκοῦργος, ἐδόθησαν
αὐτῷ καταλογάδην.* de Pyth. or. 19.) nicht näher eingehen
zu brauchen, zumal da Urlichs (p. 202.) auch dieser Annahme bereits entgegengetreten ist. Nach der Erklärung der
Rhetra wird mich die metrische Umschreibung derselben bei
Tyrtaeos noch einmal in einer gewissen Richtung auf diesen
Gegenstand zurückführen.

Etwas andres ist es dagegen mit der uns überlieferten
Form des lykurgischen Gesetzes. Dasselbe lautet nach der
handschriftlichen Ueberlieferung, wie folgt:

*Διὸς συλλανίου καὶ Ἀθηνᾶς συλλανίας ἱερὸν ἱδρυσάμενος
φυλὰς φυλάξαντα καὶ ὠβὰς ὠβάξαντα τριάκοντα γερουσίαν σὺν
ἀρχαγέταις καταστήσαντα ὥρας ἐξ ὥρας ἀπελλάξειν· μεταξὺ .
Βαβύκας τε καὶ Κνακιῶνος οὕτως εἰσφέρειν τε καὶ ἀφίστασθαι γαμωδᾶν γοριᾶν ἢ μὴν καὶ κράτος.*

Göttling (p. 317. 318.) betrachtet die Rhetra als einen
Auftrag Apollons in der Form von „imperativen Infinitiven,
welchen singularische Accusative von Participien beigefügt

sind", an eine bestimmte Person, d. h. den Lykurgos, gerichtet, eine Annabme Müllers, (Dor. 1. 134; 2. 18.) die Göttling weiter zu begründen sucht. Urlichs hat dieser Darstellung Göttlings entgegentreten zu müssen geglaubt, indem er dagegen einwendet, dass erstens, wenn der Infinitiv statt des Imperativs gebraucht wäre, nothwendig der Nominativ der Person damit verbunden sein müsste, dass zweitens dann am Schluss der Rhetra das Subject wechseln würde, und drittens, dass der Zusatz des Theopompos wieder andre Personen als Subjecte und einen andern Numerus für das Verbum enthalten würde, indem nach Urlichs' Ansicht als in directer Rede für den Optativ αἴ κεν ἕληται zu schreiben wäre. (p. 233.) Demgemäss bleibe nichts andres übrig, als die ganze Rhetra für einen im Accus. c. Infin. abhängigen Satz zu erklären, den Urlichs alsdann nach Erklärung des Wortes ῥῆτρα als Vortrag und Beschluss bei den Doriern mit einer postulierten Beziehung auf den delphischen Gott von einem Vordersatze ungefähr folgenden Inhaltes ableitet: ἐπειδὴ ὁ θεὸς ἔχρα τὸν Λυκοῦργον νομοθέτην τῶν Λακεδαιμονίων γενέσθαι, ἔδοξε τᾷ ἐκκλησίᾳ Διὸς κ. τ. λ.

Wenn ich auch einestheils die Ansicht von Urlichs, die Rhetra als einen im Accus. c. Infin. abhängigen Satz zu erklären, ohne Bedenken als richtig anerkenne, so vermag ich doch anderntheils den ergänzten Vordersatz durchaus nicht zu billigen. Denn erstens erscheint mir die postulierte Beziehung desselben auf Apollon und Lykurgos durchaus als nicht bewiesen; zweitens aber dünkt es mich unzulässig, das Gesetz, das die Einsetzung und regelmässige Abhaltung der Volksversammlung bestimmte, selbst als einen Beschluss dieser Volksversammlung hinzustellen. Ebenso scheinen mir auch die von Urlichs gegen die Möglichkeit der göttlingischen Erklärung vorgebrachten Gründe nicht stichhaltig. Statt des von Urlichs bei imperativen Infinitiven verlangten Nominativs der Person findet sich auch, wenn wir von dem Zusatz des Theopomp absehen, häufig der Accusativ. (Vergl. z. B. Sol. 19.) Den Wechsel des Subjectes am Schluss der Rhetra halte ich nicht für so bedeutend, um dadurch Göttlings Annahme in Zweifel ziehen zu können. Der erste Theil der Rhetra enthält Haupt-, der zweite Ausführungsbestimmungen,

wie das denn auch durch οὕτως angezeigt wird. Der Zusatz
des Theopomp ist für sich zu betrachten, enthält dann aber
durchaus nichts anstössiges, da durch das αἰ c. Optat. der
wiederholte Fall bezeichnet wird.

Wenn ich trotzdem der Ansicht Göttlings nicht beitrete,
so geschieht dieses, weil die Rhetra selbst für eine andre
Form zu zeugen scheint, und weil der historische Inhalt derselben, wie später nachzuweisen sein wird, für mich eine
derartige Auffassung verbietet. Die Rhetra zählt die einzelnen Acte der sogenannten lykurgischen Gesetzgebung auf,
und da muss es wunderbar erscheinen, dass die drei ersten,
die Errichtung eines Heiligthums für Zeus und Athene, die
Gliederung des Volkes, die Bestellung der Gerusia in Parti-
cipialconstruction erscheinen, während der vierte Act, die
Einrichtung der Volksversammlung, im Infinitive steht.
der Satzbildung, wie sie uns vorliegt, wird der Hauptnachdruck auf das ὥρας ἐξ ὥρας ἀπελλάξειν gelegt, während
diese Bevorzugung der ἀπέλλα der uns überlieferten Form
der lykurgischen Verfassung durchaus nicht entspricht. Nach
meiner Ansicht haben die einzelnen Glieder des Satzes in
ihrer ursprünglichen Fassung in einem vollkommen gleichen
Verhältniss gestanden, so dass wir, wie bei ἀπελλάξειν, auch
für die Participia Infinitive zu setzen haben. Der Schriftsteller, aus dem Plutarch die Rhetra entlehnte, hatte die
schwerfällige Form der sich wiederholenden Infinitive durch
Umwandlung einzelner derselben in Participialconstructionen
lesbarer zu machen gesucht, indem er den ganzen Satz von
einem denselben regierenden Vordersatz, wie ich mit Urlichs
annehme, abhängig machte. Damit soll jedoch keineswegs
gesagt sein, dass ich meinerseits die Infinitivconstruction,
vielleicht in dem Sinne von imperativen Infinitiven, als die
ursprüngliche Fassung der Rhetra betrachte, sondern nur
das, dass die Theile derselben in einer gleichen Nebeneinan-
derordnung gestanden haben. Für mich kommt es bei diesen
Untersuchungen nur auf den Inhalt der Rhetra an, da durch
den Nachweis der ursprünglichen Fassung derselben das historische Interesse für dieselbe nicht wesentlich gesteigert zu
werden vermag.

Ich wende mich zur Erklärung der einzelnen Theile der

Rhetra selbst, indem ich aus den oben erörterten Gesichtspuncten dieselben in den Infinitiv des Praesens umsetze.
Die handschriftliche Ueberlieferung der ersten Worte der Rhetra lautet: *Διὸς συλλανίου καὶ ἀϑηνᾶς συλλανίας ἱερὸν ἱδρυσάμενος*, in welcher für *συλλανίου* und *συλλανίας* die Vulgata *Ἑλλανίου* und *Ἑλλανίας* emendiert ist. (Vergl. Sintenis in s. Ausg. Urlichs a. a. O. p. 204. Valckenaer ad Theocr. Adon. p. 291.) Beide, Göttling und Urlichs, stimmen in der Verwerfung derselben überein, da weder die handschriftliche Lesart auf diese Emendation führe, noch ein Zeus Hellanios und eine Athene Hellania in Sparta überliefert seien. Göttling emendiert deshalb für *συλλανίου Σκυλλαίου* nach einer Glosse des Stephanos Byz. (s. v. *Σκύλλιον*), während er den Beinamen der Athene ganz auswirft. (p. 329. ff.) Die hinreichende Widerlegung dieser Ansicht durch Urlichs (p. 204. ff.) überhebt mich der Nothwendigkeit, auf dieselbe näher einzugehen, und kann ich mich deshalb sogleich zu dem von Urlichs selbst vorgetragenen Verbesserungsvorschlag wenden. Urlichs vermuthet nämlich *Βουλαίου* und *Βουλαίας*, da in der letzten Hälfte des fünften und in dem sechsten Capitel von Plutarchs Lykurg nicht sowohl von der Verfassung überhaupt, als von der Einsetzung der Gerusia die Rede sei. (p. 206.) Es kann aber selbstverständlich bei einer Emendation der handschriftlichen Lesart nicht das in Betracht kommen, wovon in dem fünften und sechsten Capitel, den Ausführungen Plutarchs, die Rede ist, sondern nur das, was uns die Rhetra selbst bietet. Dass aber in derselben in ihrer jetzigen Fassung der Hauptnachdruck nicht auf der Einrichtung der Gerusia, sondern auf dem *ἀπελλάξειν* ruht, glaube ich bereits oben nachgewiesen zu haben. Die Citierung der Rhetra an dieser Stelle hat ihren Grund in dem mangelnden Verständniss des Plutarch für dieselbe, wie wir das an noch mehreren Beispielen weiter unten nachweisen werden.
Nach Widerlegung der versuchten Emendationen werden wir deshalb wohl mit Rücksicht auf die handschriftliche Ueberlieferung auf die Vulgata insoweit zurückzugehen haben, dass wir *Σελλανίου* und *Σελλανίας* emendieren. Das *Σ* ist bekanntlich bei verschiedenen Worten die ältere Form für

einen jüngern Spiritus asper, (Curtius, Grundz. d. griech. Etym.2. 3(68.) wie denn auch die Priester des dodonaeischen Zeus bei Homer (Il. 16. 234.) noch *Σελλοί* heissen, während uns Pindar (Strab. 328.) die jüngere Form *'Ελλοί* überliefert hat. (Curtius a. a. O. 482.) An Epiros und den Cult des dodonaeischen Zeus knüpft sich, wie es scheint, der Name der Hellenen, (Aristot. Meteor. 1. 14. Curtius, griech. Gesch. 1. 85.) als deren Schutzgott der Zeus Hellenios ohne eine bestimmte locale Fixierung bei Herodot (9. 7.) genannt wird. Die Dorier auf ihren Wanderungen, wohl während sie ihre Wohnsitze *ἐν Πίνδῳ* hatten, (Her. 1. 56. Müller, Dor. 1. 18. ff.) scheinen zu Dodona in einer bestimmten Beziehung gestanden zu haben. *'Ελλά*, eine jüngere Form für *σελλά*, dem lateinischen sella entsprechend, nannten die Lakedaemonier speciell das Heiligthum des Zeus von Dodona, wie uns die Glosse des Hesychios lehrt, *ἐλλὰ καϑέδρα, Λάκωνες καὶ Διὸς ἱερὸν ἐν Δωδώνῃ*, (vergl. Curtius, Grundz. 216.) eine Form, von welcher sich dann der Beiname *'Ελλάνιος* oder *Σελλάνιος* des Zeus für Sparta ziemlich von selbst ergiebt. In Beziehung hierzu stand ohne Zweifel auch der Platz *'Ελλήνιον* in Sparta an dem Ende der Aphetaïs, (Curtius, (Pelop. 2. 231.) wo nach einheimischer Tradition die Griechen vor dem Zuge gegen Troja und vor dem Kriege mit Xerxes Kriegsrath gehalten haben sollten. (Paus. 3. 12. 6.) Wenn ich so *'Ελλάνιος* oder *Σελλάνιος* als ältere Form, die uns die handschriftliche Corruptel *Συλλανίου* der Rhetra darzubieten scheint, als Beinamen des Zeus in Sparta wahrscheinlich gemacht zu haben glaube, so muss dagegen die Uebertragung dieses Beinamens des Zeus auf Athene zu erklären den historischen Erörterungen, welche sch an diese Rhetra anzuschliessen haben, vorbehalten bleibien. Die ursprüngliche Form dieses ersten Theiles der Rhetra würde demnach, in die Construction des Infinitivs umgesetzt, lauten: *Διὸς Σελλανίου καὶ Ἀϑανᾶς Σελλανίας ἱερὸν ἱδρύεσϑαι.*

Der zweite Theil der Rhetra lautet in einer durchaus correcten Ueberlieferung: *φυλὰς φυλάξαντα καὶ ὠβὰς ὠβάξαντα.* Bei Plutarch findet sich für diese Worte folgende Erklärung: *τὸ μὲν φυλὰς φυλάξαι καὶ ὠβὰς ὠβάξαι διελεῖν ἐστι καὶ κατανεῖμαι τὸ πλῆϑος εἰς μερίδας.* Dass zunächst

das Wort τριάκοντα nach ώβάξαντα nicht zu diesem Theile
zu ziehen sei, darin stimmen Göttling (328) nnd Urlichs (209)
mit Recht überein. Es müsste sonst bei φυλὰς φυλάξαντα
nothwendiger Weise auch eine Zahl gestanden haben, wenn
auch nicht, wie Göttling will, die Zahl drei. Denn ganz abgesehen davon, ob die drei sogenannten dorischen Phylen
der Hylleis, Dymanes und Pamphyloi für Sparta wirklich
nachweisbar sind, was mir sehr fraglieh erscheint, so kann
doch hier an eine derartige Stammtheilung unter keiner Bedingung gedacht werden. Wäre diese Dreitheilung der Phylen wirklich eine allgemein dorische, so kann sie selbstverständlich nicht als ein Act der lykurgischen Gesetzgebung
betrachtet werden. Man kann deshalb denn auch an dieser
Stelle nur an die Einrichtung von localen Phylen denken,
wie wir sie für Sparta aus Pausanias (3. 16. 9.) kennen lernen, eine Ansicht, welche bereits K. Fr. Hermann ausgesprochen hat, (Ant. Lacon. p. 46. n. 144.) dem Kopstadt (a. a.
O. p. 77.) ohne Grund widerspricht. Dem localen Charakter
der Phylen entspricht auch die etymologische Bedeutung von
ώβά als Unterabtheilung der Phyle. Die etymologische Ableitung dieses Wortes von der Wurzel OF=AF (ἰαύω schla-
fen) entspricht ziemlich genau der Ableitung des Wortes κώμη
von κεῖσθαι und scheint für eine locale Bezeichnung zu zeugen. (Curtius, Grundz. d. gr. Etym. 517.) Nehmen wir zum
Schluss noch die Umsetzung in die Infinitive vor, so erhalten
wir als zweiten Act der lykurgischen Gesetzgebung φυλὰς
φυλάζειν καὶ ὠβὰς ὠβάζειν.

Die folgenden Worte der lykurgischen Rhetra lauten bei
Plutarch: τριάκοντα γερουσίαν σὺν ἀρχαγέταις καταστήσαντα.
Göttling (p. 328.) und Urlichs (p. 210.) sind über die Miss-
lichkeit von τριάκοντα ohne Hauptwort, wie es an dieser
Stelle steht, einig und geben deshalb Verbesserungsvorschläge.
Während Göttling τριάκοντα als einen spätern Zusatz ganz
auswirft, sucht Urlichs die Stelle durch Einschiebung eines
aus Plutarch (an seni 10.) herbeigeholten πρεσβυγενέας hin-
ter τριάκοντα zu heilen. Die von Urlichs benutzte Stelle des
Plutarch lautet: διὸ τὴν μὲν ἐν Λακεδαίμονι παραζευχθεῖσαν
ἀριστοκρατίαν τοῖς βασιλεῦσιν ὁ Πύθιος πρεσβυγενέας, ὁ δὲ
Λυκοῦργος ἄντικρυς γέροντας ὠνόμασεν. Urlichs meint nun

diese Stelle so verstehen zu müssen, dass die Namen Presby-
geneis und Archagetai von Delphoi, die zusammenfassende
Benennung Gerusia von Lykurg gegeben worden sei. Wie
ich glaube findet diese Stelle ihre einfache Erklärung darin,
dass unter ὁ δὲ Λυκοῦργος ἄντικρυς γέροντας ὠνόμασεν die
von uns zu erklärende lykurgische Rhetra, unter ὁ Πύθιος
πρεσβυγενέας der Zusatz des Theopompos, der diese Form
bietet, zu verstehen ist. Ebenso wenig, wie mit der Emendation von Urlichs, vermag ich mich aber auch mit der Aus-
stossung von τριάκοντα durch Göttling einverstanden zu erklären. Aus der Analogie des homerischen Zeitalters dürfen
wir mit Recht schliessen, dass an die Einsetzung einer Gerusia als Act der lykurgischen Gesetzgebung nicht zu denken
ist. Der Hauptnachdruck muss deshalb denn auch an dieser
Stelle grade auf der Zahl 30 ruhen, wie denn die Fixierung
der Zahl 30 für die Gerusia auch von Grote (griech. Gesch.
übers. 1. 668.) und Kopstadt (a. a. O. p. 109.) als lykurgische Neuerung aufgefasst wird. Aus diesem Gesichtspunct
und aus der ihres Alters wegen überall etwas dunkeln Spra-
che der Rhetra wird sich die sprachlich allerdings etwas schwer
verständliche Ueberlieferung der Handschriften vertheidigen
lassen. Γερουσίαν σὺν ἀρχαγέταις ist nach meiner Ansicht
als Apposition zu τριάκοντα aufzufassen, so dass die Stelle
also lauten würde, „30, nämlich die Gerusia mit den Archagetai, eingesetzt habend". Für ἀρχαγέται möge es an dieser
Stelle genügen, auf die Erklärung des Plutarch (Lyc. 6.)
hinzuweisen: ἀρχαγέται δὲ οἱ βασιλεῖς λέγονται. Als dritten
Act der lykurgischen Gesetzgebung haben wir also das τριάκοντα γερουσίαν σὺν ἀρχαγέταις καθιστάναι aufzufassen.
Die vierte und letzte Hauptbestimmung der lykurgischen
Rhetra endlich lautet: ὥρας ἐξ ὥρας ἀπελλάζειν μεταξὺ Βαβύκας τε καὶ Κνακιῶνος. Das ὥρας ἐξ ὥρας, wo ὥρα die
Zeit des Vollmondes bezeichnet, (Thuc. 1. 67. sch.) ist bereits von Schoemann, (Ant. jur. publ. Gr. 122.) dem Göttling (340.) beistimmt, auf das regelmässige Zusammenberufen
des Volkes bezogen worden, so dass der erste Genitiv mit
dem bekannten Gebrauche von δείλης, νυκτὸς zu vergleichen
ist. (Vergl. Urlichs a. a. O. 211.) Das Verbum ἀπελλάζειν,
von Plutarch durch ἐκκλησιάζειν erklärt und von Apollon ab-
9*

leitet, war das specielle Wort für die Abhaltung der spartanischen Volksversammlung, die selbst bei Hesychios *ἀπέλλα* genannt wird. (Vergl. Hesych. *ἀπελάζειν*) Die etymologische Ableitung des Wortes *ἀπέλλα* von der Wurzel *FEΔ* in der Bedeutung von Drängen, Einschliessen ergiebt sich mit ziemlicher Gewissheit, wie denn dieser Begriff für die Bezeichnung einer Zusammenfassung von einzelnen — man denke an *οὐλαμός* (Plut. Lyc. 23.) oder *ἴλη* (Xen. de rep. Lac. 2. 11.) — bei den Spartanern besonders im Gebrauch gewesen zu sein scheint. *Ἀπελλάζειν* hängt mit dem bei Homer (Il.3.13.) einmal vorkommenden *ἀελλής* für das gebräuchlichere *ἀολλής* eng zusammen. Durch Uebergang des ursprünglichen Digamma der Wurzel *FEΔ* in *Π* (Ahrens, de dial. Dor. p. 51.) in Verbindung mit *Ἄ* = *Ἁ* in der Bedeutung „zusammen" entstand die Form *ΑΠΕΔΙΑ*, die dann bei den Spartanern mit einem durchaus gewöhnlichen Wechsel von *ΔΙ* in *ΔΔ* in *ἀπέλλα* überging, während sonst noch nach Auswerfung des Digamma durch Contraction von *Δ* und *E* die Form *Ἁλία*, ionisch *Ἡλία* entstand, aus der dann, wie es scheint, die attische *ἡλιαία* mit einer adjectivischen Endung abgeleitet ist. (Vergl. Curtius, Grundz. 483. no. 656.)

Die zweite Frage ist nach der Bedeutung der alterthümlichen Formel *μεταξὺ Βαβύκας τε καὶ Κνακιῶνος*. Göttling (340 ff.) nimmt *Βαβύκα* mit Aristoteles als Brücke, deren Namen er von einem Eigennamen *Βάβυς* ableitet und die er ungefähr bei dem alten Phoibaion und Menalaïon zur Verbindung des rechten und linken Eurotasufers localisiert. Den Knakion bringt er wegen seiner gelblichen Farbe mit dem heutigen Trypiotiko, der Grenze des südlichen Theils der Stadt Sparta, (Curtius, Pelop. 2. 223.) zusammen. Das Local der spartanischen Apella ist ihm demnach „die schöne Ebene, welche sich östlich von den Hügeln Spartas an dem Eurotas hinzieht". Die Angabe des Tzetzes, (ad Lycophr. 550.) *Κνηκείων ποταμὸς Λακωνικῆς, ὃς ὕστερον ἐκλήθη Οἰνοῦς* hält Göttling für ein Missverständniss der Stelle des Plutarch (Lyc. 6.) *τὴν δὲ Βαβύκαν καὶ τὸν Κνακιῶνα νῦν Οἰνοῦντα προσαγορεύουσι*, die er, anstatt hinter *Βαβύκαν* eine Lücke anzunehmen, so auffasst, als ob Plutarch „den ganzen Platz zwischen Babykabrücke und Knakyon zu seiner Zeit Oinus genannt sein lässt".

Mit Recht ist Urlichs diesen Annahmen Göttlings entgegengetreten (211 ff.) und hat nachgewiesen, dass das von diesem angenommene Local der spartanischen Apella Oinus nicht genannt worden sein kann. Urlichs erklärt dann Knakion für Oinus nnd setzt für Babyka den Trypiotiko an. Durchaus richtig ist die Ansicht von Urlichs, wie dafür denn auch Plutarch (Pelop. 17.) sehr deutlich zeugt, dass ὁ μεταξὺ Βαβύκας τε καὶ Κνακιῶνος τόπος das gesammte Local der Stadt Sparta bezeichnet. (Vergl. Wachsmuth in Fleckeisens Jhrb. 1868. p. 9. n. 29.) Verfehlt dagegen erscheint die Emendation der plutarchischen Stelle (Lyc. 6.) τὴν δὲ Βαβύκαν καὶ τὸν Κνακιῶνα νῦν Οἰνοῦντα προσαγορεύουσι durch Einschiebung eines χείμαῤῥον nach Βαβύκαν. Die Glosse des Hesychios, aus der diese Emendation entlehnt ist, lautet: Βαβύας· βόρβορος, πηλός. Βαβύη χείμαῤῥος, οἱ δὲ πόλις. (lies πηλός nach Urlichs) Βαβύκα γέφυρα. Es ist sehr wohl möglich mit Urlichs für die verschiedenen Deutungen des Wortes Βαβύκα als Gemeinsames den Schlamm und den schlammigen Fluss anzunehmen, nur scheint mir dadurch die Einschiebung von χείμαῤῥον hinter Βαβύκαν in der plutarchischen Stelle durchaus noch nicht für gerechtfertigt. Die Glosse des Hesychios Βαβύη χείμαῤῥος ist doch wohl in demselben Sinne aufzufassen, in dem es von dem attischen Kephisos bei Hesychios heisst: Κηφισός· ποταμός. Wie diese Glosse die Bedeutung hat, „der Kephisos ist ein Fluss", so bedeutet Βαβύη χείμαῤῥος „die Babyo ist ein Giessbach". Daraus aber folgt von selbst, dass da, wo man den historischen Namen der Babyka erwartet, ein allgemeines χείμαῤῥος nicht gestanden haben kann. War also die Babyka, wie das als Annahme der Spartaner aus Plutarchs Worten hervorzugehen scheint, wirklich ein Fluss, so dürfen wir hinter Βαβύκαν in der oben citierten Stelle Plutarchs nur den alten Namen für den Trypiotiko setzen, und das war Tiasos oder Tiasa. (Curtius, Pelop. 2. 244.) Es ist also zu schreiben: τὴν δὲ Βαβύκαν Τίασαν καὶ τὸν Κνακιῶνα νῦν Οἰνοῦντα προσαγορεύουσιν.

Wenn Urlichs (p. 216.) trotz seiner richtigen Ansicht von der Babyka und dem Knakion als den äussersten Gren-

zen der Stadt Sparta dann doch glaubt, dass durch μεταξὺ
Βαβύκας τε καὶ Κνακιῶνος der Ort der Agora bezeichnet
werde, so ist das eine Ansicht, die durch die Zustimmung
des Plutarch um nichts besser wird. „Du sollst innerhalb
der äussersten Stadtgrenzen die Volksversammlung abhalten"
besagt die Rhetra und weiter gar nichts. (Vergl. Curtius,
Pelop. 2. 238.) Was diese Formel geschichtlich bedeutet,
werde ich später zu erörtern haben. Zum Schluss mag noch
bemerkt werden, dass wir von der Auctorität des Aristoteles,
der Babyka für eine Brücke erklärt, (Lyc. 6.) deshalb ab-
gewichen sind, weil ihr die werthvollere Tradition der Spartaner selbst entgegensteht, die nach der, wie ich glaube,
sichern Emendation von Τίασαν die Babyka für den bezeichneten Fluss hielten.

Der zweite Haupttheil der Rhetra, der mit dem Worte
οὕτως beginnt, enthält Ausführungsbestimmungen, indem er
das Verhältniss zwischen den Rechten der Apella und Gerusia
regelt. Die Worte der Rhetra selbst lauten: οὕτως εἰσφέρειν
τε καὶ ἀφίστασθαι· γαμωδᾶν γοριᾶν ἦ μὴν καὶ κράτος, von
denen die letztern Corais (ad Aristot. pol. 2. 8. 3.) durch
δάμῳ δὲ κυρείαν εἶμεν καὶ κράτος, Sintenis in seiner Ausgabe
durch δάμῳ τὰν κυρίαν ἦμεν καὶ κράτος, Otfr. Müller endlich
(Dor. 2. 85.) durch δάμῳ δὲ κυρίαν ἦμεν καὶ κράτος emendiert hat. Was nun zunächst die Worte οὕτως εἰσφέρειν τε
καὶ ἀφίστασθαι anbetrifft, so will Göttling (p. 339.) für οὕτως ὀρθῶς schreiben, Urlichs dagegen οὕτως vor ἀπελλάζειν
setzen, (p. 231.) Sauppe (epist. crit. p. 68.) οὕτως in αὐτώς
verwandeln. Wie ich glaube, lässt sich das οὕτως an seiner
handschriftlich überlieferten Stelle sehr wohl erklären. Nehmen wir zunächst an, wie ich das gleich nachweisen zu können glaube, dass von den Worten εἰσφέρειν τε καὶ ἀφίστασθαι das erstere sich auf die Gerusia, das letztere auf die
Apella bezieht, so vermittelt οὕτως durch den Hinweis auf
das Vorhergehende die Einrichtung der Gerusia und Apella
mit ihren in den folgenden Worten dargelegten Rechten.
Οὕτως ist als eine Ellipse aufzufassen, wobei der Begriff des
Einrichtens zu ergänzen ist, und leitet einen in den Worten
εἰσφέρειν τε καὶ ἀφίστασθαι enthaltenen epexegetischen Infinitiv ein. (Vergl. Krüger, griech. Gramm. 1. 58. 10. 9.)

Das Verbum εἰσφέρειν in der Bedeutung „ein Gesetz ein-
bringen" bedarf wegen seines häufigen Gebrauches in diesem
Sinne keiner weitern Erklärung und bezieht sich selbstverständlich auf das προβούλευμα der Gerusia. Etwas andres dagegen ist es mit dem Worte ἀφίστασθαι. Göttling (339) und
Urlichs (231) beziehen beide das ἀφίστασθαι auf die Gerusia.
Göttling hält es deshalb für einen Zusatz aus der Zeit des
Theopomp, „denn wer das Recht hat ein Gesetz einzubrin-
gen, hat auch wohl das Recht, sagt Göttling, es wieder zu-
rückzuziehen, ehe es zur Abstimmung kommt." Nach Urlichs enthält der Schluss der Rhetra von οὕτως an „die Vor-
schrift, Gesetze vorzubringen und von ihnen abzustehen, d.h.
entweder Vorschläge fallen zu lassen oder schon gefasste Beschlüsse abzuändern, falls das Volk damit einverstanden sei :
dieses aber habe in beiden Fällen zu entscheiden." Ich muss
gestehen, dass ich das Wort ἀφίστασθαι, auf die Gerusia bezogen, für einen höchst müssigen Zusatz halte, und dass mir
die Erklärung von Urlichs durchaus nicht genügt. Was zunächst das „Vorschläge fallen lassen" betrifft, so konnten
derartige Vorschläge entweder vor dem Beschlusse der Apella
fallen gelassen werden und dass dann das Einverständniss
des Volkes nicht nöthig war, ist wohl mit Göttling als selbstverständlich und unzweifelhaft anzunehmen. Betrachten wir
aber zweitens die Art, „gefasste Beschlüsse abzuändern", so
konnte dieses doch wohl nur auf die Weise geschehen, dass
die Gerusia einen Antrag auf Abänderung eines von der Volksversammlung auf Antrag der Gerusia vorher gefassten Be-
schlusses bei ebendieser Apella einbrachte. In dem erstern
Falle würde der Zusatz des ἀφίστασθαι als durchaus müssig,
weil vollkommen selbstverständlich, erscheinen, in dem zweiten dagegen der Begriff des ἀφίστασθαι in dem des εἰσφέρειν mitenthalten und deshalb wieder überflüssig sein. Ebenso findet auch die Ansicht Grotes, (griech. Gesch. 1. 6C5. 15.
Uebers.) ἀφίστασθαι bedeute „zur Entscheidung stellen" in
dem knidischen ἀφεστήρ, welchen er anführt, kein Analogon. (Plut. quaest. Gr. 4.) Denn etymologisch bat ἀφεστήρ
mit ἀφίστασθαι gewiss nichts zu thun. Ἀφεστήρ ist doch
wohl zusammengesetzt aus ἀπό und der Wurzel Ἑ Δ, die
sich in εἷσα findet. Wenn es nun bei Plutarch (a. a. O.)

von dem knidischen *ἀφεστήρ*, dem Vorsitzenden der 60 *ἀ-μνήμονες*, heisst, *ὁ δὲ τὰς γνώμας ἐρωτῶν ἀφεστήρ*, so scheint derselbe seinen Namen von der Art des *γνώμας ἐρωτᾶν* erhalten zu haben, indem er die verschieden Votierenden sich auseinander setzen liess, ähnlich wie die Spartaner auf Veranlassung des Ephoren Sthenelaïdas über die Erklärung des peloponnesischen Krieges abstimmend *ἀναστάντες διέστησαν*. (Thuc. 1. 87.)

Ganz anders dagegen verhält sich die Sache, wenn man *ἀφίστασθαι* in der Bedeutung von desistere, abstehen, (Urlichs 231.) d. h. ablehnen, auf die Apella bezieht. Wenn die Rhetra hier nur von dem Rechte der Volksversammlung, Vorschläge der Gerusia abzulehnen, zu berichten weiss, so muss man das einestheils ihrer Knappheit und Kürze zu Gute halten; anderntheils aber wäre der Zusatz, dass es ein Recht der Apella sei, dem Antrage der Gerusia beizutreten, durchaus müssig, weil dieselbe in der Verpflichtung der Gerusia zum *εἰσφέρειν* selbstverständlich begründet lag. Wohl aber war es ein Recht, den Antrag der Gerusia zu verwerfen, und das bedeutet *ἀφίστασθαι*, wie uns die Erklärung des Plutarch hinter dem Zusatze des Theopomp, die letzten Worte der Rhetra und jener Zusatz des Theopomp lehren. Plutarch erklärt das *ἀποστατῆρας ἦμεν* des Theopomp durch *μὴ κυροῦν ἀλλ' ὅλως ἀφίστασθαι καὶ διαλύειν τὸν δῆμον*, wo die letzten Worte *καὶ διαλύειν τὸν δῆμον* nur ein Zusatz des Plutarch sind, während in *μὴ κυροῦν ἀλλ' ὅλως ἀφίστασθαι* derselbe Begriff das eine Mal negativ, das andre Mal positiv ausgesprochen ist. *Ἀφίστασθαι* ist also gleich dem *μὴ κυροῦν* und bedeutet „nicht bestätigen". Ebenso spricht der Schluss der Rhetra für meine Ansicht. Wären in den Worten *εἰσφέρειν τε καὶ ἀφίστασθαι* die Rechte der Gerusia, in den Worten *δάμῳ δὲ κυρίαν ἦμεν καὶ κράτος* die der Apella enthalten, so würde man für die erstern wegen des sich dann vorfindenden Gegensatzes ein *μέν*, dem *δὲ* der letzten Worte entsprechend, erwarten. Was sollte aber, fragen wir, der genauen Umschreibung der Rechte der Gerusia gegenüber die dann vagen Ausdrücke über die Rechte der Volksversammlung bedeuten, dem Volke soll die Macht und Gewalt sein? Beziehen wir dagegen das *ἀφίστασθαι* auf die

Apella, so erklärt sich nicht nur das fehlende *μέν*, sondern auch die letzten Worte der Rhetra erscheinen in einer bestimmten Bedeutung. War nämlich ein Antrag der Gerusia von der Apella vermöge ihres Rechtes des *ἀφίστασθαι* abgelehnt worden, so lagen zwei Beschlüsse vor, das *προβού λευμα* der Gerusia, das ablehnende Votum der Volksversammlung, bei denen es fraglich war, welcher von beiden den Anspruch auf rechtliche Gültigkeit hatte. Um einem derartigen Conflicte vorzubeugen, bestimmte die Rhetra, „dem Volke soll die Macht und Gewalt sein", d. h. das Votum der Apella, nicht der Vorschlag der Gerusia soll Gesetzeskraft erhalten.

Endlich findet auch so der Zusatz des Theopompos sehr einfach seine Erklärung: *αἰ δὲ σκολιὰν ὁ δᾶμος ἕλοιτο, τοὺς πρεσβυγενέας καὶ ἀρχαγέτας ἀποστατῆρας ἦμεν.* Derselbe ist die Aufhebung des in den letzten Worten der lykurgischen Rhetra dem Volke garantierten Rechtes, dass seine Vota Gesetzeskraft erhalten sollten. Die Motive für diese Gesetzänderung bei Plutarch, *ὕστερον μέντοι τῶν πολλῶν ἀφαιρέσει καὶ προσθέσει τάς γνώμας διαστρεφόντων καὶ παραβιαζομένων,* haben nur den Werth einer Vermuthung dieses Schriftstellers, denn ob die spartanische Apella die Initiative für Aenderungen an vorliegenden *προβουλεύματα* der Gerusia gehabt hat, muss nach den Worten des Thukydides, (1. 87.) *κρίνουσι γὰρ βοῇ καὶ οὐ ψήφῳ,* als sehr fraglich erscheinen. Die Rhetra hat, wie ich glaube, folgende Bedeutung: „So oft die Apella einen schiefen Beschluss fasst" — wo das Wort *σκολιάν* einen aus der ursprünglichen Bedeutung von „schief" entwickelten Begriff „falsch, verkehrt" vertritt, wie schon Grote durch Analogien aus Homer und Hesiod richtig nachweist (griech. Gesch. 1. 667. 16. Uebers.) — bedeutet „so oft die Apella dem Antrage der Gerusia nicht beitritt", indem nach der subjectiven Auffassung der Gerusia ein derartiges Beginnen als verkehrt gekennzeichnet wird. Der Nachsatz der Rhetra endlich, „so sollen die Geronten und Könige Abwender sein", bezeichnet das Recht der Gerusia, trotz des ablehnenden Votums der Apella ihr *προβούλευμα* aufrecht zu erhalten. Man wagte offenbar nicht durch Aufhebung der Schlusssätze der Rhetra des Lykurgos das Recht der Apella zum *ἀφίστασθαι* direct aufzuheben, wohl aber ver-

stand man es durch die ganz abnorme Einrichtung, die Ge_
rusia für die Gesetzesvorlagen zur untersten und obersten Instanz zu machen, das Recht der Apella, als Zwischen-
instanz Gesetze abzulehnen, thatsächlich illusorisch zu machen. Wenn deshalb denn auch bei den Alten die Lykurgische Verfassung als Einsetzung einer Aristokratie aufgefasst
wird, so ist das verkehrt. Die lykurgische Rhetra begründete
eine ausgedehnte Demokratie, erst der Zusatz des Theopomp
schuf eine Aristokratie.

Nachdem wir so die Rhetra aus der Rhetra selbst zu
erklären versucht haben, bleibt es uns noch übrig, mit einigen Worten jener Stelle des Tyrtaeos in seiner Eunomia zu
gedenken, in der offenbar eine metrische Umschreibung der
Rhetra enthalten ist. (Bergk, poet. lyr. Gr. p. 317. Ed. II.)
Wenu Göttling (333) behauptet, dass in diesem Fragmente
des Dichters nur von den Orakeln die Rede sein könne, welche Lykurg und seine Genossen mitheimbrachten, nicht aber
von der Rhetra des Theopomp, so widerspricht das zunächst
der Ansicht des Plutarch, (Lyc. 6.) der offenbar den Plural ἀκούσαντες auf Theopomp und Polydor bezieht. Dann aber, wenn
man die Richtigkeit der von uns vorausgeschickten Untersuchungen anerkennt, wird man auch die lykurgische Rhetra
in der metrischen Umschreibung des Tyrtaeos mit dem Zusatze des Theopomp verarbeitet finden. Ja Tyrtaeos bezieht
offenbar die gesammten Bestimmungen der lykurgischen Rhetra, soweit dieselben die Rechte der Könige, der Gerusia,
der Apella regelten, zugleich mit seinem besondern Zusatz
auf den den Göttern geliebten Theopompos, wie er ihn nennt.
(Bergk p. 318. fr. 5.) Dadurch aber dass Tyrtaeos die Bestimmungen von dem delphischen Orakel ableitet, ersehen
wir aus der uns in prosaischer Form erhaltenen Rhetra des
Theopomp, dass bei den Alten die metrische Fassung der
apollinischen Orakel durchaus nicht als nothwendig anerkannt
wurde. Damit aber fällt, selbst wenn man die lykurgische
Gesetzgebung als Ausfluss des delphischen Gottes auffasst,
die Nothwendigkeit fort, die uns erhaltene Rhetra, wie Göttling es gethan, in eine metrische Form umzustellen.

Bei der Stelle des Tyrtaeos ist nun das zu bemerken,
dass der Zusatz des Theopompos nicht, wie es in Wirklich-

keit geschehen war, der lykurgischen Rhetra hinzugefügt ist,
sondern dass beide, Rhetra und Zusatz, in einander verarbeitet erscheinen.

Ἄρχειν μὲν βουλῆς ϑεοτιμήτους βασιλῆας,
οἷσι μέλει Σπάρτης ἱμερόεσσα πόλις,
πρεσβυγενέας τε γέροντας· —

bezieht sich auf das lykurgische τριάκοντα γερουσίαν σὺν ἀρχαγέταις καταστήσαντα.

In den folgenden Worten des Tyrtaeos ist Rhetra und
Zusatz verschmolzen.

— ἔπειτα δὲ δημότας ἄνδρας
εὐϑείαις ῥήτραις ἀνταπαμειβομένους
μυϑεῖσϑαι τε τὰ καλὰ καὶ ἔρδειν πάντα δίκαια,
μηδέ τι βουλεύειν τῇδε πόλει (σχολιόν.)

Die Volksversammlung mit graden, d. h. mit rechten,
Beschlüssen auf das προβούλευμα der Gerusia antwortend,
soll Schönes reden und Gerechtes thun und nicht der Stadt
etwas Schiefes, d. h. Verkehrtes, beschliessen. Man sieht,
es ist die wohl verclausulierte Bestimmung Theopomps, allerdings hier nur, wie es die poetische Darstellung mit sich
bringt, in einer allgemeinen Beziehung und in der Form einer Ermahnung an die Spartaner. Wir haben bereits oben
gesehen, wie das lykurgische δάμῳ δὲ κυρίαν ἦμεν καὶ κράτος
durch den theopompischen Zusatz illusorisch geworden war.
Deshalb bezieht denn auch Tyrtaeos diese Worte, die er
durch

δήμου τε πλήϑει νίκην καὶ κάρτος ἕπεσϑαι

umschreibt, offenbar mit Rücksicht auf den damaligen zweiten messenischen Krieg, auf den Sieg und die Macht des
Volkes seinen äussern Feinden gegenüber.

Bei dieser Auffassung der Stelle des Tyrtaeos ergiebt
sich dann auch von selbst die Bedeutung der Worte des Suidas : Τυρταῖος Λάκων ἔγραψε πολιτείαν Λακεδαιμονίοις.
(s. v. Τυρταῖος.) —

8. Der Synoikismos Spartas.

Nachdem wir in der vorhergehenden Untersuchung eine richtige Erklärung der lykurgischen Rhetra gegeben zu haben glauben, wird es unsre Aufgabe sein, in dieser Betrachtung die historischen Folgerungen, welche sich daran knüpfen, genauér zu untersuchen. Wir sind in einer der frühern Untersuchungen in der innern Geschichte Spartas noch nicht über das Sonderleben der drei Einzelgemeinden Agiadai, Eurypontidai, Aigeidai hinausgekommen. Der nächste Schritt zu einer weitern Entwicklung war der Synoikismos dieser drei Sondergemeinden zu einer staatlichen Gesammtheit. Ein freiwilliger Synoikismos erfolgt aber stets auf der Grundlage eines zwischen den Einzelgemeinden abgeschlossenen Vertrages, durch den die ursprünglichen Sonderrechte geregelt und bestimmt werden. Ein derartiger Vertrag entzieht sich für gewöhnlich wegen des hohen Alters solcher Synoikismen jeder geschichtlichen Ueberlieferung. Nur für die spartanische Geschichte sind wir in der glücklichen und seltenen Lage, die Urkunde dieses alten Vertrages zu besitzen, jene lykurgische Rhetra, mit der wir uns soeben beschäftigt haben.

Zunächst mag mit zwei Worten auf die Bedeutung des Wortes ῥήτρα selbst hingewiesen werden. Die überwiegende Mehrzahl der Grammatiker stimmt in der Erklärung von ῥήτρα als συνθήκη überein, so dass wir die Bedeutung, welche im Etym. M. (p. 703.) durch die Worte ῥήτρα γὰρ κατὰ Δωριεῖς ὁ νόμος ausgesprochen wird, als von der erstern Bedeutung abgeleitet annehmen dürfen. (Hermann, Staatsalterth. §. 23. 7. Nitzsch, hist. crit. Hom. init. p. 52.) In dieser Bedeutung von Vertrag erscheint ῥήτρα in der ältesten uns bekannten Stelle bei Homer, (od. 14. 393 = Wette.) ebenso auch in jener alterthümlichen Inschrift, die einen Vertrag zwischen Elis und Heraia enthält. (C. inscr. Gr. 11.) Dieselbe Bedeutung dürfen wir für die lykurgische Rhetra als richtig beanspruchen. Und ein Vertrag ist denn auch diese Rhetra, wie ich bereits oben bemerkte, der Vertrag, durch welchen diese drei Sondergemeinden Agiadai, Eurypontidai, Aigeidai sich in der synoikisierten Gemeinde Sparta vereinigten.

Wenn die Alten ein neues Gemeinwesen errichteten, gründeten sie vor allem, damit der neuen Gründung ihre Schutzgottheit nicht fehle, den religiösen Mittelpunct, den heiligen Staatsherd. Wenn mehrere Gemeinden zu einem gemeinsamen Synoikismos sich einigen, so wird man, wenn dieselben verschiedene Gentilculte besitzen, bei der Wahl des gemeinsamen Staatscultes zwei Wege unterscheiden können. Denn entweder wird die eine dieser Gemeinden bei bedeutender Ueberlegenheit ihren Gentilcult auch zum Staatscult erheben oder, wenn die zusynoikisierenden Gemeinden von gleicher Stärke sind, wird man den Gentilcult jeder derselben zum Staatscult machen und so nicht einen, sondern mehrere Staatsculte erhalten. Diesen zweiten Weg finden wir bei dem spartanischen Synoikismos eingeschlagen. *Διὸς Σελλανίου καὶ Ἀθανᾶς Σελλανίας ἱερὸν ἱδρύεσθαι* heisst es in der lykurgischen Rhetra.

Agiadai und Eurypontidai hatten beide, wie oben nachgewiesen, den Dienst des Zeus als Gentilcult, die einen den des Lakedaimon, die andern den des Uranios. Indem man von diesen speciellen Seiten desselben absah, wählte man die allgemeine Bezeichnung des dodonaeischen Zeus Sellanios. Auf Athene, die Gentilgottheit von Aigeidai, wie wir oben wahrscheinlich gemacht zu haben glauben, ist der Beiname Sellania offenbar von Zeus übertragen, um so durch gemeinsamen Cultnamen beide enger zu verbinden. Zeus und Athene werden in dem syonikisierten Sparta, wo sie eine Beziehung zu dem politischen Leben des Staates haben, überall dem Charakter dieses Synoikismos entsprechend zusammen verehrt. So neben dem Zeus Agoraios eine Athene Agoraia, (Paus. 3. 11. 9.) neben dem Zeus Ambulios eine Athene Ambulia, (Paus. 3. 13. 6.) neben dem Zeus Xenios eine Athene Xenia. (Paus. 3. 11. 11.) Wie Zeus Kosmetas der Schutzgott der spartanischen Akropolis war, so wurde auch Athene

Poliuchos neben ihm verehrt. (Paus. 3. 17. 2.) Wenn das
Heer die heimische Grenze überschritt, wurden dem Zeus
und der Athene die üblichen διαβατήρια dargebracht. (Xen.
de rep. Lac. 13. 2. Polyaen. 1. 10.)

Wo diese Heiligthümer des Zeus Sellanios und der Athene Sellania in Sparta gelegen haben, darüber lassen sich nur
Vermuthungen aufstellen. Zu Pausanias' Zeit haben dieselben offenbar nicht mehr bestanden, denn sonst würde derselbe sie ohne Zweifel aufgefühst haben. Wohl aber wird
man mit einigem Grunde vermuthen dürfen, dass dieselben
wegen der Namensidentität an dem Platze Hellenion, den
Pausanias kennt, (Paus. 3. 12. 6.) gelegen haben. Dort war
höchst wahrscheinlich auch der älteste Versammlungsort der
geeinigten Gemeinde. Dort sollten wenigstens die Griechen
vor dem Zuge gegen Troja und vor dem Beginne der Perserkriege sich berathen haben; eine Erzählung, welche für den
ersten Fall als mythische Sanctionierung des Versammlungs-
ortes auch von dem achaeischen Ἀμάριον in Aigion berichtet wurde. (Paus. 7. 24. 2.)

Der Staat bedarf zu seiner eignen Verwaltung kleinerer
Unterabtheilungen. Dass er als solche die drei synoikisierten
Gemeinden nicht benutzen konnte, versteht sich von selbst.
An ein enges Zusammenwachsen des Staates aus seinen drei
Theilen würde bei einer solchen Einrichtung nicht gedacht
werden können. Wie ist demnach die zweite Bestimmung
der lykurgischen Rhetra aufzufassen : φυλὰς φυλάξειν καὶ
ὠβὰς ὠβάζειν ?

Man hat hierbei wohl an die drei Phylen der Hylleis,
Dymanes und Pamphyloi gedacht, die man sich gewöhnt hat
nach dem Vorgange von Valckenaer, (ad Her. 5. 68.) Otfr.
Müller (Dor. 2. 75.) und Boeckh (Expl. Pind. p. 234. Corp.
inscr. Gr. 1. p. 579.) die dorischen zu nennen. Wie nun
aber überhaupt bei diesem Synoikismos an eine Einordnung
der Gemeinden achaeischen und minyischen Stammes in die
dorischen Phylen nicht gedacht werden darf, so scheint mir
auch die Existenz dieser Phylen selbst für Sparta gewichti-
gen Zweifeln unterworfen zu sein. Zunächst mag, um den
allgemein dorischen Charakter dieser Phylen in Frage zu
stellen, darauf hingewiesen werden, dass dieselben nachweis-

bar sind in Argos, Sikyon, Epidauros, Aegina, Kydonia, einer aeginetischen Colonie, Korinth, Kerkyra, Troizen, Megara, Rhodos, Akragas, (Müller, Dor. 2. 71.) nicht nachweisbar in Doris und Messenien. Für die Existenz derselben in Sparta sprechen die Scholien zu Pindar (Pyth 1. 121.) Πάμφυλος καὶ Δύμας καὶ Δῶρος υἱοὶ Αἰγιμιοῦ, ἀφ᾽ ὧν Παμφυλὶς καὶ Δυμανὶς φυλαὶ ἐν Λακεδαίμονι und zu Aristophanes, (Plut. 382.) φυλαὶ ἐν Λακεδαίμονι Πάμφυλοι, Δυμᾶνες, Δωριεῖς. Nun ist zunächst festzuhalten, dass diese Phylen als allgemein dorische von keinem Schriftsteller bezeugt werden. Das directe Zeugniss, welches Müller bei Herodot (5. 68.) finden will, liegt nicht in der Stelle. Die φυλαὶ αἱ Δωριέων, deren Namen Kleisthenes verändert, beziehen sich wegen des ausgesprochenen Gegensatzes zu der Phyle Aigialeis offenbar nur auf die Dorier von Sikyon. Die Glosse des Stephanos (s. v. Υλλεῖς.) ἔστιν ῞Υλλις καὶ φυλὴ ῎Αργους καὶ Δωριέων καὶ Τροιζηνίων, ist offenbar verderbt. Denn die allgemeine Bezeichnung Δωριέων zwischen den beiden speciellen ῎Αργους καὶ Τροιζηνίων würde durchaus unpassend sein und ist höchst wahrscheinlich in Ἐπιδαυρίων zu emendieren. Eine andre Glosse endlich desselben Stephanos Δυμᾶν φυλὴ Δωριέων κ. τ. λ. zeigt durch den Zusatz καὶ προςετέθη ἡ ῾Υρνιθία deutlich, dass ihre Angaben nur auf Argos zu beziehen sind.

Sind diese Phylen also als allgemein dorische uns nicht überliefert, so muss dagegen bemerkt werden, dass alle Orte, wo sie sich vorfinden, Argos als letzten Ausgangspunct ihrer Gründung haben. In Argos tritt diese Eintheilung besonders deutlich hervor, wie denn auch hier diese Phylen einen localen Charakter hatten. Die Stadt, bemerkt Curtius, war nach den Phylen eingetheilt, welche hier besondere Quartiere bildeten. (Curtius, Pelop. 2. 363. 563. 17.) Ausserdem ist auch die Sage, welche jene Dreitheilung der Dorier motivieren soll, offenbar argivischen Ursprungs. Sie ist die Legitimation der dorischen Eroberer, die durch Hyllos, den Sohn des Herakles und Adoptivsohn des Aigimios, den Stammvater der Hylleis, zur Besitznahme von Argos berechtigt waren, (Müller, Dor. 1. 45.) Denn ursprünglich hatte Herakles in der Sage nur Rechte auf Argos — in der Ilias (19. 105.) ist er Herr von Tiryns, Mykene und den umwohnenden Völkerschaften. Die gezwungene Legitimation des Besitzrechtes der Herakliden auf Lakonien und Messenien ist gewiss erst später erfunden. Darnach setzte Herakles nach Besiegung der Hippokoontiden Tyndareos in die lakedaemonische Herrschaft wieder ein mit der Weisung, dieselbe für seine Nachkommen aufzubewahren, (Preller, griech. Myth. 2. 243.) und unter derselben Bedingung Nestor in die von Pylos.

Scheint somit die Sage von der Phylentheilung argivischen Ursprungs zu sein, so ist auch dem entgegengesetzt in den spartanischen Institutionen nicht der leiseste Anklang an diese Theilung in drei Phylen erhalten. Tyrtaeos (fr. 11. 1. B.) nennt die Spartaner Ἡρακλῆος ἀνικήτου γένος, und ebenso heissen sie bei Plutarch (Lys. 22.) Ἡρακλεῖδαι, während an einer andern Stelle desselben (Lys. 24.) die Herakliden und die andern Spartiaten unterschieden werden. Ob man dem gegenüber, gestützt auf die pindarische Bezeichnung der Spartaner als Παμφύλου καὶ μὰν Ἡρακλειδᾶν ἔκγονοι (Pyth. 1. 120.) und auf die beiden oben ausgeschriebenen Scholien, die selbst incorrect als dritte Phyle nicht Hylleis, sondern Dorieis anführen, diese drei Phylen für Sparta annehmen darf, muss doch immerhin für zweifelhaft gelten. Jedenfalls aber, vorausgesetzt sie waren in Sparta vorhanden, können sie in dieser lykurgischen Rhetra nicht gemeint sein, da sonst nicht vom Einrichten der Phylen, sondern nur vom Einordnen der Nichtdorier in diese dorischen Phylen die Rede sein könnte.

Es können deshalb denn auch hier nur neue und zwar locale Phylen gemeint sein, wofür auch, wie bereits oben bemerkt, der Name ὠβή zu zeugen scheint. Was nun die Zahl dieser localen Phylen betrifft, so ist man über dieselbe zu sehr verschiedenen Resultaten gekommen. Lachmann (spart. Staatsverf. 124 ff.) nimmt fünf Bezirke an, die Altstadt und die vier bei Pausanias (3. 16. 9.) erwähnten Unterabtheilungen der Spartiaten ; Göttling (ad Aristot. pol. p. 466.) im Anschluss an Hüllmann (Urgesch. d. Staates p. 7.) zehn Bezirke, um die wunderlichen Angaben Kortüms (Archiv für Gesch. u. Litt. v. Schlosser Bd. 4. p. 151. ff.) hier zu übergeben. Um zu einer Lösung dieser Aufgabe zu gelangen, ist es nöthig, das Material kurz zusammenzustellen. Wir lernen aus Pausanias als Unterabtheilungen von Sparta kennen (3. 16. 9.) Pitane, Limnai, Mesoa, Kyrosura; dazu kommt aus Hesychios Dyme. *Πιτάνη* bei Hesychios *φυλή*, bei Thukydides (1. 20. sch.) *κώμη*, bei Herodot (3. 55.) *δῆμος* genannt, wie sich aus den Worten des Pindar (Ol. 6. 28.) *πρὸς Πιτάναν δὲ παρ' Εὐρώτα πόρον δεῖ σάμερον μ' ἐλθεῖν ἐν ὥρᾳ* ergiebt, an der Furth des Eurotas gelegen und deshalb auch von Sosibios (Pind. a. a. O. sch.) eine Tochter des Eurotas genannt, erhielt seinen wohl ursprünglichen Namen *Πατάνη* gewiss von seiner Lage, indem es sich, wie eine flache Schüssel, zwischen dem Eurotas und dem Theaterhügel ausbreitete. *Μεσόα*, von Stephanos *τόπος Λακωνικῆς* und *φυλὴ Λακωνικὴ* genannt, hatte den Namen von ihrer Lage zwischen der Tiasa und dem Eurotas, wie es bei Stephanos (*Μεσσήνη*) von einer Stadt Mesene heisst, *ὑπὸ τῶν δύο ποταμῶν Εὐφράτου καὶ Τίγριδος μεσαζομένη*. Κυνόσουρα oder Κυνοσουρίς, bei Hesychios *φυλὴ Λακωνική*, an einer andern Stelle *τίπος Λακωνικῆς* (Callim. hymn. in Dian. 94. sch. vergl. Corp. inscr. Gr. 1347. 1386.) genannt, war ein bei den Griechen sehr gebräuchlicher Ortsname. *Λίμναι* oder *Λιμναῖον*, (3. 16. 7.) von Strabon (363.) τὸ *προάστειον* genannt und nach der Conjectur von Meinecke (zu Strab. 364.) κατὰ τὸν (Θόρνα)κα gelegen, ist gleichfalls eine bei den Griechen häufig wiederkehrende Ortsbezeichnung. (Vergl. Corp. inscr. Gr. 1241. 1273. 1377.) *Δύμη* endlich, von Hesychios als *φυλὴ καὶ τόπος* bezeichnet, hatte den Namen ohne Zweifel von der westlichen Lage, wie es denn auch von der achaeischen Stadt Dyme heisst, *Δύμη πόλις Ἀχαίας ἐσχάτη πρὸς δύσιν*. (Steph. vergl. Curtius, Pelop. 2. 234 ff. mit den Anmerk.)

Für das hohe Alter der Phylen, die sonst nur bei späten Schriftstellern und in späten Inschriften erwähnt werden, zeugt Herodot, (3. 55.) welcher den Demos Pitane anführt, vor allem aber Münzen von Tarent mit der Aufschrift *Πιτανατᾶν*, (Millingen, anc. coins. T. 1. 19.) welche den Beweis liefern, dass schon bei der Gründung Tarents diese Phylen in Sparta vorhanden waren. Wenn nun Curtius die

Lage von Pitane an der Furth des Eurotas stromabwärts sich
hinziehend, die von Mesoa südlich von Pitane zwischen Eurotas und Tiasa, die von Limnai nördlich von Pitane an
beiden Ufern des Eurotas mit grosser Wahrscheinlichkeit
nachweist, so würde man für die beiden übrigen uns noch
bekannten Phylen Kynosura und Dyme, wenn man nur eine
Fünfzahl der Phylen annimmt, nach Abzug des Gebietes von
Pitane, Mesoa und Limnai von dem Gesammtlocale der Stadt
Sparta noch immer eine räumliche Ausdehnung ansetzen müssen, wie sic der der drei eben genannten Phylen durchaus
nicht entspricht. Weist demnach dieses topographische Moment entschieden auf eine grössere Anzahl von Phylen hin,
so werden wir uns nach Anhaltspuncten für dieselben umzu-
sehen haben.

Es ist kein Grund vorhanden, an dem λόχος Πιτανάτης
des Herodot, (9. 53.) den Thukydides (1. 20.) leugnet, zu
zweifeln, da die genaue Kenntniss Herodots hiervon durch
seine Freundschaft mit dem Pitanaten Archias (Her. 3. 55.)
unzweifelhaft sicher gestellt ist. Auch der λόχος Πιτανάτης
des Caracalla (Herodian. 4. 8.) wird schwerlich nur auf Grund
der herodoteischen Stelle errichtet worden sein. (Vgl. auch
Stein, d. Kriegswesen d. Spart. Konitz 1863. Progr. p. 8.)
Dürfen wir also die Existenz eines λίχος Πιτανάτης für Sparta
als sicher annehmen, so liegt der zweite Schluss sehr nahe
und ist gewiss begründet, dass für die Eintheilung des spartanischen Heeres die Phyleneintheilung massgebend war, und
dass jede Phyle, entsprechend dem λόχος Πιτανάτης, einen
Lochos, welcher nach ihr genannt wurde, zu stellen hatte.
Nun bemerkt ein Scholion zu Aristophanes, (Lysistr. 454.)
wo vier spartanische Lochoi erwähnt werden, ἀργότερον τὰ
Λακώνων ἔοικεν ἐξειργάσθαι ὁ ποιητής. λόχοι γὰρ οὐκ εἰσὶ
τέτταρες ἐν Λακεδαίμονι, ἀλλὰ πέντε Ἔδωλος, Σίνις, Ἀρίμας, Πλοὰς, Μεσσοάγης. ὁ δὲ Θουκυδίδης ἑπτά φησι χωρὶς
τῶν Σκιριτῶν.

Für die richtige Beurtheilung dieser Stelle ist zu bemerken, dass erstens die Namen in derselben verderbt sind, und
dass zweitens die Zahlenangaben keine Auctorität beanspruchen können. Das erstere ersieht man aus den letzten Worten, wo für das nach Thukydides (5. 68.) sicher zu emendie-

rende Σκιριτῶν handschriftlich die Formen νικηριτῶν und νι-
κηριστῶν überliefert sind. Trotzdem aber darf man nicht,
wie Rüstow und Köchly (Gesch. d. griech. Kriegswesens p. 37.)
wollen, für die unbekannten Namen einfach die aus Pausanias bekannten Phylennamen setzen, da auch der Scholiast
zu Thukydides (4. 8.) fast dieselben Lochennamen anführt,
die wir oben citiert haben: Αἰδώλιος, Σίνης, Σαρίνας, Πλοάς, Μεσσοάτης. Das zweite ergiebt folgende Erörterung.
Thukydides soll nach jener Stelle für die lakonischen Lochoi
die Siebenzahl angeben. Nun thut das aber Thukydides in
Wirklichkeit gar nicht. Er giebt nur als Stärke des spartanischen Heeres in der Schlacht bei Mantineia 418, (5. 68.)
worauf sich das Scholion bezieht, sieben Lochoi an, nachdem er 5. 64. bemerkt hatte, der sechste Theil des Heeres
sei vorher nach Hause geschickt worden. Man sieht hieraus,
dass die Angabe des Scholion auf einer zufälligen Notiz basiert, welche die Gesammtzahl der Lochoi gar nicht angeben
sollte. Das Gleiche von der Fünfzahl der namentlich aufgeführten Lochoi anzunehmen, sind wir um so mehr berechtigt, als auch der uns bekannte λόχος Πιτανάτης nnter denselben nicht aufgeführt wird. Selbst wenn, was an sich
nicht unwahrscheinlich ist, die 5 oben angeführten Lochennamen auf Aristoteles zurückgehen, (vergl. Hesych. λόχοι)
so wird doch wegen des mangelnden λόχος Πιτανάτης, der
in die 5 angeführten Lochennamen nicht hinein emendiert
werden kann, eine Unvollständigkeit dieser Liste angenommen werden müssen, da der zuletzt genannte Lochos uns zu
bestimmt überliefert ist. Bemerkt mag noch werden, dass
nach Photios (λόχοι) Aristoteles 7 spartanische Lochen angenommen haben soll.

Was die Namen der Lochoi und der, wie wir oben bemerkt haben, daraus sich ergebenden Phylen betrifft, so ist
Μεσσοάγης, wie bereits Müller (Dor. 2. 234. 3.) emendierte,
in Μεσσοάτης zu verändern. Die Form ῎Εδωλος wird durch
die Glosse des Hesychios (s. v.), λόχος Λακεδαιμονίων οὕτως
ἐκαλεῖτο, bestätigt, wobei die Endung λος vielleicht als Ad-
jectivbezeichnung des betreffenden Phylennamens aufzufassen
ist. Die übrigen drei Namensformen Ἀρίμας, Σίνις, Πλοάς
sind, wenn man auch ihre handschriftliche Verderbtheit an-

nimmt, so beschaffen, dass sie mit den andern uns bekannten Phylennamen Pitane, Limnai, Kynosura, Dyme nicht in Verbindung gebracht werden können. Rechnet man nun die fünf Phylen Pitane, Limnai, Mesoa, Kynosura, Dyme mit den vier mit ihnen nicht congruierenden Lochennamen — Mesoa ist gleich Mesoates — Ἔδωλος, Ἀρίμας, Σίνις, Πλοὰς zusammen, so erhält man nach dem oben aufgestellten Grundsatz von der Identität von Lochos und Phyle als Unterabtheiungen Spartas mindestens neun Phylen. Πλοὰς ist vielleicht aus Πλείαι entstanden, und dieses als Phylenname anzusetzen, wenn dieses von Boeckh (Corp. inscr. Gr. 1444.) angenommene Local der Stadt Sparta nicht vielmehr, wie Curtius will, (Pelop. 2. 327. 71.) mit der Stadt Pleiai in der Ebene Leukai (Liv. 35. 27.) zu identificieren ist.

Eine Bestätigung für die Annahme von neun Phylen bietet uns eine Beschreibung des spartanischen Karneenfestes von Demetrios von Skepsis. (Athen. 4. 141. E.) An neun verschiedenen Plätzen wurde je ein Zelt errichtet. Diese Plätze, d. h. die dort errichteten Zelte, wurden σκιάδες genannt, und in jeder dieser neun σκιάδες speisten neun Männer als Vertreter von 3 Phratrien. Das Fest selbst dauerte neun Tage. Nach dieser Beschreibung des Demetrios haben wir also für Sparta zur Zeit dieses Schriftstellers 27 Phratrien, d. h. nach spartanischer Benennung Oben, anzunehmen, wie denn auch Schömann (griech. Alterth. 2. 437.) aus der Stelle des Demetrios für die damalige Zeit auf 27 Oben schliesst. Wurde nun also bei dem Karneenfeste, dem μίμημα στρατιωτικῆς ἀγωγῆς, die staatliche Eintheilung in 27 Oben so genau beobachtet, so ist es zum wenigsten sehr wahrscheinlich, dass die höhere Einheit der neun σκιάδες sich auf die neun Phylen bezieht. Die dreimalige Wiederholnng der Neunzahl — die neun σκιάδες, die neun Männer in jeder derselben, die neun Tage des Festes — muss denn doch etwas mehr sein, als die Anwendung einer ganz beliebigen Zahl, und dass dieselbe am besten eine Beziehung auf die neun Phylen ausdrückt, scheint mir der Zusammenhang der Beschreibung deutlich zu beweisen. Ich stehe deshalb denn auch nicht an, den zweiten Passus der lykurgischen Rhetra als die Eintheilung der synoikisierten Gemeinde in neun locale Phylen, zu je 3 Oben, aufzufassen. Als Obennamen dürfen wir οἱ Κροτανοί von Pausanias (3. 14. 2.) al-Πιτανατῶν μοῖρα bezeichnet, ansetzen. Ein zweiter Obens name ist vielleicht aus der Glosse des Stephanos, (s. v. Μενέλαος) ἔστι καὶ χωρίον Σπάρτης Μενελάϊον· τὸ ἐθνικὸν Μενελαεύς, zu gewinnen. Denn da das Ethnikon erwähnt wird, so muss man für dieses χωρίον eine selbständige Stellung in der Stadt Sparta annehmen, und an die ist hier doch wohl nur als Obe zu denken. Das Local dieses Menelaion waren die Höhen von Therapne.

Zum Schluss mag noch eine Vermuthung ihre Stelle finden. Die Phylen Limnai, Kynosura, Mesoa, Pitane waren unter sich durch den gemeinsamen Dienst der Artemis Orthia vereinigt. (Paus. 3. 16. 9.) Ein solcher gemeinsamer Cult scheint aber auf eine frühere nähere Vereinigung dieser vier Phylen hinzuweisen. Wenn nun der Achaeer Preugenes das Cultbild der Artemis Orthia oder Limnatis aus Sparta mit nach Patrai genommen haben soll, (Paus. 7. 20. 7.) so ist die Vermuthung vielleicht gestattet, dass wegen dieses scheinbar achaeischen Charakters dieses Cultes die vier eben genannten Phylen als höhere Einheit vor dem Synoikismos die achaeische Gemeinde Agiadai bildeten.

Bei dem Synoikismos der drei Gemeinden musste auch die Regierung und Verwaltung des neu zugründenden Staates vertragsrechtlich festgestellt werden. An der Spitze jeder Gemeinde stand ein Vorsteher oder König, dem ein Rath von Geronten, wie wir aus der homerischen Analogie schliessen dürfen, beigegeben war. Der Gründungsvertrag der Stadt Sparta bestimmte über diese Puncte: τριάκοντα γεροισίαν σὺν ἀρχαγέταις καθιστάναι. Zunächst ist zur Erklärung dieser Bestimmung darauf hinzuweisen, dass bei dem Synoikismos der drei Gemeinden ein dreifaches Königthum zu berücksichtigen war. Wenn aus der spartanischen Verfassungsgeschichte uns nur ein Doppelkönigthum bekannt ist, so hat das seinen Grund in der Entwicklung der spartanischen Verfassung, auf die wir später einzugehen haben. An und für sich ist es durchaus natürlich und selbstverständlich, dass auch die Gemeinde Aigeidai in den Synoikismos ihre eignen Könige mithineingebracht hat. Und dafür zeugen denn auch

vereinzelte Angaben. Wie einzelne Glieder der spartanischen
Königshäuser in Sparta ihre Heroa hatten, so auch einzelne
Aegiden. Bekannt sind uns die Heroa des Kadmos, Oiolykos
und Aigeus. (Paus. 3. 15. 8.) Nach Aristoteles (Pind. Isthm.
7. 18. sch.) half der Aegide Timomachos den Spartanern gegen Amyklai und wurde deshalb grosser Ehren bei ihnen
theilhaftig, wie denn die Erinnerung an ihn noch in der
Feier der Hyakinthien bewahrt worden war. (Vergl. Pind.
Pyth. 5. 101 sch.) Im ersten messenischen Kriege befehligte
neben Polydor und Theopomp, welche die beiden Flügel des
spartauischen Heeres führten, der Aegide Euryleon das Mit-
teltreffen. (Paus. 4. 7. 8.) Das sind alles Nachklänge einer
bevorrechtigten Stellung der Aegiden in Sparta, wie sie sich
in historischer Zeit nicht mehr nachweisen lässt.

Wir dürfen uns desshalb denn auch, wie ich glaube, berechtigt halten, für die nächste Zeit nach dem Synoikismos
in Sparta ein dreifaches Königthum anzusetzen. Diese Könige Spartas werden in der uns vorliegende Urkunde ἀρχαγέται genannt. Wenn eine solche Bezeichung für die spartanischen Könige in einer einheimischen Urkunde, da der einheimische Name derselben in späterer Zeit βαγός (Hesych.)
war, durchaus befremdlich erscheinen muss, so erklärt sich
auch diese Bezeichnung in dem Gründungsvertrage der Stadt
Sparta von selbst. Ἀχαγέτης, in derselben Bedeutung wie
κτίστης und οἰκίστης, bezeichnet den Stifter der neuen Gründung, (Boeckh z. Corp. iuscr. Gr. 1. p. 7. Heidorf z. Plat.
Lys. 250. D.) und wie vortrefflich ein solcher Ausdruck für
die Vorsteher der drei Sondergemeinden Agiadai, Eurypontidai, Aigeidai sich eignet, die durch den Synoikismos einen
neuen Staat begründeten, leuchtet von selbst ein. Ἀρχαγέ-
της in der Bedeutung „Stifter" kann allerdings eine dauern-
de Bezeichnung der spartanischen Könige nicht gewesen sein,
wie wir denn auch in Wirklichkeit als officiellen Namen βαγός
haben. Wenn man aber bedenkt, dass die Rhetra zunächst
eine augenblickliche Bedeutung als specieller Vertrag zwischen
den drei Sondergemeinden hatte, so wird sich die Bezeichnung der Könige als Stifter des Staates, nachdem der specielle Vertrag Staatsgrundgesetz geworden war, doch wohl
erklären. Durchaus dem entsprechend ist denn auch die vor-

treffliche Bemerkung des Aristoteles da, wo er über die Entstehung des griechischen Königthums handelt, über die spartanischen Könige ἢ κτίσαντες ἢ κτησάμενοι χώραν, ὥσπερ οἱ Λακεδαιμονίων βασιλεῖς. (pol. 8. 10.=217. 30. Bekker.) Wenn nun die Rhetra die Niedersetzung von 30, der Gerusia mit den Archageten, anordnet, so bleiben nach Abzug der drei Archageten 27 Geronten und wir sind gewiss berechtigt, diese Zahl als der spartanischen Obenzahl entsprechend anzusetzen. Darnach war also jede Obe durch einen Geronten in der Gerusia vertreten. Wer aber — diese Frage ist hier gleichfalls zu beantworten — war zum Eintritt in die Gerusia berechtigt? Aristoteles unterscheidet die Stellung des spartanischen Demos in seiner Zeit zu der Ephorie und Gerusia so, dass er für jene demselben actives und passives, für diese nur actives Wahlrecht zuschreibt. (pol. 6. 9=161. 15. B.) Zu Aristoteles' Zeit war also ein bevorzugter Stand vorhanden, von ihm καλοὶ κἀγαθοί (2. 9=48 6.) genannt, welcher allein zum Eintritt in die Gerusia berechtigt war. Nimmt man an, dass eine derartige Ständescheidung durch das Gesetz des Epitadeus, welches eine Ungleichheit des Grundbesitzes nach sich ziehen musste, entstanden sei, so würde es sich dadurch noch lange nicht erklären, weshalb der Demos, der auch nach aristotelischer Auffassung das spartanische Vollbürgerthum besass, von dem Eintritte in die Gerusia ausgeschlossen war. Endlich ist aber auch der Gegensatz von Vornehm und Gering so alt, wie überhaupt die Anfänge der Geschichte reichen, uud ich sehe nicht ein, weshalb bei den Spartanern Verhältnisse, wie sie in den übrigen griechischen Staaten bestanden, geleugnet werden sollen. Dass den spartanischen Königen ebenso, wie den homerischen, ein Rath von Edlen zur Seite gestanden habe, ist schlechterdings kein Grund vorhanden zu bezweifeln. Die homerischen Geronten unterscheiden sich aber von den Theilnehmern der Agora nicht nothwendig durch ihr Alter, aber immer durch ihre höhere Geburt. (Vergl. Schoemann, griech. Alterth. 1. 25.) Die spartanische Gerusia, welche die Rhetra einzusetzen befiehlt, bestand gewiss auch aus Mitgliedern von vornehmerer Geburt, als der am Schluss der Rhetra erwähnte Demos. Nur so erklärt sich die am Schluss des Vertrages so genau ausgesprochene Fixierung der Rechte der Gerusia und der Volksversammlung. Denn wenn die Gerusia nichts weiter war, als ein Ausschuss aus denselben Leuten, welche die Volksversammlung bildeten, so verstand es sich doch wohl von selbst, dass die Apella, nicht ihre geschäftsleitende Commission, die Gerusia, die Entscheidung hatte.

Wie endlich soll man sich ohne eine adliche Partei die Verfassungsänderung des Theopomp möglich denken? Durch dieselbe wurde das durch die lykurgische Rhetra dem Demos gewährleistete Recht der letzten Entscheidung demselben genommen und auf die Gerusia übertragen. Eine solche Aenderung, welche den Demos seiner höchsten Machtvollkommenheit entkleidete, darf man sich doch gewiss nicht unter bereitwilliger Zustimmung der Volksversammlung entstanden denken. Wie es aber dem Könige Theopomp, wenn man das Vorhandensein einer adlichen Partei leugnet, höchstens·gestützt auf den Beistand von 28 altersschwachen Greisen, dem ganzen Volke gegenüber gelungen sein sollte, seine in die Rechte dieses Volkes so tief einschneidende Verfassungsänderung durchzusetzen, ist mir wenigstens unerfindbar. Ganz anders dagegen verhält sich die Sache, wenn man das Vorhandensein eines Adels bei den Spartanern voraussetzt. Dann war die Gerusia eben nur ein Ausschuss aus diesem Adel, gestützt auf denselben, dessen Rechte durch die Vermehrung der Rechte der Gerusia gleichfalls indirect gekräftigt wurden, wird Theopompos seine reactionaere Verfassungsänderung dem Demos gegenüber durchgesetzt haben. Zum Schluss mag noch darauf hingewiesen werden, dass die Aristokraten Griechenlands doch wegen ihrer aristokratischen Verfassung Sparta als den Hort ihres politischen Glaubens betrachteten. Eine solche Auffassung ist aber nur möglich, wenn wirklich bei den Spartanern eine Aristokratie der Geburt vorhanden war. Denn eine Verfassung von ganz gleichberechtigten Vollbürgern konnte schwerlich als Muster einer Aristokratie gelten.

Neben diesen Gesichtspuncten allgemeiner Natur finden sich aber auch vereinzelte Notizen bei den alten Schriftstellern, die auf das Vorhandensein einer Partei von Vornehmen in Sparta schliessen lassen Dabei darf es als Regel aufgestellt werden, dass die Vornehmen, die Aristokraten Spartas, auch die Reichsten waren, und dass das Vorhandensein eines grossen Reichthums bei einzelnen Spartanern auf dſe Existenz einer vornehmeren Classe von Aristokraten zurückweist. Nach Thukydides (5. 15.) gehörten die 120 (Thuc. 4. 38.) auf Sphakteria gefangenen Spartaner zu den πρῶτοι ἄνδρες des Staates, ein Ausdruck, den man doch unmöglich bei allen auf moralische Eigenschaften beziehen kann. Als Gegner des Brasidas in Sparta werden von Thukydides (4. 108.) gleichfalls οἱ πρῶτοι ἄνδρες genannt, deren Gegnerschaft durch Neid und das Bestreben derselben, die Gefangenen von Sphakteria durch einen Frieden zu befreien, — es waren dieselben ja ihre ξυγγενεῖς (Th. 5. 15.) — hervorgerufen wurde. Dem entsprechend unterscheidet Thukydides (1. 6.) unter den Spartanern auch οἱ τὰ μείζω κεκτημένοι und οἱ πολλοί. Wenn Xenophon (de rep. Lac. 2. 2.) von dem spartanischen Paedonom sagt, derselbe werde gewählt aus denjenigen, ἐξ ὧνπερ αἱ μέγισται ἀρχαὶ καθίστανται, was Plutarch (Lyc. 17.) durch ἐκ τῶν καλῶν καὶ ἀγαθῶν ἀνδρῶν bezeichnet, so deutet das auf einen vornehmern Stand hin. Wenn ferner Diodor (14. 10.) Aristos, von dem wir sonst nichts wissen, als einen ἀνὴρ τῶν ἐπιφανῶν bezeichnet, so kann sich das doch auch wohl nur auf seine Geburt beziehen. Plutarch (an seni 10.) fasst die Gerusia ausdrücklich als eine παραζευχθεῖσα ἀριστοκρατία τοῖς βασιλεῦσιν auf, wie das bereits vor ihm Polybios (6. 10. 9.) thut, wenn er von den Geronten sagt, οἱ κάτ' ἐκλογὴν ἀριστίνδην κεκριμένοι. Auf des Aristoteles' Angaben ist bereits oben hingewiesen worden. Die Worte, μῖξις τῶν δύο τούτων δημοκρατίας τε καὶ ἀρετῆς, (pol. 6. 7 = 168. 13.) können für ἀρετή doch nur eine Aristokratie im gewöhnlichsten Sinne des Wortes meinen, da sonst jeder Gegensatz fehlen würde. Agis, zu dessen Zeit die 700 noch vorhandenen Spartaner aus 100 Reichen und 600 Armen bestanden, (Plut. Ag. 5.) brachte seine Reformvorschläge zuerst an die Gerusia, von der sie jedoch abgelehnt wurden. (Plut. Ag. 9.) War die Gerusia nicht blos eine Vertreterin der Interessen der Reichen und Vornehmen, war die Stelle eines Geronten vielmehr wirklich, wie Demosthenes meint, (Leptin. 489.) ein τῆς ἀρετῆς ἀθλον, so dürfte man bei dem numerischen Verhältniss der 600 Armen zu den 100 Reichen voraussetzen, dass die erstern die Majorität in der Gerusia gehabt hätten? Die Aufhebung der Gerusia und die Ersetzung derselben durch die Patronomoi durch Kleomenes (Paus. 2. 9. 1.) hat endlich nur Sinn, wenn dieselbe die Vertreterin der dem Kleomenes feindlichen plutokratischen und aristokratischen Partei war.

Die Beispiele von grossen Reichthümern bei den Spartanern, welche bereits Grote (griech. Gesch. 1. 716. Uebers.) grossen Theils gesammelt hat, lassen gleichfalls auf das Vorhandensein einer Aristokratie in Sparta schliessen. Wir wählen nur die Beispiele, welche zeitlich vor dem Gesetz des Epitadeus liegen, da von jenem Zeitpuncte an auch bei der gewöhnlichen Annahme ein Zusammenfluss grosser Reichthümer in einer Hand sich erklären würde. Herodot nennt zur Zeit der Perserkriege Sperthias und Bulis φύσι τε γεγονότες εὖ καὶ χρήμασι ἀνήκοντες ἐς τὰ πρῶτα. (7. 134.) Die dritte Gattin des Ariston wird von Herodot (6. 61.) als ἀνθρώπων ὀλβίων θυγάτηρ, wo sich das ὀλβίων doch wohl auf den Besitz zeitlicher Güter erstreckt, bezeichnet. Lichas, der Ol. 90. in Olympia mit dem Wagen siegte, (Thuc. 5. 50.) besass so bedeutende Reichthümer, dass er die Fremden in Sparta an den Gymnopaedien auf seine Kosten bewirthete. (Plut. Cim. 10.) Wenn man bedenkt, dass die ἱπποτροφία, welche nach der Angabe des Pausanias (6. 2. 1.) seit den Perserkriegen von allen Hellenen am eifrigsten in Sparta geübt wurde, das Zeichen eines bedeutenden Reichthums ist, (Her. 6. 125.) so wird man die verschiedenen spartanischen Häuser zur Zeit des Agesilaos, welche dadurch zu glänzen suchten, (Plut. Ages. 20.) als Beweis eines bedeutenden Reichthums in Sparta gelten lassen müssen. Als einen olympischen Sieger mit dem Viergespann, um von dem König Demarat abzusehen, (Her. 6. 70.) kannte Herodot noch den Euagoras in drei verschiedenen Spielen. (6. 103.) Zur Zeit der Schlacht bei Lenktra stellten οἱ πλουσιώτατοι die Pferde für die Reiterei, (Xen. Hell. 6. 4. 11.) und auch in der Versorgung der Syssitien thaten οἱ πλούσιοι durch Darbringung der beliebten ἔπαιχλα ein Uebriges. (Athen. 4. 141. Xen. de rep. L. 5. 3.) Ἡ μιχρὰ καλουμένη ἐκκλησία (Xen. Hell. 3. 3, 8.) ist höchst wahrscheinlich die Versammlung dieser Vornehmen Spartas, der aristotelischen καλοὶ κἀγαθοί, während unter den ὅμοιοι nach der überzeugenden Darstellung Schoemanns (opusc. ac. 1. 105. ff.) alle spartanischen Vollbürger zu verstehen sein werden.

Wenn sich auch die Begriffe Vornehm und Reich in Sparta nicht immer gedeckt haben, so glaube ich doch aus dem Vorhandensein beider daselbst auch für die älteste Zeit auf eine Aristokratie schliessen zu dürfen, die in der Gerusia in dem Verfassungsleben des spartanischen Staates ihr gesetzliches Organ besass, und so erklärt es sich denn auch, wenn die αἵρεσις der Geronten eine δυναστευτική genannt wird. (Aristot. pol. 8. 6=206. 1.)

Wie schon das homerische Epos neben dem König und dem Rathe der Geronten die Volksversammlung kennt, wenn auch mehr zum Hören, als zum Berathen berufen, so bestimmt auch die uns vorliegende Rhetra, das Volk um die Zeit des Vollmondes zur regelmässigen Apella zu versammeln, ὥρας ἐξ ὥρας ἀπελλάζειν μεταξὺ Βαβύκας τε καὶ Κνακιῶνος. Dieser Theil der Rhetra enthält aber neben dieser besondern Bestimmung noch eine allgemeine, welche die Grenzen der synoikisierten Gemeinde räumlich bestimmen soll. Jeder Synoikismos bei den übrigen griechischen Staaten hat zur Vorbedingung seines Entstehens einen περιτειχισμός. Die Stadtmauer, welche die synoikisierten Gemeinden auch räumlich vereinigt, trägt wesentlich mit dazu bei, die einzelnen Theile auch innerlich zu verbinden. Nun zeigt sich aber bei den lakonischen Doriern ein ausgeprägter, wohl durch ihre langen Wanderungen entstandener Widerwille, sich in Mauern einzuschliessen. Man hat deshalb bei diesem Synoikismos für die durchaus nothwendige Begrenzung statt der verhassten Mauern ein neues Mittel gefunden. Das Local, auf dem sich die drei Sondergemeinden angesiedelt hatten, wird im Süden durch ein Flüsschen, den heutigen Trypiotiko, die alte Tiasa, begrenzt. Im Norden begrenzte der Oinus die räumliche Ausdehnung der drei Sondergemeinden. Im Westen und Osten bildeten Taygetos und Parnon natürliche Grenzen. Indem man nun Oinus und Tiasa, wie früher erwiesen, den alten Namen Knakion und Babyka entsprechend, als räumliche Grenzen des neuen Synoikismos bezeichnete, erhielt man als Stadtgebiet, da der Oinus von Osten, die Tiasa von Westen sich in den Eurotas ergiesst, das Local an beiden Ufern des Eurotas zwischen diesen Grenzen, welches denn auch für immer das Stadtgebiet Spartas geblieben ist. Dieser letzte Theil der Rhetra enthält demnach die entscheidende Bestimmung über die räumliche Ausdehnung der synoikisierten Gemeinde. Zusammengebracht ist dieselbe mit der Festsetzung, die Volksversammlung abzuhalten, da nur innerhalb des eigentlichen Stadtgebietes von einer Volksversammlung die Rede sein konnte. Jenseits dieser Grenzen galt das Recht des Königs als στρατηγὸς αὐτοκράτωρ, (Aristot. pol. 3. 14 = 84. 17. ff. B.) und waren die Glieder der Volksversammlung zum unbedingten Gehorsam verpflichtet.

Der letzte Passus der Rhetra endlich, οὕτως εἰσφέρειν τε καὶ ἀφίστασϑαι δάμῳ δὲ κυρίαν ἦμεν καὶ κράτος, bestimmt, wie gleichfalls bereits früher entwickelt wurde, die Gerusia solle ihre Vorschläge an die Apella bringen, diese aber solle neben dem selbstverständlichen Rechte, sie zu bestätigen, auch das Recht, sie zu verwerfen, haben, und es solle dann nicht der Vorschlag der Gerusia, sondern der Beschluss der Apella gesetzliche Gültigkeit erlangen. Es kann diese Bestimmung, welche eine Demokratie schuf, auf den ersten Anblick unsre Verwunderung erregen. Denn eine solche Einrichtung steht im Widerspruch mit der Entwicklungsgeschichte der übrigen griechischen Staaten, deren Gang vom heroischen Königthum durch Aristokratie und einige andre Zwischenstationen zur Demokratie führte, während in der spartanischen Geschichte ein umgekehrter Entwicklungsgang wahrzunehmen ist. Auch den politischen Institutionen der Achaeer, welche wir doch als einen Theil der spartanischen Gemeinde aufzufassen haben, scheint, wenn man nach der homerischen Darstellung urtheilt, eine solche Ausdehnung der Volksrechte wenig zu entsprechen. Dem gegenüber ist aber darauf hinzuweisen, dass die kriegerische Bedeutung des niedern Volkes für den Umfang seiner politischen Rechte in einem hohen Grade massgebend ist. So lange das niedre Volk nichts andres war, als der dunkle Hintergrund, wie Homer es uns schildert, auf welchem die Thaten der Vornehmen sich abspiegeln, so lange die gewöhnlichen Krieger müssige Zuschauer waren, wenn ihre Führer auf den πολέμοιο γέφυραι sich tummelten, so lange war auch an politische Rechte für dieses Volk nicht zu denken, denn wer nicht mitthatet, wie kann der Anspruch erheben mitzurathen. Die Kriegsweise der Dorier war von der der Achaeer grundweg verschieden. Das achaeische Einzelheldenthum ist an der eisernen Stirn der dorischen Hoplitenphalaux zu Schanden geworden. In dieser Phalanx aber, wo nicht ein glänzendes Heroenthum, sondern der gemeinsame, vollwichtige Stoss der Lanze die Schlacht entschied, galt der geringe Mann genau so viel, wie der vornehme. Und diese gleiche kriegerische Tüchtigkeit und Bedeutung hat dann auch auf die politischen Rechte nivellierend eingewirkt. Wenn auch der dorische Hoplit den vornehmern Stammgenossen bereitwillig als Führer anerkannte, so beanspruchte er mit demselben doch gleiche politische Rechte, da die dorische Gemeinde an die Kraft und den Opfermuth aller ihrer Bürger gleiche Ansprüche erhob. Von diesem Gesichtspunct aus betrachtet, darf uns die zuletzt erwähnte Bestimmung der Rhetra nicht auffallend erscheinen.

9. Die Ausdehnung des spartanischen Gebietes und die Agrarverfassung der Spartaner.

Ueber den Zweck des in der vorhergehenden Untersuchung geschilderten Synoikismos kann man keinen Augenblick im Zweifel sein. Derselbe war offenbar der, durch die Vereinigung der drei Gemeinden die durchaus nothwendig gewordene Ausdehnung der Grenzen gegen die Nachbarstädte mit Erfolg zu beginnen. Die unter den Königen Archelaos und Charilaos beginnenden Kämpfe gegen Aigys und Amyklai lassen an der Richtigkeit dieses Zweckes keinen Zweifel aufkommen. Die Erwerbung des obern Eurotasthales gelang schon diesen beiden Königen (Paus. 3. 2. 5. Strab. 482.) durch die Eroberung von Aigys, und daran schliessen dann die langjährigen Kämpfe gegen Arkadien, welche erst in der Mitte des sechsten Jahrhunderts ihr Ende fanden. So sollte schon Charilaos von den Tegeaten gefangen worden sein. Paus. 3. 7. 3; 8. 5. 9; 48. 4.) Die Eroberung von Amyklai gelang erst unter dem Könige Teleklos, ebenso wie die der Städte Pharis und Geronthrai. (Paus. 3. 2. 6.) Die Ausdehnung des spartanischen Gebietes scheint, nachdem die Spartaner sich des Eurotasthales und der Ebene von Geronthrai bemächtigt hatten, zuerst westlich von der Mündung des Eurotas erfolgt zu sein. Schon Teleklos soll am messenischen Nedon die Stadt gleichen Namens dioikisiert haben. (Strab. 360.) Damit stimmt es vortrefflich überein, dass das Heiligthum der Artemis Limnatis, am Nedon in der Landschaft Dentheliates gelegen, (Curtius, Pelop. 2. 157.) als ἐν μεθορίῳ τῆς τε Λακωνικῆς καὶ τῆς Μεσσηνίας liegend bezeichnet wird. (Paus. 3. 2. 6.) Dieses Heiligthum war den Doriern Messeniens und Lakoniens gemeinsam und wurde der Ausgangspunct der messenischen Kämpfe. Sollte doch Teleklos selbst bei dem gemeinsamen Feste der Göttin von den Messeniern getödtet

worden sein. (Paus. 4. 4. 2. ff.) Wie man wohl zu schliessen berechtigt ist, machte die lakonische Eroberung im Westen am Nedon fürs erste Halt, weil dem spartanischen Mit-
tellande andre Gebiete näher lagen, welche sich noch in dem
Besitz der frühern Bevölkerung befanden, das Land östlich von der
Mündung des Eurotas. Unter dem Könige Alkamenes, dem Sohne des Teleklos, wurde die Ebene von Helos durch die Eroberung der Stadt dem spartanischen Gebiete zuerworben.
Hier war es auch höchst wahrscheinlich, wo die Spartaner
zuerst mit den Doriern von Argos zusammenstiessen, welche
durch die Eroberung von Helos ihre eignen Grenzen bedroht
sahen. (Paus. 3. 2. 7.) So waren die Spartaner im Westen
Nachbaren der Dorier von Messenien, im Osten der von Argos geworden, eine Nachbarschaft, aus welcher sich dann die
die folgende Epoche der spartanischen Geschichte bestimmenden Kämpfe mit Messenien und Argos entwickelten, welche
erst mit der Eroberung von Eira und mit dem Siege des
Kleomenes vor den Thoren von Argos ihren Abschluss fanden.

Die Ueberlieferung unterscheidet die Kämpfe der Spartaner im Eurotasthale so, dass sie die Eroberung der übrigen Städte schnell, die von Amyklai nach langen Kämpfen
erfolgen lässt. (Paus. 3. 2. 6.) Dafür zeugt auch die Erzählung, welche sich zur Erklärung an das Sprichwort von der
schweigenden Amyklai anlehnt. Die Stadt, so heisst es in
dieser Erzählung, sei so oft durch das Gerücht von dem Nahen
der Feinde in Schrecken gesetzt worden, dass man endlich
das Gesetzt gegeben habe, niemand solle den Feind anmel-
den; so sei die Stadt unversehens eingenommen worden.
(Serv. ad. Aen. 10. 564. Zenob. 1. 24. Vergl. Otfr. Müller,
Orchom. 314.)

Schon Otfr. Müller erkannte in diesem Bericht den langjährigen Entscheidungskampf von zwei benachbarten Städten.
Um die Wichtigkeit dieses Krieges recht würdigen zu können, muss man sich die Lage der beiden Städte vergegenwärtigen. Bei einer Entfernung von kaum einer halben deutschen Meile von einander konnte es sich nicht um die Ver-
grösserung oder Schmälerung des einen Gebietes handeln.
Der Kampf zwischen Sparta und Amyklai war ein Kampf um

die Existenz einer der beiden Städte. Das Kriegsglück mochte
lange Jahre zwischen beiden geschwankt haben, bevor es
den Spartanern, wie man sagte, mit Hülfe des Apollon (Sosib. b. Zenob. 1. 54.) gelang, Amyklai zu erobern. Die Errichtung eines Heiligthums des Zeus Tropaios war in Sparta
der Ausdruck des Dankes für den Beistand ihres göttlichen
Kriegsherrn. (Paus. 3. 2. 6; 12. 9.) Der König Teleklos,
unter dem die Eroberung gelang, ist, soviel wir wissen, unter allen spartanischen Königen allein heroischer Ehren ge-
würdigt worden. (Paus. 3. 15. 10.) In dem Kampfe selbst
muss Amyklai durch seine Befestigungen einen bedeutenden
Vortheil vorausgehabt haben, während sich Sparta gewiss
in ein grosses ὁρμητήριον, wie wir es aus der frühern Geschichte kennen, verwandelte. Man scheint sogar den südlichen
Theil der Stadt durch eine Schutzwehr befestigt zu haben,
wofür τὰ Φρούρια καλούμενα bei Pausanias (3. 12. 8.) zu
zeugen scheinen.

Als nun aber endlich nach langen Kämpfen der Sieg er-
rungen war, da fand sich Sparta plötzlich in dem Besitz
eines Gebietes, welches den ursprünglichen Umfang seiner
Grenzen bedeutend überstieg. Wenn man auch hier und dort
einen Theil der alten Bevölkerung in dem Besitz ihres Landes liess, so wurde doch ohne Zweifel die überwiegende Masse derselben, besonders in dem Eurotasthale und in der
Ebene von Helos, als χώρα πολιτική dem speciell spartiatischen Staatsgebiet einverleibt. Dann aber trat an den Staat
die Frage heran, was mit diesen neu erworbenen Aeckern
zu beginnen sei. Bevor wir im Stande sind diese Frage zu
beantworten, müssen wir die Ueberlieferung über die lykurgische Landtheilung, die uns allein die Beantwortung dieser
Frage ermöglichen kann, einer Kritik unterwerfen.

Grote hat bekanntlich den Umstand, dass die Erwähnung der lykurgischen Gütertheilung sich nur bei spätern
Schriftstellern findet, benutzt, dieselbe ganz zu leugnen.
(Griech. Gesch. 1. 707. ff.) Die Frage ist dann wiederholt
erörtert worden; ich erwähne nur Karl Peter, (Phil. 13. 677.
ff.) Duncker, (Gesch. d. Alterth. 3. 367.) Heinrich Stein,
(Fleckeisens Jahrb. 81. 599. ff.) und Kopstadt, (de rer. Lacon.
constit. Lycurgeae orig. et indole 139. ff.) auf deren Ausfüh-

rungen näher einzugehen ich mir jedoch hier versagen muss.
Neuerdings hat dann Hermann Peter die Ansicht Grotes etwas modificiert wiederaufgenommen und vertheidigt. (N. Rh.
M. 22. 68. ff.) Da sich Grotes Ansicht sofort als hinfällig
erweisen muss, sobald man im Stande ist nachzuweisen, dass
die Ueberlieferung vor dem Zeitalter des Agis und Kleomenes bereits von einer Landtheilung bei den Spartanern zu
berichten weiss, so wenden wir uns sofort zur Betrachtung
dieser Ueberlieferung selbst. Ein wesentlich neues Moment,
durch welches Peter die Ansicht Grotes unterstützen zu können glaubte, war aus einer Stelle des Polybios entlehnt.
(Polyb. 6. 45.) Peter liest nämlich aus dieser Stelle durch
eine beim ersten Anblick nicht unwahrscheinlich klingende
Schlussfolgerung heraus, dass Ephoros, Xenophon, Kalisthe-
nes und Platon von einer Theilung des Lykurgos nichts ge-
wusst hätten. (a. a. O. p. 73.) Nachdem jedoch die besagte
Stelle des Polybios von Curt Wachsmuth (Gött. gel. Anz.
1870. p. 1814. ff.) noch einmal einer scharfsinnigen Analyse
unterzogen worden ist, muss es jetzt als gesichert gelten,
dass die polybianische Stelle grade das Gegentheil von dem
besagt, was Peter in derselben gefunden zu haben glaubte.
Der Gedankengang in der Erörterung von Wachsmuth ist
folgender. Polybios (6. 45. 1. 2.) wendet sich an jener Stelle
zur Berichtigung von zwei Irrthümern, die sich in Bezug
auf die kretische Verfassung bei den besten Schriftstellern
— Ephoros, Xenophon, Kallisthenes, Platon werden genannt
— finden. Den ersten derselben, die vermeintliche Gleichheit der kretischen und spartanischen Verfassung widerlegt
er, „indem er die eignen Aeusserungen jener Gewährsmänner
über die lykurgische Verfassung confrontirt mit dem thatsächlichen Zustand in Kreta, mit dessen Ignorierung jene
die Identität beider Politien behaupten." (Polyb. 6. 45. 3—
46. 10.) Es liegt in den Worten des Polybios deutlich eine
doppelte Argumentation vor. „Die letztere von 46. 6. bis
46. 9. stellt einander gegenüber die politischen Ergüsse jener
Schriftsteller über die Einigkeit der Bürger erzielenden Einrichtungen Lykurgs auf der einen Seite und die thatsächliche Uneinigkeit in Kreta auf der andern Seite, und zieht
das Facit, dass die genannten Schriftsteller ohne Rücksicht

anf die notorischen Zustände in Kreta den Muth haben, die
Gleichheit beider Verfassungen zu behaupten. Die erstere
Schlussreihe von 45. 3. bis 46. 5. muss eine parallele Gestalt haben; denn der Schluss, die Verwunderung über jene
Behauptung von der Verfassungsgleichheit in Sparta und
Kreta (46. 5.) und das zweite Glied, die Constatirung der
faktischen Verschiedenheit in Kreta, (46. 1.) sind der zweiten Schlussreihe durchaus analog gebildet; demgemäss erwarten wir in dem ersten Gliede erwähnt eine auf Kreta
nicht passende Schilderung, die jene Schriftsteller von der
spartanischen Verfassung geben; und in der That finden
sich hier die Worte τῆς Λακεδαιμονίων πολιτείας ἴδιον εἶναί
φασι (45. 3.) Wachsmuth schliesst dann gewiss mit Recht,
dass nothwendig zu φασι dasselbe Subject zu ergänzen
sei, welches im Anfang (45. 1.) zu φασι und ἀποφαίνουσιν
wirklich ausgeschrieben ist, sonst aber in der ganzen Erör-
ternng stillschweigend supplirt wird, nämlich οἱ λογιώτατοι
τῶν ἀρχαίων συγγραφέων Ἔφορος, Ξενοφῶν, Καλλισθένης,
Πλάτων. Die specielle Polemik, welche Polybios namentlich
gegen Ephoros (46. 10.) richtet, als auch der Passus über
die politische Würdigung des Lykurgos, der auffallende Aehn-
lichkeit mit den Worten des Ephoros (Strab. 480.) und mit
der isokrateischen Auffassung überhaupt enthält, machen es
wahrscheinlich, dass es Polybios hier vorzüglich mit Ephoros
zu thun hat. Dazu kommt, dass bei Trogus inmitten einer
aus Ephoros stammenden Partie sich eine Notiz findet, welche die Ackertheilung bestimmt, wenn auch nur in einer
allgemeinen Angabe an den Namen des Lykurgos knüpft: fundos omnium aequaliter inter omnes divisit, ut aequata patrimonia neminem potiorem altero redderent. (Iust. 3. 3.) Soweit die Ausführungen von Wachsmuth! Nach dieser, wie
ich glaube, unanfechtbaren Deduction sind wir also vollständig berechtigt, die Ueberlieferung von der Landtheilung des
Lykurgos als schon bei Ephoros vorhanden vorauszusetzen.

Aber nicht blos bei Ephoros, auch bei Aristoteles wird
sich, wie ich glaube, das Vorhandensein der Ueberlieferung
von einer Anzahl gleicher Kleren in Sparta nachweisen lassen. Aristoteles (pol. p. 47. 9.) berichtet uns, dass in
der ältesten Zeit des spartanischen Staates zur Ergänzung

der Bürgerschaft bisweilen eine Politographie stattfand, *λέ-γουσι δ' ώς ἐπὶ μὲν τῶν προτέρων βασιλέων μετεδίδοσαν τῆς πολιτείας.* Nun wissen wir aber, dass die regelmässige Leistung der Syssitienbeiträge die erste Bedingung zur Erhaltung des Bürgerrechtes war, und der Staat musste deshalb denn auch bei der Aufnahme in das Bürgerrecht seinen Neubürgern die Mittel gewähren, diese Leistungen erfüllen zu können. Und das hat er nach einer Stelle des Plutarch denn auch wirklich gethan : *ἔνιοι δ' ἔφασαν, ὅτι καὶ τῶν ξένων ὅς ἂν ὑπομείνῃ ταύτην τήν ἄσκησιν τῆς πολιτείας κατὰ τὸ βούλευμα τοῦ Λυκούργου μετεῖχε τῆς ἀρχῆϑεν διατεταγμένης μοίρας· πωλεῖν δὲ οὐκ ἐξῆν.* (Instit. lac. 22.) Durch den Zusatz *πωλεῖν δὲ οὐκ ἐξῆν* wird es deutlich, dass *ἡ ἀρχῆϑεν διατεταγμένη μοῖρα*, der von Altersher festgesetzte Theil nämlich des Landes, den Kleros bezeichnet, dessen Grösse also einen bestimmten, von Anfang an festgesetzten Umfang hatte. Wir besitzen in dieser Stelle also ein zweites Zeugniss des Plutarch, dass in Sparta eine Anzahl gleicher Kleren existiert hat, für welches „einige Schriftsteller", *ἔνιοι ἔφασαν,* als Quellen angeführt werden. Die folgende Betrachtung wird es wahrscheinlich machen, dass zu diesen einigen auch Aristoteles gehört hat.

Zu den Ansichten, welche über die Autorschaft der herakleidischen Fragmente ausgesprochen sind, ist in dem vergangenen Jahre eine neue von Flügel gekommen, welcher dieselben auf Ephoros zurückführen will. Und in der That darf es als erwiesen angesehen werden, dass einzelne Partien der Fragmente, z. B. die Verfassung der Kreter, auf Ephoros zurückzuführen ist, (Vgl. Müller fr. hist. Gr. 2. 211 mit 2. 249 ff.) Dagegen wird man die Beweise Flügels für die Urheberschaft des Ephoros in Beziehung auf die spartanische Verfassung in den herakleidischen Fragmenten als stichhaltig nicht anerkennen dürfen. Wenn sich vielmehr in der folgenden Darstellung Aristoteles als Quelle für diese Partie der Fragmente ergeben wird, so werden wir zu dem Resultate gelangen, dass die herakleidischen Fragmente uns Auszüge aus verschiedenen Schiftstellern des Alterthumes bieten. Die verkehrte Beziehung der spartanischen Verfassung in diesen Fragmenten auf Ephoros durch Flügel werden wir in dem Folgenden nachzuweisen

versuchen. Nach der Ansicht Flügels (die Quellen in Plutarchs
Lykurgos. Marburger Diss. 1870. p. 10.) sollen Fr. 1. 2. 3.4.
in den herakleidischen Fragmenten der spartanischen Verfassung
gut auf Ephoros bezogen werden können. (Müller fr.
hist. Gr. 2. 210.). Das ist bei Fr. 1. 2. eine reine Vermuthung
Flügels, für die man jeden andern griechischen Schriftsteller
setzen kann; bei Fr. 3. und 4. lässt sich sogar das
Gegentheil von dem, was Flügel behauptet, erweisen. Nach
Herakleides (fr. 3.) soll Lykurgos auf seinen Reisen auch nach
Samos gekommen sein und dort von den Nachkommen des
Kreophylos die Gedichte Homers erhalten haben. Ephoros
weiss davon nichts, berichtet uns vielmehr nach der Angabe
einiger Schriftsteller, Lykurgos habe in Chios mit Homer
selbst verkehrt. (Müller fr. hist. Gr. 1. 251.) Die Bemerkung
des Herakleides über Lykurgos *καταλαβὼν δὲ πολλὴν
ἀνομίαν ἐν τῇ πατρίδι καὶ τὸν Χάριλλον, τυραννικῶς ἄρχοντα
μετέστησε* (fr. 4.) stimmt mit Ephoros *καταλαβεῖν δὲ τὸν τοῦ
ἀδελφοῦ υἱὸν τὸν Πολυδέκτου Χαρίλαον βασιλεύοντα* (1.251.)
nicht überein. Für Fr. 8. des Herakleides, das nach Flügel
ganz gewiss auf Ephoros zurückgehen soll, ist die Autorschaft
desselben durch nichts bewiesen. Während sich so eine Verwandtschaft
zwischen den Fragmenten des Herakleides und
denen des Ephoros bestimmt nirgends nachweisen lässt, ist dagegen
eine Uebereinstimmung der ersten mit einzelnen Angaben
des Aristoteles sehr wohl nachweisbar. Mit Fr. 4. des
Herakleides ist eine Notiz bei Aristoteles (pol. 231. 21.) zu
vergleichen, die gleichfalls von einer Tyrannis des Charilaos
berichtet. Ebenso finden wir die Zurückführung der Kryptie
auf Lykurgos, eine Ansicht die speciell aristotelisch war, (Plut.
Lyc. 28.) in den herakleidischen Fragmenten wieder. (fr. 4.)
Auch die Schilderung der Kryptie selbst ist bei beiden ziemlich
gleich. (a. a. O.) Endlich ist auch Fr. 6. des Herakleides
aus Aristoteles (Müller, fr. hist. Gr. 2. 130. fr. 87.) entlehnt
worden. Lässt sich demnach Ephoros als Quelle für die
herakleidischen Fragmente nirgends nachweisen, während dieses
bei Aristoteles der Fall ist, so wird man auch die herakleidischen
Fragmente der spartanischen Verfassung als einen
Auszug der aristotelischen *πολιτεία Λακεδαιμονίων* auffassen
müssen. Demgemäss würden wir denn auch das letzte Frag-

ment des Herakleides als aus Aristoteles entlehnt betrachten
dürfen : *πωλεῖν δὲ γῆν Λακεδαιμονίοις αἰσχρὸν νενόμισται·
τῆς δ' ἀρχαίας μοίρας οὐδὲ ἔξεστιν.* (Müllers fr. hist. Gr. 2.
211.) Bei einer Vergleichung dieser Stelle mit der oben citierten plutarchischen kann es gewiss keinem Zweifel unterworfen
sein, dass *ἡ ἀρχαία μοῖρα* genau dasselbe bezeichnet, wie *ἡ
ἀρχῆθεν διατεταγμένη μοῖρα.* Wie aber dort der von Altersher festgesetzte Landtheil eine bestimmte Grösse gehabt haben muss, so zeugt auch *ἡ ἀρχαία μοῖρα* bei Aristoteles dafür,
dass demselben das Vorhandensein einer Anzahl gleicher Kleren in Sparta bekannt gewesen ist. Wir gewinnen dadurch
neben dem Zeugniss des Ephoros auch noch das des Aristoteles dass die Ueberlieferung von einer Landtheilung bei den
Spartanern bereits aus der Zeit vor Agis und Kleomenes datiert.

Ausserdem ist es aber auch mit der Ueberlieferung der
Landtheilung bei Plutarch nicht so schlecht bestellt, wie Grote
annimmt. Denn bereits Schoemann. hat in seiner Abhandlung
de Spartanis Homoeis (opusc. acad. 1. 139 ff.) darauf aufmerksam gemacht, dass in dem achten Capitel des Plutarch
drei verschiedene Zeugnisse für eine Landtheilung enthalten
sind. Und der reinen Erfindung derselben zur Zeit des Kleomenes entgegen, welche Grote annimmt, bemerkt Duncker
(Gesch. d. Alterth. 3. 369. 1.) durchaus richtig: Historische
Phantasien entstehen nicht ohne historische Realitäten.

Endlich weist aber auch die bei Plutarch (Lyc. 8.) erwähnte
jährliche *ἀποφορὰ* der Heloten von 82 Medimnen entschieden auf die Gleichheit dieser von den Heloten bewirthschaf-
teten Kleren hin. Bei der Bezahlung dieser jährlichen *ἀποφορὰ* ist die Anzahl der sie entrichtenden Heloten ohne Bedeutung. Die 82 Medimnen sind die Abgabe für das bestimmte
Grundstück, einerlei ob viele oder wenige Heloten auf demselben wohnten. Dass dem so ist, wird bei Plutarch ganz
deutlich ausgesprochen, wenn es heisst: *ὁ δὲ κλῆρος ἦν ἑκάστου τοσοῦτος, ὥστε κ. τ. λ.* (Lyc. 8.) Das *ἑκάστου* in diesem
Satze kann sich nach den vorhergehenden Worten zu urtheilen
nur auf den einzelnen Spartiaten beziehen, denn von den
Heloten ist in diesem Capitel überall nicht die Rede, und
als Subject in dem mit *ὥστε* beginnenden Satz ist nicht der

einzelne Helot, sondern der einzelne Kleros aufzufassen. Also nicht jede einzelne auf dem Kleros wohnende Helotenfamilie hatte eine jährliche Abgabe von 82 Medimnen zu leisten, sondern der Gesammtertrag eines jeden einzelnen Kleros betrug jährlich 82 Medimnen. Die Erfindung einer solchen bestimmten Zahl, wie man nach Grote annehmen müsste, scheint mir ganz undenkbar. Dazu mag noch auf die Thatsache hingewiesen werden, dass die Erhöhung der jährlichen ἀποφορὰ der Heloten durch den Herrn mit einer sacralen Verwünschung belegt war. (Plut. inst. lac. 41.) Die Entwicklung der Rechtsordnungen bei den Alten lehrt uns, dass dieselben im Laufe der Zeit aus sacralen politische wurden. Die Ordnungen des Rechtes standen in der ältern Zeit unter der Auctorität und Controlle der Religion, und die Uebertretung derselben wurde mit einer sacralen Strafe belegt. Als dann im Laufe der Zeit der Staat die Controlle für die Aufrechthaltung der Rechtsordnungen übernahm, traten auch an die Stelle der sacralen Strafen die politischen. Die sacrale Verwünschung welche auf die Erhöhung der jährlichen ἀποφορὰ gelegt war, deutet ganz bestimmt auf ein bohes Alter dieser Einrichtung; für eine Einrichtung dagegen aus dem Zeitalter des Kleomenes würde man ganz gewiss im Uebertretungsfall eine politische Strafe festgesetzt haben. Vergleicht man mit dieser Stelle des Plutarch die oben citierten Stellen des Plutarch und Herakleides über die ἀρχαῖαι μοῖραι, so wird man auch in dieser Angabe einen neuen Beweis für das Vorhandensein einer Anzahl gleicher Kleren in Sparta finden dürfen.

Bevor wir unsre eigne Ansicht über die Entwicklung der Agrarverhältnisse in Sparta geben, ist es noch unsre Aufgabe nachzuweisen, wie in der Ueberlieferung die Entstehung dieser gleichen Kleren dargestellt wird. Und da ist es zu bemerken, dass neben der gewöhnlichsten Tradition, Lykurgos habe das spartanische Gebiet in 9000 Kleren unter die einzelnen Spartaner vertheilt (Plut. Lyc. 8.) sich eine andre findet, bei Plutarch (Lyc. 8.) durch zwei Zeugen beglaubigt, dass nämlich Lykurgos 6000 einrichtete, Polydor aber 3000 hinzufügte, oder dass jeder von ihnen 4500 eingerichtet habe. Es war also nach dieser zweiten Tradition auch der König Polydor bei der Einrichtung der Kleren mit thätig. Polydor

hat nun aber bekanntlich mit Theopomp den ersten messenischen Krieg geführt, und es kann sich diese Hinzufügung
neuer Kleren zu den alten nur auf die Gewinnung des messenischen Gebietes beziehen. In diesem Sinne ist denn auch
das von Polydor überlieferte Apophthegma zu verstehen: ἐξ-
άγοντος δὲ αὐτοῦ τὸ στράτευμα ἐπὶ Μεσσήνην ἤρετό τις, εἰ
τοῖς ἀδελφοῖς μάχεσθαι μέλλει, οὐκ, ἔφη, ἀλλ᾽ ἐπὶ τὴν ἀκλή-
ρωτον τῆς χώρας βαδίζω. (Plut. apophth. Polyd. 2.) Auch
Pausanias bemerkt von dem messenischen Gebiete: Λακεδαιμόνιοι δὲ τότε ὡς ἐπεκράτησαν τῆς Μεσσηνίας, τὴν μὲν ἄλ-
λην πλὴν τῆς Ἀσιναίων αὐτοὶ διελάγχανον. (4. 24. 4.) Das
im ersten messenischen Kriege eroberte Gebiet der Messenier
wurde hiernach also gleichfalls in Loosen unter die einzelnen
Spartaner vertheilt, eine Angabe, welche auch von Tyrtaeos
bestätigt wird. Derselbe sagt nämlich von den Messeniern
nach dem Kriege, „wie Esel von den schweren Lasten ge-
drückt, lieferten sie ihren Herren die Hälfte dessen, was der
Acker ihnen an Frucht einbrachte, und mussten mit ihren Weibern beim Tode ihres Herrn die übliche Todtenklage anstellen."
(Tyrt. b. Paus. 4. 14. 5.) Als dann der zweite messenische
Krieg ausgebrochen war und die Spartaner den Beschluss ge-
fasst hatten, die Aecker im messenischen Gebiet nicht zu
bebauen, so entstand in Sparta unter denjenigen Spartanern,
welche in Messenien ihren Landbesitz liegen hatten, eine
Theuerung und eine Stasis, bei welcher man offenbar eine
Schadloshaltung der durch das Nichtbebauen des messenischen
Gebietes erhaltenen Verluste beanspruchte, und die durch
Tyrtaeos beseitigt wurde. (Paus. 4. 18. 3.) Wenn wir hier an
einem speciellen Beispiele im Stande waren, die geschichtliche
Entstehung der Kleren nachzuweisen, so werden wir im Anschluss an ein Orakel aus der Orakelsammlung der Pythier
diesen besondern Fall verallgemeinern dürfen. In einem solchen Orakel hiess es nämlich in Beziehung auf das tegeati-
sche Gebiet:

Δώσω τοι Τεγέην ποσσίκροτον ὀρχήσασθαι
καὶ καλὸν πεδίον σχοίνῳ διαμετρήσασθαι (Her. 1. 66.)

An dieser Stelle wird also auch als Folge der Eroberung
des tegeatischen Gebietes eine Vertheilung desselben in bestimmten Loosen in Aussicht genommen, und in demselben

Sinne heisst es von den Arkadern in ihrer Beziehung zu den Doriern τοῖς μὲν ὀρεινοῖς τελέως οὖσι καὶ οὐκ ἐμπεπτωκόσιν εἰς τὶν κλῆρον. (Strab. 333.)

Sind wir demnach in der vorhergehenden Untersuchung zu der Ueberzeugung gelangt, dass der Bericht von der lykurgischen Landtheilung mit Grote nicht gradezu zu verwerfen, sondern aus einer Verdrehung wirklicher Thatsachen zu erklären sei, so wird es jetzt unsre Aufgabe sein, die Thatsache selbst, aus welcher der Bericht von der lykurgischen Landtheilung abgeleitet ist, uns zu vergegenwärtigen.

Den Landbesitz der drei Sondergemeinden, welche sich später zu einem Synoikismos vereinigten, wird man sich für jede einzelne als einen gemeinsamen ager gentilicius zu denken haben. Als die drei Gemeinden sich vereinigt hatten und durch die Kleinheit ihres Landbesitzes zur Ausdehnung ihrer Grenzen genöthigt waren, wurde das neueroberte Gebiet, welches man unter der Auctorität des Staates erobert hatte, gewiss zunächst ager publicus. Eine gemeinsame Bewirthschaftung und Benutzung des ager publicus, wie sie höchst wahrscheinlich bei dem ager gentilicius üblich war, konnte sich aber bei der grössern Ausdehnung des Gebietes nicht mehr empfehlen. Es fanden deshalb Ackerassignationen eines bestimmten Landquantums aus diesem ager publicus an die einzelnen zur Theilnahme an demselben Berechtigten statt. Diese Ackerassignationen sind selbstverständlich erfolgt, so oft ein neues Gebiet zum ager publicus hinzuerworben wurde, und so lange noch Glieder des Staates ohne einen eignen Privatbesitz vorhanden waren.

Eine kurze Betrachtung über die Bestimmungen der spartanischen Kleren wird uns lehren, wie dieselben wirklich von dem ager publicus abgenommen waren, und wie der Staat sich deshalb stets bestimmte Rechte auf dieselben vorbehalten hatte. Der Kleros erbte vom Vater in directer Erbfolge auf den Sohn, wie man aus den entgegengesetzten Bestimmungen des Epitadeus ersehen kann. (Plut. Ag. 5.) Das Gesetz des Epitadeus erlaubte nämlich den Klerenbesitzern, auch bei vorhandener Nachkommenschaft bei Lebzeiten den Kleros beliebig zu verschenken und vor ihrem Tode testamentarisch über denselben zu verfügen. Das Verbot dagegen, den Kleros zu verkaufen, war durch dieses Gesetz nicht beseitigt worden. (Arist. pol. 2. 9=46. 25.) Da erst Epitadeus durch seine Rhetra die Verschenkung und die testamentarische Verfügung gestattete, — die Kinder waren ohne Testament durch die Intestaterbfolge Erben ihres Vaters — so muss in der Zeit vor diesem Gesetze beim Mangel von Erbberechtigten der Kleros dem Principe nach an den Staat zurückgefallen sein. Religiöse Gründe haben diesen Fall wohl nur selten eintreten lassen. Wir finden nämlich in den antiken Staaten genaue Sorgfalt darauf verwandt, ein Geschlecht nicht aussterben zu lassen. So wurden in Sparta aus diesem Grunde diejenigen im Kriege geschont, welche noch keine Kinder hinterliessen. (Her. 7. 205.) Wenn uns nun überliefert wird, die Adoptionen hätten in Sparta vor den Königen stattgefunden, (Her. 6. 57.) so wird man das so aufzufassen haben, dass der Staat sich in der Person des Königs als des Vertreters seiner Ansprüche an die einzelnen Kleren mit den Klereninhabern beim Mangel von direct Erbberechtigten über eine anderweitige Erbfolge verständigte. Dieses erfolgte auf die Weise, dass der Inhaber des Kleros für eine bestimmte Adoption die richterliche Entscheidung des Königs provocierte. Bei der Entscheidung des Königs mochte der Grundsatz massgebend sein, dass man bei solchen Adoptionen eine Anhäufung von mehreren Kleren in derselben Hand möglichst zu vermeiden suchte. Ebenso entschied der König auch über die Ansprüche der Verwandten auf die Hand einer Erbtochter, wenn der Vater dieselbe vor seinem Tode noch nicht verlobt hatte, wobei höchst wahrscheinlich dasselbe Princip massgebend war. Denn da der Gatte einer Erbtochter das Haus seines Schwiegervaters fortsetzte, so ist es wahrscheinlich, dass man als solchen nur denjenigen wählte, welcher nicht durch den Besitz eines eignen Kleros auch ein eignes Haus zu vertreten hatte.

Wie sich aber der Staat als Eigenthümer des ager publicus sein letztes Recht an den einzelnen Kleren vorbehalten hatte, ersieht man auch aus der Stellung der Heloten. Der Staat hatte nämlich bei der Ausdehnung seiner Grenzen nicht blos Land, er hatte auch Leute erworben, sei es dass diese bereits als eine ursprüngliche Urbevölkerung den achae-

ischen Herren gezinst hatten, sei es dass die Achaeer selbst
in diese Stellung hinabgedrückt wurden. Diese Heloten gehörten als lebendes Inventar zum ager publicus ebenso gut,
als die einzelnen Ländereien selbst. Selbstverständlich gingen sie desbalb denn auch als glebae adscripti (Liv. 32. 27.)
unter denselben Bedingungen, wie die Kleroi, in den Besitz
der einzelnen Spartaner über. Diese Bedingungen, von Ephoros (Strab. 365.) ausdrücklich erwähnt, waren das Verbot,
sie zu verkaufen und frei zu lassen. In ihrer Auffassung als
δοῦλοι τοῦ κοινοῦ (Paus. 3. 20. 6) hatte sich der Staat diese Rechte selbst vorbehalten. Ja die Rechte der Klerenin-
haber auf den Kleros und die denselben bearbeitenden Heloten gingen nur so weit, dass sie eine jährliche, gesetzlich
fixierte ἀποφορὰ beanspruchen konnten. Jede Ueberbürdung
der Heloten durch Steigerung der Zinsabgabe war sacral-
rechtlich mit dem Fluche belegt. (Plut. inst. lac. 41.) So
hatte sich auch hier der Staat sein Eigenthumsrecht entschieden gewahrt.

Ich glaube, dass sich durch eine solche mit der Ausdehnung der spartanischen Grenzen fortschreitende Ackerassig-
nation die Berichte über die lykurgische Landtheilung am
einfachsten erklären. Denn dass zu den Zeiten des Lykurgos eine so umfassende Landtheilung, wie sie uns überliefert
wird, stattgefunden hat, ist einfach deshalb unmöglich, weil
vor dem König Charilaos, dessen Vormund Lykurgos nach
der verbreitetsten Ueberlieferung ja genannt wird, das spartanische Gebiet sich nur in einem sehr bescheidenen Masse
ausdehnte und frühestens erst nach einem Jahrhundert die
Grösse erlangte, welche die lykurgische Ackertheilung er-
fordert.

Ob man aber bei der Annahme derartiger Ackerassignationen auch eine Gleichheit des Grundbesitzes bei den einzelnen Spartanern voraussetzen muss, scheint mir sehr fraglich.
Der bei den Autoren seit Herodot nachweisbare Unterschied
von Vornehm und Gering, Reich und Arm in Sparta, die
bereits oben aufgeführten Beispiele eines grossen Reichthums
bei einzelnen Spartanern berechtigen uns auch für die ältere
Zeit eine Ungleichheit des Grundbesitzes in Sparta anzunehmen. Denn ein Vermögensunterschied lässt sich in Sparta bei

dem vollständigen Ausschluss aller Industrie nur durch eine Verschiedenheit des Grundbesitzes erklären. Wenn es endlich zum Verständniss der spartanischen Verfassungsgeschichte, wie wir früher nachzuweisen versucht haben, durchaus erforderlich ist, eine Aristokratie der Geburt und einen niedern Demos anzunehmen, so scheint auch schon dieser Gegensatz eine Ungleichheit des Vermögens vorauszusetzen. Wie in allen griechischen Staaten — und die übrigen dorischen sind hier vor allen Dingen nicht auszunehmen — der Adel, die nächste Umgebung des Königs, den bedeutendsten Theil des dem Staate gehörigen Grundbesitzes sich anzueignen wusste, so muss man auch für Sparta, wenn man nicht für diesen Staat ganz abnorme Zustände annehmen will, einen gleichen Entwicklungsgang voraussetzen. Die verhältnissmässig junge Geschichte des spartanischen Staates hat eine Kunde von der Art und Weise, wie auch der Demos durch Ackerassignationen eines bestimmten Landquantums an dem Genusse des dem Staate gehörigen Grundbesitzes Theil nahm, erhalten, und dieser Umstand hat die spätern Schriftsteller gewiss im Anschluss an die socialen Reformen des Kleomenes, wie Grote durchaus richtig annimmt, bewogen, zur Ausschmückung der gesetzgeberischen Thätigkeit des Lykurgos eine allgemeine gleiche Ackertheilung anzusetzen.

Erkennt man die in den vorhergehenden Sätzen entwickelten Gedanken als richtig an, so wird man auch den Kleruenbesitz der Demoten und das Ackereigenthum des spartanischen Adels so zu unterscheiden haben, dass jener, wenn ich so sagen darf, ein vom Staate verliehenes Lehn, dieses freies Eigenthum war. Ganz folgerichtig wird man dann auch die Verfügung über ihre Ländereien den erstern, wie es uns überliefert wird, versagen, den andern dagegen zuerkennen müssen. Und ein solcher Unterschied lässt sich denn auch wirklich noch in der schon oben behandelten Notiz des Herakleides nachweisen: πωλεῖν δὲ γῆν Λακεδαιμονίοις αἰσχρὸν νενόμισται, τῆς δὲ ἀρχαίας μοίρας οὐδὲ ἔξεστι. (fr. hist. Gr. 2. 211.) Was unter der ἀρχαία μοῖρα zu verstehen ist, haben wir gleichfalls bereits früher erörtert. Durch Vergleichung der ἀρχαία μοῖρα mit der ἀρχῆθεν διατεταγμένη μοῖρα bei Plutarch (inst. lac. 22.) ergiebt sich nämlich, dass ἡ ἀρχαία μοῖρα den vom Staate den einzelnen Gliedern des Staates verliehenen Kleros bezeichnet. Nach der Angabe des Aristoteles (pol. 2. 9=47. 9. B.) fand unter den ersten Königen eine ziemlich zahlreiche Aufnahme von Fremden in das spartanische Bürgerthum statt, unter welchen wir die zu verstehen haben, welche sich, Dorier oder Nichtdorier, an den neugegründeten Staat anschlossen und nach Sparta übersiedelten. Diese, welche in Sparta offenbar die Stellung von Demoten einnahmen, erhielten mit dem Bürgerrecht zugleich einen Kleros als Lehn, den sie selbstverständlich nicht verkaufen durften.

Der ἀρχαία μοῖρα gegenüber, deren Verkauf bei Herakleides absolut untersagt wird, stehen andre Ländereien, deren Verkauf nur für schimpflich galt. Ich beziehe dieses auf den Privatbesitz des spartanischen Adels. Freies Eigenthum zu verkaufen, konnte selbst der Staat der Spartaner durch ein Verbot nicht hindern. Wohl aber hatte ein derartiger Verkauf einen moralischen Makel, weil die Existenz der spartanischen Aristokratie, welche sich mit Ausschluss aller banausischen Künste nur auf den Grundbesitz stützte, durch einen einreissenden Verkauf des Grundbesitzes leicht in Frage gestellt werden konnte. Das Gesetz des Epitadeus, welcher nach der Ueberlieferung seinen Sohn um sein Erbe bringen wollte, bezog sich nur auf die Kleren und machte diese zu Privateigenthum. Dadurch ist auch in die spartanischen Ländereiverhältnisse der Missstand gekommen, welcher des Aristoteles Tadel (pol. 2. 9=46. 25. ff.) hervorrief: Kauf und Verkauf des Landes gelte nicht für schön, aber dasselbe zu vererben und zu verschenken, sei nicht verboten, obgleich doch beides dieselben Folgen nach sich ziehe. Auch hier wird also der Verkauf des Grundbesitzes nicht ausdrücklich verboten. Wie derselbe bei Herakleides für schimpflich, so wird er hier für nicht schön gehalten. Das Recht freier Verschenkung und Vererbung hat der adliche Grundeigenthümer selbstverständlich von Anfang an gehabt, während der Klerenbesitzer dasselbe erst durch das Gesetz des Epitadeus erhielt. In der Zeit vor diesem Gesetze enthielten dann aber auch die spartanischen Landbestimmungen nicht den Widerspruch, den Aristoteles zu seiner Zeit in denselben fand.

Aristoteles betrachtet diese Bestimmungen nur in Beziehung
auf die gleichen Folgen, welche sie hervorriefen, auf der einen Seite Anhäufung grosser Reichthümer in einer Hand, auf
der andern gänzliche Verarmung. Dass Aristoteles in der
Politik diesen Gegensatz von freiem Eigenthum und Staatslehn, den er in der historischen Darstellung, wie wir aus
den herakleidischen Fragmenten ersehen, betont hatte, nicht
weiter berücksichtigt, darf uns nicht befremden. Aristoteles
hatte gar keinen Grund in seiner Kritik der Verfassungen
über einen längst vergangenen und veränderten Zustand
sich auszulassen, da nach dem Gesetze des Epitadeus dieser
Gegensatz thatsächlich nicht mehr vorhanden war. Der Kern
des Tadels bei Aristoteles liegt in den Worten: διόπερ εἰς
ὀλίγους ἧκεν ἡ χώρα. (pol. 46. 24.) Und dass das geschah,
war in der That die Folge des Gesetzes des Epitadeus, welches das unveräusserliche Staatslehn zu freiem Eigenthume
machte. So lange die Existenz der Kleren durch ihren Charakter als Staatsgut dem grossem Grundbesitz gegenüber gesichert war, so lange war auch an Erscheinungen, wie sie
zu Aristoteles' Zeit in den spartanischen Ländereiverhältnis-
sen zu Tage traten, nicht zu denken. Ein Verkauf des ud-
lichen Grundeigenthums war aber von jeher nicht der von
Aristoteles geschilderten Folgen wegen verboten, sondern
galt nur deshalb für schimpflich, weil die Bedeutung des
spartanischen Adels lediglich auf seinem Grundbesitz beruhte.

In demselben Sinne war auch in andern griechischen
Staaten der Verkauf des Grundbesitzes untersagt, wie z. B.
in Lokroi, obgleich auch hier ein absolutes Verbot nicht
bestanden hat. (Arist. pol. 37. 28.)

10. Die Verfassungsänderung des Theopompos und die politische Thätigkeit des Terpandros in Sparta.

Dem Agiaden Alkamenes und dem Eurypontiden Nikandros folgten in der Regierung des spartanischen Staates die Könige Polydor und Theopomp, die sowohl in der äussern, wie in der innern Geschichte Spartas eine bedeutsame Stellung einnehmen. Denn unter ihnen wurde der erste messenische Krieg geführt, und die spätere spartanische Aristokratie verdankt ihnen ihre Entstehung.

Die Chronologie beider Könige zu bestimmen, sind wir ebenso wenig im Stande, wie wir es bei ihren Vorgängern waren. Einen Anhaltspunct kann uns für dieselbe nur die Chronologie des messenischen Krieges bieten, da beide Könige den ersten Krieg geführt haben sollen. Nun ist aber auch die Zeitbestimmung dieses Krieges durchaus schwankend. Da sind zuerst die Angaben attischer Redner, von denen der eine von der Befreiung Messeniens durch Epaminondas bis hinauf zur Unterwerfung 400, (Dinarch g. Dem. 99. 29.) der andre 500, (Lyc. Leocr. 155.) der dritte wieder 400 Jahre (Isocr. Archid. 9.) rechnet. Wenn man es diesen Angaben sofort ansieht, dass dieselben eine genaue chronologische Fixierung gar nicht beabsichtigen, so bietet uns Pausanias dagegen zuerst eine genaue Chronologie des Krieges. Nach Pausanias dauerte der erste Krieg von Ol. 9. 2=743. (4. 5. 10.) bis Ol. 14. 1=724. (4. 13. 7.) eine Angabe, mit der die eusebianische Chronik, was den Anfang betrifft, übereinstimmt. Der zweite Krieg begann nach demselben im 39. Jahre nach Ithomes Eroberung Ol. 23. 4=685. (4 15. 1.) und endete Ol. 28. 1=668. (4. 23. 4.) Angaben, welche die parische Marmorchronik bestätigt. (Marm. Par. 34.) Nun finden wir

aber bei demselben Pausanias für den zweiten Kriog noch
eine andre Chronologie, nach welcher von der Gründung von
Messene durch Epaminondas Ol. 102. 3 = 370 bis hinauf zur
Eroberung von Eira 287 Jahre gerechnet werden. Diese Angabe, welche sich durch ihren Anschluss an die Wiederherstellung Messeniens als die einheimische Tradition charakterisiert, setzte also das Ende des zweiten Krieges auf das Jahr
657 an, d. h. 11 Jahr später, als die andre Angabe des Pausanias es thut. Weist die Beziehung auf die Wiederherstellung Messeniens in dieser letzten Chronologie auf eine einheimische Ueberlieferung hin, so darf man das dann von den
beiden andern Angaben über den ersten und zweiten Krieg,
welche durch Rücksichtnahme auf einander dieselbe Quelle
zu verrathen scheinen, nicht annehmen. Pausanias wird sie
in den Quellen, auf die seine Darstellung der messenischen
Kriege zurückgeht, bereits vorgefunden und aus ihnen entlehnt haben. Die Richtigkeit dieser gesammten Chronologie
wird aber durch die Darstellung des Tyrtaeos, des Zeitgenossen des zweiten messenischen Krieges, nach welcher „die
Väter unsrer Väter“, wie Tyrtaeos sagt, den ersten Krieg
führten, entschieden in Frage gestellt. Denn der Ausdruck
des Tyrtaeos würde bei einem Zwischenraum von 39 Jahren
zwischen beiden Kriegen sich schwerlich rechtfertigen lassen.
Viel besser stimmt dazu die Angabe des Justinus, welcher
zwischen dem Ende des ersten und dem Anfang des zweiten
Krieges eine Zwischenzeit von 80 Jahren ansetzt. (3.5.) Aus
einer andern Angabe des Pausanias, nach welcher Polycha-
res, der Ol. 4 = 764. zu Olympia im Stadion siegte, die Entstehung des Krieges veranlasst haben sollte, (4. 4. 5.) gewinnen wir nur eine ganz allgemeine Zeitbestimmung.

Zu einer richtigen chronologischen Fixierung dagegen
führt uns die Betrachtung der olympischen ἀναγραφαί. Bei
Pausanias heisst es nämlich : seitdem die Messenier aus dem
Peloponnes flohen, verliess sie das Glück in den olympischen
Spielen. Ausser Leontiskos und Symmachos aus dem sicili-
schen Messana hat bis zur Wiederherstellung Messeniens kein
Messenier in Olympia gesiegt. Mit ihrer Rückkehr in den
Peloponnes kehrte auch das Glück heim, indem Damiskos
Ol. 103 = 368. in dem Stadion der Knaben siegte. (6. 2. 10.)

Symmachos siegte in Olympia Ol. 88=428. im Stadion, während wir die Zeit des Leontiskos nicht zu bestimmen vermögen. Da wir von den olympischen ἀναγραφαὶ nur das Verzeichniss der Stadioniken ganz besitzen, von den übrigen Verzeichnissen dagegen nur sehr vereinzelte Bruchstücke, so lässt sich auch hieraus nur ein Wahrscheinlichkeitsbeweis führen. In dem Verzeichniss der olympischen Stadioniken finden wir an den ersten 11 Olympiaden 7 Mal messenische Sieger Ol. 3. 4. 7. 8. 9. 10. 11. Seit Ol. 11. dagegen weist das Verzeichniss der Stadioniken keinen einzigen Messenier mehr auf, und auch in den uns erhaltenen Fragmenten der übrigen ἀναγραφαὶ wird ein Messenier kein Mal erwähnt. Die Richtigkeit der oben citierten Angabe des Pausanias vorausgesetzt, würde es immer merkwürdig erscheinen, dass allein schon in dem Verzeichniss der Stadioniken, in welchem in den ersten 11 Olympiaden 7 Messenier als Sieger genannt werden, in den bis zur Vertreibung der Messenier aus dem Peloponnes folgenden 17 Olympiaden kein einziger derselben als olympischer Sieger erwähnt wird. Deshalb ist denn auch vielleicht die Aeusserung des Pausanias nicht auf die Auswanderung der Messenier aus dem Peloponnes, sondern auf den Beginn der Kriege zu beziehen. Jedenfalls aber wird man voraussetzen dürfen, dass bei der langen Vorbereitung, welche das Auftreten in Olympia erforderte, die Messenier während des Krieges sich schwerlich an den Spielen werden betheiligt haben. In der chronologischen Bestimmung des Pausanias müsste man dieses trotzdem voraussetzen. Denn da von ihm der erste Krieg durch die Jahre Ol. 9. 2. und Ol. 14. 1. begrenzt wird, so müsste man annehmen, dass derselbe sehr energielos von den Spartanern geführt worden sei, da die Messenier noch im achten Jahre des Krieges daran denken konnten, in Olympia als Wettkämpfer aufzutreten. Deshalb scheint sich die Ansicht zu empfehlen, den Krieg erst von der Olympiade beginnen zu lassen, an welcher der letzte messenische Stadionike in Olympia ausgerufen wurde, Ol. 11 = 736.

Wenn nun aber einestheils das häufige Vorkommen von messenischen Stadioniken in Olympia in den ersten Olympiaden unsere Verwunderung erregt, so ist anderntheils ebenso auffallend der gänzliche Mangel von lakonischen Siegern in der ἀναγραφαὶ der Stadioniken bis Ol. 16. In der dann folgenden Zeit kehren Lakonen als Olympioniken sehr häufig wieder. So werden uns von Ol. 16 bis 50 in diesen 36 Olympiaden 20 lakonische Stadioniken genannt. Bei diesem häufigen Vorkommen lakonischer Sieger in Olympia, welches bei der vortrefflichen gymnastischen Ausbildung der Spartaner durchaus natürlich ist, muss der gänzliche Mangel lakonischer Namen in den olympischen ἀναγραφαὶ für die ersten Olympiaden um so mehr auffallen. Es drängt sich deshalb von selbst die Vermuthung auf, dass die Spartaner, was an und für sich durchaus nicht unwahrscheinlich ist, erst nach der ersten Besiegung der Messenier an den olympischen Spielen Theil nahmen. Die Sage von der gemeinsamen Einrichtung der olympischen Spiele durch Lykurgos und Iphitos wird nicht so beschaffen sein, um dieser Thatsache gegenüber ihre Geltung zu behaupten, zumal da an eine Betheiligung der Spartaner an der Gründung der Olympien um 884, wie die verbreitetste Chronologie ansetzt, wegen der oben geschilderten Entwicklungsgeschichte des spartanischen Staates ganz gewiss nicht gedacht werden kann. Dagegen war bereits mit der ersten Besiegung der Messenier die Oberhoheit Spartas an der Westküste des Peloponnes entschieden, und es ist wohl anzunehmen, dass die Spartaner von jetzt an sich auch an dem olympischen Feste betheiligten, welches der religiöse Mittelpunct der peloponnesischen Eidgenossenschaft werden sollte. Wenn nun für den letzten messenischen Stadioniken in Olympia Ol. 11, für den ersten lakonischen Sieger, den ersten Dolichoniken der Olympien, Ol. 15. genannt wird, so fühlt man sich versucht, den messenischen Krieg zwischen diesen beiden Zeitpuncten anzusetzen. Da nun aber nach dem ausdrücklichen Zeugniss des Tyrtaeos dieser Krieg erst im zwanzigsten Jahre beendigt wurde, (Tyrt. fr. 5. b. Bergk = Strab. 279.) so muss man, da von Ol. 11. bis 15. sich nur 16 Jahre ergeben, annehmen, dass entweder die Messenier im Anfang nicht so bedrängt wurden, um sich nicht noch Ol. 11. an den Olympien betheiligen zu können, oder dass die Spartaner schon in den letzten Jahren des Krieges Ol. 15. im Stande waren an den olympischen Spielen

Theil zu nehmen. In beiden Fällen würde man den Krieg
wohl ungefähr zwischen Ol. 10=740 und Ol. 16=716 chronologisch fixieren dürfen, eine Ansicht, welche bereits Bergk,
allerdings ohne Gründe für dieselbe anzuführen, ausgesprochen hat, (N. Rh. M. 1865. 288.) wie denn auch Plutarch,
(Reg. apophth. 136.) welcher vom Tode des Leonidas bis zum
Ende des Krieges 230 Jahre rechnet, für die Richtigkeit dieser Ansicht zeugt. (Vergl. Duncker, Gesch. d. A. 3. 409. 7.)

Für die Geschichte des Krieges selbst besitzen wir zwei
Quellen, von denen die eine sehr reichlich, die andre sehr
dürftig fliesst. Die erstere haben wir bei Pausanias, der an
den wechselnden Schicksalen der Messenier sehr lebhaften
Antheil nahm, (vergl. 4. 29 13.) die andre bei verschiedenen
andern Schriftstellern, bei Diodor, Strabon, Justinus, welche
auf Ephoros zurückzugehen scheinen. Die Quelle des Pausanias
für den ersten Krieg war Myron von Priene. Denn wenn auch
Pausanias sich diesem Gewährsmann gegenüber, den er selbst
als unglaubwürdig schildert, (4.6.2.3.) seine Selbständigkeit
gewahrt hat, so scheint er sich doch in der Darstellung an
denselben angelehnt zu haben. Jedenfalls wird man sich bei
seinen Einzelangaben des kritischen Grundsatzes des Ephoros, περὶ μὲν γὰρ τῶν καθ᾽ ἡμᾶς γεγενημένων τοὺς ἀκριβέ-
στατα λέγοντας πιστοτάτους ἡγούμεθα, περὶ δὲ τῶν παλαιῶν
τοὺς οὕτω διεξιόντας ἀπιθανωτάτους εἶναι νομίζομεν (Harp.
ἀρχαίως) zu erinnern und sich an die Darstellung des Ephoros zu halten haben. Bei Ephoros wird als Grund des Krieges die Tödtung des Königs Teleklos bei dem gemeinsamen
Feste der Artemis Limnatis angegeben, (Strab. 279. vergl.
Diod. 15. 66.) während Justinus als solchen die Schänduug
spartanischer Jungfrauen an ebendiesem Feste anführt. (Just.
3. 4.) Nach der Angabe des Pausanias, bei dem beide Facta
verbunden erscheinen, (4. 4. 2.) rief dieser Frevel der Messenier den Krieg noch nicht hervor, erst in dem folgenden
Geschlecht führten die Händel zwischen dem Messenier Po-
lychares und dem Spartaner Euaiphnos zum offnen Kampfe.
(Paus. 4. 4. 4 ff)

Man hat in diesen Reibereien die Streitigkeiten von zwei
an einander grenzenden Völkerschaften zu sehen, und im
ganzen hatte die messenische Tradition gewiss recht, wenn

sie als eigentlichen Grund des Krieges für die Spartaner die Güte des messenischen Landes anführte. (Paus. 4. 4. 3.) Der Kampf, welcher nach dem Zeugniss des Tyrtaeos erst im zwanzigsten Jahre beendet wurde, drehte sich hauptsächlich nm die Belagerung von Ithome. (Tyrt. fr. 5.) Nach der Darstellung des Ephoros wareu die Spartaner während dieser ganzen Zeit vom Hause abwesend, während der Krieg in dem Berichte des Pausanias aus mehreren einzelnen Kriegszügen besteht. Die Lage der unterworfenen Messenier — die obere Ebene, wo der zweite Krieg seinen Ausgangspunct hatte, scheint noch selbständig geblieben zu sein — war eine sehr traurige, Tyrtaeos vergleicht sie mit schwer bepackten Eseln, welche ihren Herren die Hälfte alles dessen, was das Land erzeugte, zu zinsen hatten. (fr. 6.) Ebenso waren sie auch mit ihren Weibern zur officiellen Todtenklage um den gestorbenen Herrn verpflichtet. (Tyrt. fr. 7.) Der König Theopompos führte den ersten Krieg zu Ende. (Tyrt. fr. 5.) Die einzelnen Details dieses Krieges bei Pausanias, über dessen Glaubwürdigkeit an dieser Stelle bereits Müller (Dor. 1. 143. ff.) gehandelt hat, dürfen wir hier übergehen.

Ausser ihrer kriegerischen ist von den Königen Polydor und Theopomp auch ihre gesetzgeberische Thätigkeit zu erwähnen. Wir sind auch hier in der seltenen Lage, die authentische Urkunde der durch sie bewirkten Verfassungsänderuug zu besitzen. Bei Plutarch (Lyc. 6.), wo uns dieselbe, wohl ebenso wie die lykurgische Rhetra, aus Aristoteles entlehnt erhalten ist, werden Polydor und Theopomp ausdrücklich als die Urheber dieses Gesetzes bezeichnet. Ebenso scheint auch der von Tyrtaeos (fr. 4.) in seiner metrischen Uebersetzung der lykurgischen Rhetra und des theopompischen Zusatzes gebrauchte Plural für die Gesetzgeber

Φοίβου ἀκούσαντες Πυθωνόθεν οἴκαδ' ἔνεικαν.

anf die beiden Könige hinzuweisen. Die Urkunde selbstlautet:
αἱ δὲ σκολιὰν ὁ δᾶμος ἕλοιτο, τοὺς πρεσβυγενέας καὶ ἀρχαγέτας ἀποστατῆρας ἤμεν. Es ist bereits in einer der frühern Untersuchungen auf die Bedeutung dieses Gesetzes hingewiesen worden. Durch dasselbe wurde es in das subjective Belieben der Könige und des Rathes der Geronten gestellt, ob sie eine Entscheidung der Volksversammlung als richtig annehmen

oder als verkehrt verwerfen wollten. Vergegenwärtigt man
sich dabei, dass die Gerusia als die Vertretung und der Ausschuss des spartanischen Adels aufzufassen ist, so wird man
diese Verfassungsänderung in Wahrheit als den Ausgangspunct
der spartanischen Aristokratie erkennen. Den alten Vertrag,
welchem der spartanische Staat seine Entstehung verdankte,
wagte man, wohl aus einer gewissen religiösen Scheu, durch
Beseitigung des Schlusspassus desselben, welcher der Volksversammlung die höchste Entscheidung zuerkannte, nicht zu
verkürzen. Man wählte dazu den unbedenklichen Weg, die
letzte Bestimmung der Rhetra durch einen Zusatz vollständig
aufzuheben, ohne sie selbst gradezu zu beseitigen.

An den Namen des Theopomp knüpft sich endlich auch
die Einsetzung ber Ephorie, (Plut. Lyc. 7. Aristot. pol. 8. 11.
223. 25. B. Cic. de leg. 3. 7. de rep. 2. 33.) während eine
andre Ueberlieferung Lykurgos auch den Urheber dieser Institution sein lässt. (Her. 1. 65. Xen. de rep. L. 8. 3. Diog.
L. 1. 3.) Wenn das in einer der frühern Untersuchungen
gewonnene Jahr 756 als Jahr des ersten eponymen Ephoren,
also nach Plutarch (Lyc. 7.) des Elatos, wirklich auf die
officiellen ἀναγραφαὶ der spartanischen Ephoren zurückgeht,
so würde selbstverständlich Lykurg die Ephorie nicht eingesetzt haben können. Die Tradition, welche alle spartanischen
Einrichtungen auf Lykurgos zurückführte, musste natürlich
auch die Ephorie als eine Institution seiner Gesetzgebung
darstellen. Wohl aber ist nach dem Jahre zu urtheilen die
Einsetzung dieses Amtes durch den König Theopompos mit
einer gewissen Beschränkung möglich. Wenn wir das Ende
des ersten messenischen Krieges, der durch Theopomp zu
Ende geführt wurde, richtig um 716 angesetzt haben, so
müsste Theopomp allerdings bei der Einsetzung der Ephorie
noch in einem sehr jungen Alter gestanden haben. Da nun
aber der König ein sehr hohes Alter erreichte, sodass ihm
sein Enkel als mündig bereits in der Regierung folgen konnte,
(Paus. 3. 7. 5, 6.) so scheint nichts der Ansicht entgegenzu-
stehen, das Jahr 756 aus den officiellen ἀναγραφαὶ entlehnt
und den König Theopomp als den Urheber der Ephorie zu
betrachten. Wenn dieser König also die spartanische Aristokratie begründet und zugleich die Ephorie eingerichtet haben

soll, so wird man sich vor allen Dingen, um in beide Einrichtungen nicht einen entschiedenen Gegensatz zu bringen, von der Ansicht fern halten müssen, welche man auch bei einzelnen alten Schriftstellern (Aristot. pol. 8. 11=223. 25. B. Plat. de leg. 3. 692 A.) vertreten findet, die Einsetzung der Ephorie als eine Concession an den Demos aufzufassen. Auch in der letzten Schrift über diesen Gegenstand von Heinrich Stein (d. Spart. Ephorat in s. ersten Entwickl. bis auf Cheilon) wird dieser, wie ich glaube, nicht richtige Standpunct vertreten. Wenigstens muss man dann, um die in dem theopompischen Zusatz enthaltene Verfassungsänderung und die Einsetzung der Ephorie als Einrichtung desselben Königs vereinigen zu können, eine Entwicklung (Stein a. a. O. p. 7 ff.) annehmen, die allerdings möglich sein kann, die aber, soweit unsre Quellen darüber Aufschluss geben, doch immer willkürlich genannt werden muss. Unter allen Umständen aber scheint die Auffassung der Ephorie den Vorzug zu verdienen, die ebenso gut beglaubigt, wie die andre, sich in keinem Widerspruch mit der in der Rhetra des Theopomp festgesetzten Verfassungsreform befindet. Und diese Auffassung glaube ich hier entschieden vertreten zn müssen.

Die Genesis der Ephorie wird uns nun aber bei Plutarch, der wahrscheinlich auf Phylarch zurüchgeht, in einer Rede des Kleomenes (Cleom. 10.) in folgenden Umrissen geschildert. „Während des messenischen Krieges hätten die Könige zum Richten aus ihren Freunden einzelne ausgewählt und diese in Sparta zurückgelassen; diese seien jedoch zuerst nur Diener der Könige gewesen. Allmählich hätten diese Ephoren ihre Macht weiter ausgedehnt und eine eigne Magistratur gebildet. Als Begründer der Macht der Ephorie sei besonders Asteropos zu nennen, welcher viele Menschenalter nach der Einsetzung des Amtes gelebt habe." Mit dieser Darstellung stimmt Plutarch auch sonst überein, indem er die Ephoren von den Königen ernannt werden lässt. (Apophth. Anaxil.) In einem vollständigen Gegensatz dagegen zu dieser von Plutarch überlieferten Ernennungsart steht der Bericht des Aristoteles, nach welchem die Ephoren zur Zeit dieses Schriftstellers vom Volke gewählt wurden. (Aristot. pol. 2. 10.=52. 8. B. διὰ τὸ τὴν αἵρεσιν ἐκ πάντων εἶναι.) Die bei Aristoteles öfter wiederkehrende Angabe, die Ephoren gehörten dem Demos an, (τὸ ἐκ τοῦ δήμου εἶναι τοὺς ἐφόρους. 2. 6 = 35. 32 B. γίνονται δ᾽ ἐκ τοῦ δήμου πάντες. 2. 9 = 47. 23. B.) ist so zu verstehen, dass jeder Spartaner, nicht blos der Adliche, zur Bekleidung dieses Amtes berechtigt war. Deshalb heisst es denn auch richtiger von der Ephorie καθίσταται γὰρ ἐξ ἁπάντων (Arist. pol. 2. 9. = 48. 8. B.) und τὸ τὴν αἵρεσιν ἐκ πάντων εἶναι. (Arist. pol. 2. 10. = 52. 32 B.) So war ja, um ein Beispiel anzuführen, zur Zeit der Reformversuche des Agis der Heraklide Lysandros (Vergl. Plut. Ag. 8. 6. Lys. 2. Paus. 3. 6. 7.) Ephor, den man doch selbstverständlich zum spartanischen Adel rechnen muss.

Steht es somit fest, dass zu des Aristoteles Zeit jeder spartanische Bürger zur Bekleidung der Ephorie berechtigt war, so ist die zweite Frage nach der Art der Ernennung der Ephoren. (Vergl. Stein a. a. O. p. 15 ff.) Nach der einen Angabe des Aristoteles erfolgte die Ernennung durch Wahl, (pol. 2. 10 = 52. 8. B.) während nach einer andern die Wahl scheinbar geleugnet wird, ἀλλ᾽ αἱρετὴν ἔδει τὴν ἀρχὴν εἶναι ταύτην ἐξ ἁπάντων μέν, μὴ τὸν τρόπον δὲ τοῦτον ὃν νῦν· παιδαριώδης γάρ ἐστι λίαν. (pol. 2. 9 = 48 9 ff. B.) Ebenso scheint die Wahl in Zweifel gestellt zu werden durch Ausdrücke, wie γίνονται γὰρ οἱ τυχόντες (pol. 2. 52. 6. B.) und οἱ μὲν ἐκ τῶν τυχόντων εἰσί (pol. 2. 11 = 53. 22 B.) und ὄντες οἱ τυχόντες. (pol. 2. 9 = 48. 12 B.)

Alle diese Angaben erledigen sich durch folgende Erörterung. Aristoteles nennt nicht blos den Wahlmodus der Ephoren, sondern auch den der Geronten παιδαριώδης. (pol. 2. 9 = 49. 1 B.) Nun ist uns aber der Wahlmodus der letztern aus Plutarch (Lyc. 26.) bekannt. Diejenigen, welche sich um eine erledigte Gerontenstelle bewerben wollten, schritten, wenn das Volk versammelt war, einer nach dem andern, schweigend durch die Versammlung. Bei wessen Durchgange das Volk das lauteste Geschrei erhob, der galt als der Gewählte. Ueber die Stärke des Geschreies entschieden Männer, welche in einem in der Nähe der Volksversammlung gelegenen Hause eingeschlossen wurden, von wo sie das Geschrei hören, nicht aber die Volksversammlung übersehen konnten. Die Bewerber hatten über die Folge ihres Durchganges durch

die Apella geloost, und die eingeschlossenen Männer entschieden, zu welchem Male das Geschrei am stärksten gewesen
sei. Dieser von Aristoteles kindisch genannte Wahlmodus
der Geronten wird, da derselbe auch die Art der Wahl der
Ephoren mit demselben Ausdruck bezeichnet, auch auf die
Ephorie zu übertragen sein. Denn in Wahrheit ist derselbe
nur eine Consequenz der für die spartanische Volksversammlung geltenden Bestimmung, κρίνουσι γὰρ βοῇ καὶ οὐ ψήφῳ
(Thuc. 1. 8 7.) Eine namentliche Wahl erfolgt immer ψήφῳ
und deshalb hat die spartanische Aristokratie, um jeden
Praecedenzfall zu verhüten, die für sie günstige Beschränkung des κρίνειν βοῇ der Volksversammlnng selbst auf den
Wahlmodus übertragen. Dem entsprechend, glaube ich, sind
wir berechtigt für alle Wahlen, welche die spartanische
Apella vorznnehmen hatte, diesen eben geschilderten Wahlmodus anzunehmen. Ganz allgemein konnte Aristoteles diese
Ernennungsart eine Wahl nennen, während sie doch wieder
in ihrer besondern Eigenthümlickkeit sich von einer Wahl,
wie sie sonst üblich war, wesentlich unterschied. Ebenfalls
passend für die so Gewählten ist die Bezeichnung οἱ τυχόντες.
Wenn endlich Platon im Gegensatz zu Aristoteles, welcher
von den spartanischen Aemtern μηδεμίαν κληρωτὴν εἶναι (pol.
6. 9 = 161. 17. B.) sagt, die Ephorie ἐγγὺς τῆς κληρωτῆς (de
leg. 3. 692.) nennt, so ist auch diese Bezeichnung bei dem
von uns angenommenen Wahlmodus sehr erklärlich. Denn
dass bei demselben der Zufall ebenso, wie beim Loose, leicht
eine bedeutende Rolle spielen konnte, zumal wenn sich das
jedesmalige Geschrei an Stärke nicht besonders von einander
unterschied, ist gewiss nicht zu leugnen.

Scheint somit für die Zeit des Aristoteles eine Ernennung der Ephoren durch Volkswahl festzustehen, so ist die
Frage sehr nahe liegend, was ist von der Tradition bei Plutarch, welche die Ernennung der Ephoren durch die Könige
vollzogen werden lässt, zu halten. Wenn diese Tradition in
einer Rede des Kleomenes immerhin als tendenziös gefärbt
gelten mag, so ist an eine vollständige Erfindung derselben
anderntheils doch gewiss auch nicht zu denken. Denn es ist
selbst unter dem Einflusse der Reform des Kleomenes nicht
anzunehmen, dass die Schriftsteller es gewagt haben

sollten, dem bestehenden Wahlmodus der Ephoren entgegen,
aus eigner Erfindung eine Art der Ernennung hinzustellen,
welche durch keine Ueberlieferung begründet war. Die Darstellung bei Plutarch scheint vielmehr von einer sehr genauen
Kenntniss der Ephorie zu zeugen, da sogar eine zweite Epoche derselben, die erweiterte Machtstellung, durch den Namen
des Asteropos fixiert wird. Ich glaube deshalb, dass die Angaben des Plutarch und Aristoteles so zu vereinigen sind,
dass die Machterweiterung der Ephorie durch Asteropos grade
den neuen Wahlmodus, die Ernennung der Ephoren durch
den Demos, bezeichnet. Denn an eine selbständige Macht
und Politik der Ephoren kann erst von dem Zeitpuncte an
gedacht werden, wo sie aufhörten von dem Könige ernannt
zu werden und dadurch Diener desselben zu sein,

Was nun die amtlichen Pflichten der Ephoren betrifft,
so vermag ich nicht mit Arnold Schäfer als ihr ursprüngliches Amt die Ueberwachung der Perioeken und Heloten zu
erkennen. (de ephor. Laced. p. 7.) Arnold Schäfer bringt
die Fünfzahl der Ephoren (Arist. pol. 2. 10 = 51. 15 B.) mit
der von Ephoros (Strab. 364. 365.) angenommenen Sechstheil-
lung Lakoniens in Verbindung, indem er mit Ausnahme von
Sparta für jeden der noch übrigen Theile einen Ephoren als
Beamten dieses Bezirkes annimmt. Dem gegenüber ist darauf
hinzuweisen, dass die Fünfzahl bei den spartanischen Beamten überhaupt gebräuchlich war. So finden wir sie bei den
Bidiaioi (Paus. 3. 11. 2.) und Karneatai, (Hesych.) welche
beide mit einer Fünftheilung Lakoniens gewiss nichts zu thun
haben. Auch aus dem Umkreise ihrer richterlichen Thätigkeit, den δίκαι τῶν συμβολαίων (Arist. pol. 3. 1 = 60. 15
B.), wird man wegen des einfachen Tauschhandels der eigentlichen Spartaner nicht mit Schäfer eine Beziehung auf die
Perioeken annehmen dürfen, welche öfter in der Lage gewesen sein sollen, die richterliche Entscheidung der Ephoren
in Privatklagen anzurufen. Das Amtshaus der Ephoren (Paus.
3. 11. 2.) befand sich auf der spartanischen Agora, doch
auch ein Hinweis, dass die ursprüngliche Aufgabe der Ephoren
die Aufsicht über den Marktverkehr und die Entscheidung
der aus demselben sich ergebenden Streitigkeiten war. Weshalb aber bei einem Tauschhandel nicht gerade so oft Strei-

tigkeiten entsteben sollten, wie bei jedem andern Handel sehe
ich nicht ein. Ebenso kann ich auch in der Angabe des
Isokrates, (Panath. § 181.) die Ephoren hätten das Recht
gehabt, so viele Perioeken, wie sie wollten, ohne Urtheil zu
tödten, nur einen Beweis für die allumfassende Macht der
Ephoren in späterer Zeit, nicht aber eine Beziehung auf ihr
ursprüngliches Amt erkennen. Arnold Schäfer meint dann
weiter, dass nach der Eroberung Messeniens für die so ent-
standenen zehn Districte — auch Messenien wird von Ephoros
(Strab. 361.) in fünf Districte getheilt — zwanzig Harmosten
(Pind. Ol. 6. 154. sch.) gewählt seien, um, zwei für jeden
District, die specielle Aufsicht über die Perioeken zu führen.
Wenn ich somit in der Auffassung der ursprünglichen
Befugniss der Ephoren mit Schäfer nicht übereinzustimmen
vermag, so scheint dagegen die Machtausdehnung der Ephorie mit Unterstützung des Epimenides und im Anschluss an
den kretischen Dienst der Pasiphae, (Schäfer p. 14 ff.) wie Schäfer
will, wirklich erfolgt zu sein. Nur darf man nicht einzelne
Seiten der erweiterten Machtstellung der Ephorie auf bestimmte Ephoren zurückführen wollen. Der Ephor Asteropos
soll die Macht der Ephorie wesentlich gesteigert haben, (Plut.
Cleom. 10.) und dasselbe ist auch von Cheilon, welcher Ol.
55. oder 56. Ephor war, anzunehmen, (Diog. L. 1. 3. 1.)
dessen Reformen jedoch Duncker mir viel zu sehr zu vergrössern
scheint. (Gesch. d. A. 4. 363 ff.) Worin die Machterweiterung der Ephorie durch diese beiden Ephoren bestanden
hat, sind wir anzugeben nicht im Stande. Die Ephorie hat
von der Zeit ihrer Einsetzung bis zu den Tagen ihrer höch·
sten Machtblüthe zu ihren zuerst sehr unbedeutenden Rechten
soviel neue hinzuerworben, dass es unmöglich ist, auf zwei
bekannte Ephorennamen die Erwerbung der neuen Rechte
beliebig zu vertheilen.

Die Entstehung der Ephorie scheint in folgender Betrachtung
ihre einfachste Erklärung zu finden. Das Amt des heroischen Königs umfasste die drei speciellen Functionen des Oberanführers,
des Oberpriesters und des Oberrichters. Als Oberanführer sind
ihm die Befehlshaber niedern Ranges, als Oberpriester die Repraesentanten der Specialpriesterthümer unterthänig. Seine richterlichen Functionen sind schon bei Homer so getheilt, dass

er öffentliche Klagen mit Hinzuziehung der Geronten richtet,
(H, 18. 497 ff.) private dagegen als ἴστωρ entscheidet. (Il.
23. 486.) Wir sind diesen Verhältnissen bei Homer gegenüber durchaus berechtigt anzunehmen, dass auch die spartanischen Könige in ihrer Criminalgerichtsbarkeit schon in
sehr alter Zeit an den Beirath der Geronten gebunden waren,
wie denn in der spätern Zeit die Criminalgerichtsbarkeit den
Geronten gehörte. (Arist. pol. 3. 1 = 60. 16. B. Plut. Lyc.
20. Apophth. Alexandridae 6.) Die private Gerichtsbarkeit
versah auch hier der König allein. So lange der spartanische Staat sich auf ein bescheidenes Maass räumlicher Ausdehnung beschränkte, war der König wohl im Stande allen
seinen Functionen als Oberanführer, Oberpriester und Ober-
richter nachzukommen. Sobald aber der Staat seine Grenzen
weiter vorschob, mussten sich naturgemäss diese Functionen
mehr und mehr erweitern, sodass eine einzige oder in Sparta
zwei Personen nicht im Stande waren, dieselben zu erfüllen.
Es trat deshalb an den König die Nothwendigkeit heran, sich
durch Mandiren eines Theils seiner Geschäfte zu entledigen.
Das Oberpriester- und Oberheerführerthum konnte selbstverständlich der König eines antiken Gemeinwesens nicht entbehren. So blieb nichts weiter übrig, als das an sich wenig
bedeutende Amt eines Einzelrichters in privaten Rechtsstrei-
tigkeiten durch Mandat auf einen andern zu übertragen.
Dieser Mandierte war zuerst nur ein Diener des Königs, der
in des Königs Namen seine Entscheidungen abgab. Der König hatte theoretisch gewiss das Recht, das Mandat in jedem
Augenblick aufzuheben, wenn auch praktisch dazu wohl selten
ein Grund vorliegen mochte.

Der mit der Entscheidung der δίκαι συμβολαίων (Arist.
pol. 3. 1. = 60. 15. B.) vom König mandirte Ephor hatte
aber mit dem Rechte zu entscheiden zugleich ein Recht zu
strafen erhalten. Denn es gehörten nach griechischem Rechte
zu der privaten Gerichtsbarkeit eine Menge von Fällen, welche nach ebendiesem Rechte nicht blos eine civilrechtliche
Entscheidung, sondern auch eine criminalrechtliche Strafe
verlangten. Dieses Strafrecht ist, wie mir scheint, der Ausgangspunct für die Machtentwicklung der Ephorie gewesen.
Der erste Schritt zu einer selbständigen Stellung derselben

war offenbar die Emancipierung von der königlichen Ernennung. Solange der König jeden Augenblick sein Mandat zurücknehmen konnte, war an eine Selbständigkeit der Ephorie nicht zu denken. Erst die Wahl durch das Volk konnte diese bringen, und man ist wohl berechtigt, die Erwählung als ersten Schritt zur Machterweiterung der Ephorie an einen der beiden uns bekannten Ephorennamen, des Cheilon oder Asteropos, anzuknüpfen. Nachdem dieser erste Schritt geschehen war, ermöglichten die Dehnbarkeit des Begriffes der privaten Klagen und das Strafrecht der Ephoren immer neue. Zur Criminalgerichtsbarkeit der spartanischen Geronten gehörten nur die δίχαι φονικαί; alle andern Klagen kamen vor den Richterstuhl der Ephoren. Diese brauchten aber nicht erst eine Klage abzuwarten; sie konnte auch selbst richterlich einschreiten, sobald ihnen dieses geboten erschien. So haben sie ihre richterliche Thätigkeit über das ganze Gebiet des Staatslebens ausgedehnt. Jedwedes Vergehen, welches nicht eine δίχη φονική hervorrief, unterlag der Entscheidung der Ephoren und so entwickelte sich aus einem nachträglichen Strafrechte ein praeventives Aufsichtsrecht über alle Zweige des Staatslebens. Aus dem Aufsichtsrecht über die Verwaltung des Staates folgte die Uebernahme der Verwaltung und Regierung durch die Ephoren selbst mit ziemlicher Consequenz.

Aus den vorausgeschickten Erörterungen ersieht man, welchen wichtigen Abschnitt in der Entwicklung der spartanischen Staatsverfassung die Regierung der Könige Polydor und Theopomp bezeichnet. Indem sie durch Hinzufügung einer neuen Bestimmung zu der lykurgischen Rhetra einestheils als Begründer der spartanischen Aristokratie gelten können, haben sie anderntheils, wenn auch nur indirect, durch die Einsetzung der Ephorie die ganze spätere Entwicklung der spartenischen Verfassung vorgezeichnet. Aber nicht blos diese offen liegenden Neuerungen sind wir berechtigt an den Namen der beiden Könige anzuknüpfen; allem Anschein nach sind unter ihrer Regierung Gegensätze zur endlichen Lösung gekommen, welche in der ersten Epoche des spartanischen Staates für dessen innere Geschichte von bestimmender Bedeutung gewesen sind, die Gegensätze der ursprünglichen drei Sondergemeinden. Der Bericht über diese Gegensätze und ihre endliche Lösung ist in der Ueberlieferung ziemlich verdeckt. Wir müssen denselben entlehnen aus der Geschichte der Parthenier, aus den Angaben über die Anwesenheit der lemnischen Minyer in Lakonien, welche, wie wir bereits früher vermutheten, auf die Geschichte der spartanischen Aegiden zu beziehen sind, und aus der officiellen spartanischen Königssage.

Die Auswanderung der Parthenier und die derselben vorhergehenden Unruhen werden durch ihre überall sich wiederfindende Anknüpfung an den ersten messenischen Krieg chronologisch fixiert. Dem entsprechend sind wir auch berechtigt, nach den überzeugenden Auseinandersetzungen von K. Fr. Hermann (Ant. Lac. p. 69 ff.) Terpandros' Zeitalter schon um das Ende des ersten messenischen Krieges anzusetzen und die Stasis, welche derselbe in Sparta beendigt haben soll, (Plut, de mus. 42.) auf die Unruhen der Parthenier zu beziehen. (Vergl. Hermann, Staatsalt. §. 31. 10. 12.) Wenn aber in dem Karneonikenverzeichniss des Hellanikos Terpandros als erster Sieger in den musischen Wettkämpfen der Karneen, welche nach dem übereinstimmenden Urtheil des Julius Africanus in seinen olympischen ἀναγραφαί und des Lakonen Sosibios (Ath. 14. 635 E.) Ol, 26 = 676 eingerichtet sein sollen, erwähnt wird, so ist das vielleicht auf folgende Weise zu erklären. Das Fest der Karneen ist, wie man das aus der weiter unten folgenden Beschreibung ersehen wird, ursprünglich gewiss kein musisches gewesen. Betrachten wir nun Terpandros als denjenigen, welcher dieses Fest wenn auch nicht einrichtete, so doch demselben eine staatliche Geltung zu verschaffen wusste, so, glaube ich, erklärt es sich sehr einfach, dass man die 676 erfolgte Erweiterung des Festes durch Hinzufügung musischer Wettkämpfe gleichfalls auf den ursprünglichen Ordner des Festes, den Terpandros, übertrug und denselben an die Spitze der Karneoniken stellte.

Ueber die Geschichte der Parthenier (vergl. Stein, das Spart. Ephorat p. 8 ff.) besitzen wir, um von den einzelnen Notizen, welche uns ohne Angabe der Quellen erhalten sind, (Ath. 6. 271 C. Acron ad Hor. od. 2. 6. 12. Serv. ad Georg. 4, 125. Aen. 3. 551. Dionys. H. exc. 17. 1—14. ˙Paus. 10.

10. 6.) abzusehen, zwei ziemlich vollständige Relationen des Antiochos und Ephoros. Antiochos von Syrakus, welcher in seinen italischen Geschichten auch die Vorgeschichte Tarents behandelte, berichtet darüber ungefähr, wie folgt. (Strab. 278. 279.) Diejenigen Lakedaemonier, welche während des messenischen Krieges an den Feldzügen nicht Theil genommen hätten, seien zu Sclaven gemacht und Heloten genannt worden. Die Kinder dieser, welche während des Krieges geboren seien, habe man Parthenier genannt und mit Atimie belegt. Dadurch sei eine Verschwörnng dieser Parthenier hervorgerufen, welche au den Hyakinthien ausbrechen sollte. Diese sei aber verrathen worden, die Verschwörer selbst seien in Verwahrsam genommen und dann, nachdem Pha- lanthos, das Haupt derselben, ein günstiges Orakel erhalten hatte, zur Gründung Tarents ausgesandt.

Etwas anders wird uns der Sachverhalt bei Ephoros be- richtet. (Strab. 279. 280. Just. 3. 4.) Beim Beginn des er- sten messenischen Krieges schwuren die Spartaner, nachdem die Greise und die noch nicht mannbare Mannschaft zum Schutze Spartas zurückgelassen war, nicht eher heimzukeh- ren, als bis Messenien erobert sei. Als der Krieg sich aber in die Länge zog, sandten die Spartaner aus Messenien im zehnten Jahre des Krieges, damit nicht durch das lange Fernbleiben von ihren Frauen Armuth an Männern in Sparta entstehe, diejenige junge Mannschaft, welche erst später nach Messenien nachgeschickt und deshalb durch den Eid nicht gebunden war, nach Hause mit dem Auftrage, den zurückgelassenen Weibern in Sparta beizuwohnen. Die aus diesen Verbindungen erzeugten Söhne wurden Par- thenier genannt und genossen nicht gleicher Ehre, wie die übrigen Spartaner. Deshalb verbanden sich dieselben mit den Heloten zu einer Verschwörung. wurden aber entdeckt und unter der Führung des Phalanthos zur Gründung von Tarent ausgesandt mit dem Versprechen, wenn sie dort keine genügenden Wohnstätten fänden, so solle ihnen der fünfte Theil Messeniens zugetheilt werden.

Um zu einer richtigen Beurtheilung dieser Relationen zu gelangen, wird man von dem Namen der Parthenier auszu- gehen haben. Die παρϑενίαι sind ihrer Bedeutung nach

ohne Zweifel identisch mit den παρθένιοι sc. παῖδες. Ein
παρθένιος ist aber, wie man aus Homer (Il. 16. 180.) ersieht,
das von einer Jungfrxu geborene Kind. (Vergl. Müller, Dor.
2. 279. 2.) Es ist durchaus nothwendig, dass in der echten
Tradition die Erklärung dieses Namens gegeben sein muss.
In der Darstellung des Antiochos finden wir auch nicht die
leiseste Beziehung auf den Namen, und deshalb verdient dieselbe keine Berücksichtigung. Aber auch in dem Berichte
des Ephoros wird man sich vergebens nach einer genügenden
Erklärung des Namens umsehen. Denn Ephoros scheint unter den Weibern, welche die Rückkehr ihrer Männer nach
Sparta verlangen, und deren Wünsche dann durch die Sendung der Jünglinge wenigstens theilweise erfüllt werden, nur
die verheiratheten zu verstehen, deren Söhne nimmer παρ-
θενίαι genannt werden konnten, und die bei Justin doch
wohl aus Ephoros entlehnte Erklärung des Namens, sie seien
Parthenier ob notam materni pudoris genannt, besagt gar
nichts· Somit verdient auch die Angabe des Ephoros, was
die Entstehung der Parthenier betrifft, keinen Glauben.

Aristoteles bemerkt da, wo er über die Gründe von Unruhen in Aristokration handelt, μάλιστα δὲ τοῦτο συμβαίνειν
ἀναγκαῖον, ὅταν ᾖ τὸ πλῆθος τῶν πεφρονηματισμένων ὡς
ὅμοιον κατ᾽ ἀρετήν, οἷον ἐν Λακεδαίμονι οἱ λεγόμενοι Παρ-
θενίαι (ἐκ τῶν ὁμοίων γὰρ ἦσαν), οὕς φωράσαντες ἐπιβου-
λεύσαντας ἀπέστειλαν Τάραντος οἰκιστάς. (pol. 8. 7. = 207.
19 ff. B.) Diese Worte des Aristoteles müssen der Ausgangspunct für eine Untersuchung über die Parthenier sein. Indem Aristoteles die Parthenier mit dem πλῆθος, die übrigen
Spartiaten mit den πεφρονηματισμένοι vergleicht, so folgt
daraus, dass die Parthenier geringere Rechte, als die übrigen Spartiaten besassen. Wenn es aber weiter heisst, ἐκ
τῶν ὁμοίων γὰρ ἦσαν, so bedeutet das, dass auch die Parthenier von den ὅμοιοι, d. h. von den spartanischen Vollbürgern, abstammten.

Der Charakter der Stadt Tarent, welche die Parthenier
gründeten, ist vielmehr minyisch, als dorisch. Taras, der
Heros der Stadt Tarent, war der Sohn des Poseidon, des
Hauptgottes der Minyer. (Paus. 10. 10. 8.) Der amyklaeische
Dienst des Apollon Hyakinthios, den wir gleichfalls als mi-

nyisch nachzuweisen versucht haben, kehrt in gleicher Weise, wie in Amyklai, in Tarent wieder. (Polyb. 8. 30. 2.) So werden auch die Colonisten von Tarent Amyklaeer genannt, (Dionys. Per. 376.) wohl deshalb, weil die Tarentiner ihre Tradition an Amyklai, den alten Mittelpunct der Minyer in Lakonien, anknüpften. Wenn die Parthenier von Tarent aus der Athene in Sparta ein Agalma weihten, (Paus. 3. 12. 5.) so geschah das doch wohl deshalb, weil sie unter dem Schutze dieser Göttin, der Gentilgottheit der Aegiden, die Gründung Tarents unternommen hatten.

Wie wir durchaus berechtigt waren, bei einem Synoikismos Spartas aus drei Gemeinden für die älteste Zeit ein dreifaches Königthum anzunehmen, so ist denn auch, wie bereits oben gezeigt wurde, dasselbe noch während des ersten messenischen Krieges nachweisbar. Nach diesem Zeitpunct finden wir keine Spuren mehr, welche auf dasselbe hinweisen. Die officielle spartanische Königssage, entstanden zu einer Zeit, da nur noch ein Doppelkönigthum vorhanden war, enthält doch noch Anklänge an eine einstmalige Herrschaft der Aegiden. Theras, der Aegide, regiert als Vormund der beiden ersten Herakliden, und als die Vormundschaft zu Ende ist, vermag er, der selbst den Reiz des Herrschens gekostet hat, sich nicht dem Regiment eines andern zu unterwerfen. (Her. 4. 147.) Deshalb wandert er mit den lemnischen Minyern nach Thera aus. Unter den lemnischen Minyern sind aber, wie wir oben nachzuweisen versucht haben, die Stammgenossen des Theras zu verstehen, die der ursprünglichen Sondergemeinde Aigeidai angehörigen Minyer. Von diesen heisst es, dass sie in Sparta mit Land versorgt, in die Phylen aufgenommen und zur Epigamie zugelassen seien. Sie hätten aber auch nach der königlichen Würde gestrebt und deshalb seien sie vertrieben. (Her. 4. 145. 146. vergl. Polyaen. 7. 49. Plut. de mul. virt. 5. quaest. Gr. 21. Valer. Max. 4. 6. 3.) Zu einem richtigen Verständniss dieser Tradition ist es nötbig darauf hinzuweisen, dass dieselbe offenbar entstanden ist, als das Verhältniss zwischen Doriern, Achaeern und Minyern bereits in dem Sinne der spätern Zeit geregelt war. Wenn wir die unverwerflichen Spuren eines aegidischen Königthums bis in die Zeit des ersten messeni-

schen Krieges nachzuweisen vermögen, so können die Nachrichten über den Aegiden Theras und seine Minyer erst entstanden sein, als die ursprüngliche Gleichberechtigung zwischen den Minyern und den übrigen Bewohnern Spartas auf-
gehoben war. Ebendiese Nachrichten geben uns zugleich
aber auch die Summe der Rechte an, welche die Minyer
nach Aufhebung der vollständigen Gleichberechtigung behiel-
ten.

Die Minyer wurden durch die vereinigten Bemühungen
der Dorier und Achaeer Spartas ihrer ursprünglichen politischen Rechte beraubt. Die officielle Königssage drückt das
so aus, dass sie sagt, Eurysthenes und Prokles, in allem
uneinig, seien nur in der Entfernung des Theras einig gewesen. (Paus. 3, 1. 7.) Die innern Kämpfe, welche um die
politische Gleichberechtigung von den Achaeern und Doriern
einerseits, von den Minyern andrerseits geführt wurden, das
ist die Stasis, als deren Beender Terpandros genannt wird.

Bevor der Staat durch einen neuen Compromiss zwischen
seinen einzelnen Theilen von neuem gegründet wurde, war
in den Kämpfen kurz vor der Neugründung von einer Ach-
tung der politischen Rechte der Minyer gewiss sehr wenig
zu merken. Während des messenischen Krieges, der für die
Existenz Spartas ein enges Zusammenhalten aller Theile erforderte, hatte man die politische Gleichberechtigung der
Minyer höchst wahrscheinlich unbestritten gelassen. Dafür
zeugt die Stellung des Aegiden Euryleon in diesem Kriege
sehr deutlich, Nach Beendigung desselben aber begannen
die innern Kämpfe in Sparta von neuem und zwar mit einer
Heftigkeit, welche zu einer baldigen Entscheidung hindrän-
gen musste. Wenn uns berichtet wird, der König Polydoros
sei von Polemarchos, einem Mann aus einem in Sparta nicht
unrühmlichen Hause getödtet worden, und wenn das Mnema
ebendieses Polemarchos noch zu Pausanias Zeit in Sparta
vorhanden war, (Paus. 3. 3. 3.) so muss dieser Mann doch
etwas mehr gewesen sein als ein gewöhnlicher Mörder. Ich
verstehe unter der οἰκία οὐκ ἄδοξος, welcher Polemarchos
angehörte, das Haus der Aegiden, betrachte die Tödtung
des Polydor durch einen Aegiden, vielleicht den letzten Ae-
gidenkönig, als ein Zeichen, bis zu welcher Schärfe die in-

nern Kämpfe sich entwickelt hatten, und sehe in dem Mnema, welches man trotzdem dem Polemarhos in Sparta errichtet hatte, ein Symbol des Compromisses, welcher die streitenden Gegensätze endlich versöhnte. Als ein Beweis für die Schärfe der innern Kämpfe kurz nach Beendigung des messenischen Krieges gilt mir auch die Geschichte der Parthenier. In den Kämpfen zwischen den Doriern und Achaeern einerseits und den Minyern andrerseits war es ursprünglich wohl nicht die Absicht der erstern gewesen, die letztern auch der Epigamie zu berauben. Als aber die Kämpfe sich immer mehr und mehr erhitzten, da that man von Seiten der Dorier und Achaeer auch diesen Schritt. Die mit minyischen Frauen geschlossenen Ehen wurden für ungültig erklärt, und die Kinder aus diesen Ehen als Sprösslinge ungültiger Concubinate voll bittern Hohnes Jungfernsöhne genannt. Da aber in Sparta die Kinder der schwächern Hand folgten, so waren die Kinder aus diesen Ehen rechtlos und hatten keine Aussicht, jemals des vollen spartanischen Bürgerrechtes theilhaftig zu werden. Durch diese Annahmen erhalten die Angaben des Aristoteles ihre volle Bestätigung. Es war ein grosser Unterschied zwischen den Rechten der Parthenier einerseits und denen der übrigen Spartiaten andrerseits, und doch waren die erstern Söhne spartanischer Vollbürger.

Die Verschwörung der Parthenier gegen den Staat, welche an dem minyischen Feste der Hyakinthien ausbrechen sollte, war nur ein Glied in der langen Kette innerer Kämpfe. Aber auch in Sparta machte sich allmählich das Bedürfniss geltend, die lange Stasis zu beenden und die Existenz des Staates durch einen Compromiss endlich sicher zu stellen. Derartige politische Neuerungen pflegte man, damit denselben die religiöse Sanction nicht fehlte, in den antiken Gemeinwesen durch Einführung eines neuen Cultes oder durch Einrichtung eines neuen Festes abzuschliessen. Die alten Götter, unter deren Auspicien ja auch die innern Kämpfe gekämpft, die innern Schlachten geschlagen waren, galten für wenig geeignet, der politischen Versöhnung der Gemeinde die religiöse Weihe zu geben. Aber auch von den Männern, welche sich in den bürgerlichen Streitigkeiten feindlich ge-

genübergestanden hatten, war keiner in den Augen der Gottheit ein reines Werkzeug, den gestörten Frieden des Staates durch eine religiöse Weihe wiederherzustellen. Wie die Athener zur Entsühnung des ἄγος Κυλώνειον Epimenides aus Kreta herbeiriefen, so wurde in Sparta die neue Epoche des Staates durch Terpandros aus Lesbos inauguriert. Die Bedingungen, unter denen die vereinigten Dorier und Achaeer bereit waren, mit ihren bürgerlichen Gegnern, den Minyern, Frieden zu schliessen, waren für die letztern verhältnissmässig ungünstig. Die königlichen Rechte der Aegiden verschwanden aus der Verfassung des Staates, und an die Stelle des dreifachen Königthums trat das Doppelkönigthum. Im übrigen aber wurden die minyischen Glieder der Gemeinde an politischen Rechten den andern Spartiaten gleich gestellt. Alle übrigen Rechte, welche man in der Heftigkeit des vorhergehenden Kampfes, wie z. B. die Epigamie, ihnen zu entziehen gesucht hatte, wurden denselben von neuem gewährleistet. Die officielle spartanische Königssage, welche höchst wahrscheinlich in jener Zeit entstand, enthält den in die Form der Sage gekleideten Compromiss. Von einem Königthume der Aegiden weiss diese Sage nichts zu berichten, wohl aber wurde sie den frühern Ansprüchen dieses Hauses dadurch gerecht, dass sie Theras zum Vormund der beiden ersten Herakliden machte. Das Recht der Epigamie erhielt in dieser Sage seinen mythischen Praecedenzfall durch die Ehe des Aristodemos mit der Aegidentochter Argeia.

An eine vollständige Versöhnung der Gemeinde war aber nicht zu denken, wenn die einstigen Gegner in ihrer vollen Stärke neben einander fortbestanden. Man ergriff deshalb das in den griechischen Staaten so beliebte Hülfsmittel der Colonieaussendung. Das Loos, als Colonisten in die Fremde zu ziehen, konnte nach der Entwicklung, welche die innern Kämpfe genommen hatten, nur die Minyer treffen. Und da waren es gewiss vor allen andern die Parthenier, welche zu einer vollständigen Versöhnung am wenigsten geneigt sein mochten. Sie hatten in diesen Kämpfen das grösste Unrecht zu ertragen gehabt und konnten deshalb mit dem Gemeinwesen ihrer siegreichen Väter dorischen und achaeischen Stammes, welche sie verstossen hatten, nicht so leicht ihren Frieden schliessen. Deshalb zogen die Parthenier, denen sich vielleicht noch andre jüngere Elemente der Minyer anschlossen, nach Italien und gründeten Tarent, und daher der minyische Charakter der neuen Colonie. In Sparta aber scheint wirklich eine Versöhnung der Gegensätze eingetreten zu sein. Denn wenn auch die spätere Zeit den Agiaden Polydoros, der in diesen innern Kämpfen seinen Tod gefunden hatte, als den trefflichsten König seiner Vaterstadt feierte, (Paus. 8. 52. 1.; 3. 3. 2, 3.) wenn auch der spartanische Staat die Wohnung des Königs, die Βοώνητα, doch wohl zur Conservierung seines Andenkens, käuflich erstand (Paus. 3. 12. 3.) und sein Bildniss als Staatssiegel benutzte, (Paus. 3. 11. 10.) so war doch auch das Andenken des Mannes, der dem König gegenüber gestanden hatte und durch dessen Hand derselbe gefallen war, in Sparta nicht ganz vergessen. (Paus. 3. 3. 3.)

Die religiöse Weihe gab Terpandros dem neuen Frieden durch die Einrichtung des Karneenfestes. Die Staatsculte des Zeus Sellanios und der Athene Sellania, von denen der erstere wegen Verschmelzung des Dienstes des Zeus Lakedaimon und Uranios in demselben die spätere Verbindung der Dorier und Achaeer in den bürgerlichen Kämpfen vorher zu verkündigen schien, waren nicht im Stande gewesen, die synoikisierte Gemeinde zu einer einheitlichen zu machen. Der Dualismus, welcher in den beiden Culten lag, hatte bis auf die Zeit des Terpandros in Sparta seine Fehden gekämpft. Jetzt aber, nachdem der Staat seinen endlichen Frieden gefunden hatte, war es nöthig, dass auch nur eine Gottheit über das Wohl des Staates schützend wachte. Man wagte selbstverständlich nicht, auch nur eines ihrer frühern Rechte den alten Göttern zu entziehen, aber über sie trat eine neue Gottheit. Die Bedeutung von Delphoi mochte bei Terpandros für die Wahl des neuen Cultes massgebend sein, nur schloss er sich auch hier an lakonische Formen an. Die Minyer, wenn auch durch die bürgerlichen Kämpfe politisch zurückgesetzt, hatten doch die Genugthuung, den ursprünglich minyischen Cult des Apollon Karneios als obersten Staatscult eingesetzt zu sehen. Zunächst erhob Terpandros den Apollon Karneios zum Οἰκέτας, zum Hausgott aller Spartiaten, (Paus.

3. 13. 3.) wie wir denselben denn noch als *Κάρνειος Οἰκέτης* in einer Inschrift aus der römischen Kaiserzeit finden. (Corp. inscr. Gr. 1446.) Wenn auch Zeus noch immer die Gentilgottheit der Agiaden und Eurypontiden, Athene die der Aegiden blieb, so hatten doch alle drei in dem Apollon Oiketas einen gemeinsamen Schutzgott. Das Fest der Karneen selbst, welches alljährlich neun Tage gefeiert wurde, war eine Nachbildung des Kriegs- und Lagerlebens der Spartaner. Als Staatsfest nahm dasselbe aber auch Rücksicht auf die politische Eintheilung der Gemeinde. An neun- verschiedenen Plätzen, der Neunzahl der localen Phylen entsprechend, wurden Zelte errichtet, und auf jedem dieser Plätze campierten neun Spartiaten als Vertreter von 3 Oben. Diese 81 Männer waren gleichsam das Symbol der gesammten Kriegsgemeinde. An dem Feste selbst ging es wie in einem Lager zu; alle Verrichtungen erfolgten nach Verkündigung des Befehls dazu durch den Herold. Der Priester des Apollon Karneios mit dem officiellen Titel *Ἀγητής* war der religiöse Anführer dieses frommen Festlagers, und das Fest selbst führte auch den Namen Agetoria. (Athen. 4. 141. E. Hesych. I. p. 47.) Aus dem priesterlichen Anführer des spartanischen Heerlagers an dem Feste der Karneen ist dann höchst wahrscheinlich für den dorischen Heereszug in den Peloponnes jener akarnanische Seher Karnos gebildet worden, welcher seinen Namen von dem Beinamen des Gottes erhielt. (Paus. 3. 13. 4.)

Die Einsetzung des Karneenfestes durch Terpandros und die derselben vorhergehende Auseinandersetzung der Parteien bildet in der spartanischen Verfassungsgeschichte den wichtigsten Abschnitt. Die politischen Gegensätze sind von jenem Zeitpunkt an in Sparta wesentlich vereinfacht. Die nationale Scheidung des dorischen, achaeischen und minyischen Drittels der spartanischen Gemeinde ist wenn auch nicht vollständig ausgeglichen, so doch in einem solchen Masse gemildert, dass dieselbe in ihrem Einfluss auf das innere Leben des Staates, soweit wir urtheilen können, völlig verschwindet. Die politischen Kämpfe der Gemeinde haben ihren nationalen Charakter verloren, und die innere Geschichte des spartanischen Staates wird fortan im wesentlichen bedingt durch die Entwicklung der Ephorie.